Achim Schwarze

Bestechen – aber richtig

Mehr Erfolg durch Korruption

Eichborn Verlag

»Eine Festungsmauer kann nicht hoch genug sein, daß ein mit Gold beladener Esel sie nicht besteigen könnte.«
(Dieses älteste Sprichwort über die Korruption stammt aus der Griechischen Antike.)

»Wer gut schmiert, der gut fährt.«
(Sprichwort)

»Den fröhlichen Geber hat Gott lieb.«
(2. Korinther 9,7,)

Der Autor dankt ganz herzlich Wolfgang Rühle und Norbert Troche für ihre Mitarbeit.

CIP-Titelaufnahme der Deutschen Bibliothek

Schwarze, Achim:
Bestechen, aber richtig : mehr Erfolg durch Korruption /
Achim Schwarze. – Frankfurt (Main) : Eichborn, 1989
ISBN 3-8218-1068-8

 Umschlaggestaltung: Uwe Gruhle. Gesamtherstellung:
Fuldaer Verlagsanstalt GmbH. ISBN 3-8218-1068-8.
Verlagsverzeichnis schickt gern:
Eichborn Verlag, Sachsenhäuser Landwehrweg 293, D-6000 Frankfurt 70

INHALT

EINLEITUNG

Normalerweise wird das Thema Korruption mit Entrüstung und »Betroffenheit« aromabehandelt, im modernsten Falle mit Zynismus. Das mag ja ganz erbaulich sein, ändert aber nichts an dem Umstand, daß attraktive Wohnungen, fette Aufträge, lukrative Posten und ein endloser Reigen angenehmer Privilegien überwiegend unter der Hand vergeben werden – meist einer Hand, die jemand aufhält. Der unbestechliche Held hat seinen festen Platz im Bücherregal, in der Realität aber nicht viel zu melden.

Ständig nehmen die Möglichkeiten zu, mit Bakschisch Vorteile zu erkaufen oder einen Mäzen für den eigenen künstlerisch freien Umgang mit Richtlinien zu finden. Immer häufiger ist man geradezu gezwungen, fünf gerade sein zu lassen. Wer trotz der vielen preiswerten Gelegenheiten seinen Tortenheber nicht unter ein kavaliersdelikates Stück vom großen Kuchen schiebt, wer gar angebotene Leckerbissen verschmäht, der muß sich eben mit dauernder Diät begnügen. Doch wer will das schon, wenn er überall um ihn herum verschmitzte Gesichter mit vollen Backen kauen sieht, darunter einige sehr prominente, die trotz der vielen Kalorien kein schlechtes Gewissen haben?

Natürlich ist Korruption irgendwo nicht ganz gerecht, das räumt auch der ausgekochte Korruptionist ein. Aber ist es vielleicht gerechter, daß andere Menschen Millionen geerbt haben und nie arbeiten müssen, daß sie wesentlich intelligenter, hübscher, frühaufsteherischer oder auch nur rücksichtsloser veranlagt sind als man selbst? Korruption ist ein schlimmes Wort für die Tatsache, daß man der Gerechtigkeit nachhelfen muß.

Die eigenen Skrupel sind allemal schneller ausgeräumt als sich die Methoden der Korruption lernen lassen. Wer nämlich den Entschluß gefaßt hat, es selbst mit der Korruption zu versuchen, steht ohne Rat mit seinen guten Vorsätzen da. Daher war dieses Buch längst überfällig. Es zeigt ganz systematisch sämtliche Tricks und Methoden der Korruption, und zwar sowohl aus der Sicht des bestechenden Gönners, als auch aus der des bestochenen Nehmers.

Der Autor hat[1] eine Unzahl von bekannt gewordenen Fällen ausgewertet und setzt reale Beispiele ein, um die ideale Entwicklung eines wasserdichten

1 neben den leider dem Datenschutz unterliegenden privaten Erfahrungen seiner Freunde und seiner selbst

Korruptions-Geschäftes zu illustrieren. Doch nicht die großen Skandale der unverwundbar scheinenden Elite stehen da im Vordergrund, sondern gerade die kleinen Gefälligkeiten und Durchstechereien, an denen sich fast jeder zum eigenen Vorteil beteiligen könnte.

Dabei wurden die Besonderheiten sämtlicher Behörden, Branchen und Startpositionen ebenso sorgfältig berücksichtigt wie die Vielzahl jener »Geschenke, die die Freundschaft erhalten«, und natürlich die perfekte Tarnung ihres Transfers. Alles, was mit der Praxis der Korruption zwischen Trinkgeld und Staatsstreich zu tun hat, kommt vor, auch Geldkoffer, Strohmänner, die Kontakt-Sauna und der hilflose Staatsanwalt. Einzig der Besinnungsaufsatz kommt kaum je zu seinem Recht – schon aus Platzgründen.

Der Autor, selbst unmoralisch und korrupt aus Leidenschaft, wünscht Ihnen viel Glück bei der Anwendung seiner Anregungen. Sie zögern noch? Der Erfolg wird Ihnen recht geben, ganz gleich ob Sie den Karriere-Katalysator Korruption als gelegentliches Stärkungsmittel oder für die private Wende einsetzen.

WAS IST KORRUPTION?

Definition[1]

Bestochen werden heißt, sich für eine **Pflichtverletzung**[2] **bezahlen** zu lassen. Bestechen bedeutet entsprechend, daß man von jemandem eine Pflichtverletzung kauft, um selbst einen Vorteil davon zu haben. Wenn sich dieser Vorteil auf andere Art bequemer erreichen ließe, würde man wohl nicht bestechen. Schmierung wird also da eingesetzt, wo der normale Weg enden oder wenigstens umständlicher sein würde. Weiteres typisches Merkmal: die Geheimhaltung der Bestechungs-Vereinbarung gegenüber Unbeteiligten, wie das bei allen Unrechtsvereinbarungen üblich ist.

Die verletzte **Pflicht** besteht meist gegenüber dem Arbeitgeber. Dem hat man in Form eines Arbeitsvertrages oder des Amtseides ein Treueversprechen gegeben und sich damit verpflichtet, in seinem Auftrag seine Interessen zu vertreten und seine Regeln zu beachten. Ganz ähnlich sieht die Sache beim Ehrenamt aus: Der Amtsinhaber hat einen Vertretungsauftrag seines Fußballvereines oder der DKP und damit Pflichten gegenüber seiner Gruppe angenommen.

Nach entsprechender Schmierung **verletzt** der Bestochene besonders gern die von ihm erwarteten Pflichten der Wirtschaftlichkeit, Sparsamkeit, Zweckmäßigkeit und Gerechtigkeit.

Die **Bezahlung** der Pflichtverletzung ist in fast allen Fällen materieller Art, läßt sich also in Geld ausdrücken. Das schließt die Bestechung durch einen

1 Zur Herkunft der Wörter:
»Korrupt« = aus lat. »corruptus« verdorben, bestochen, verführt, zu »corrumpere« verderben, verführen, aus »con-« = ganz, völlig und »rumpere« = verletzten, vernichten, zerstören.
»Bestechen« = (bergmännisch) mit Messer oder Bohrer stechend auf Dauer oder Gehalt untersuchen, besonders, ob die hölzerne Abstützung der Stollen und Gänge (= Zimmerung) noch frisch oder schon faul ist. Daher: »bestechen« = tastend untersuchen. Davon ausgehend seit dem 16. Jhdt. »bestächen« = jed. Geschenke gebend versuchen.
»Schmieren« = seit dem 14. Jh. Knüpft an das Schmieren der Räder eines Wagens an. »Schmieren« = Verwendung von Fett und Salbe. »Geschmiertes Leder wird gern weich.« – »Schmieren macht linde Hände.«

2 Wie Sie gleich lesen werden, spricht das Gesetz auch von Korruption, wenn ein Beamter sich für eine an sich korrekte »Pflichthandlung« bezahlen läßt. Es wäre aber im Sinne unserer Definition hier und seines Arbeitsvertrages seine Pflicht gewesen, seine ansonsten pflichtgemäße Handlung ohne Gegenleistung zu tätigen und das großzügige Angebot auszuschlagen. Also bitte keine Verwirrung.

lukrativeren Posten oder das Versprechen auf Zahlungen in der Zukunft natürlich ein. Aber auch Status-Gewinn, Anerkennung und Liebe (nicht nur Sex, den die Gerichte in DM = »Dirnenlohn«[3] umrechnen) werden als Währung gern genommen. Recht häufig kommt der Tauschhandel vor: »Deine Pflichtverletzung gegen meine« heißt dann die schwer konvertierbare Devise der Leute mit »Beziehungen«.

Geschädigt wird bei jedem Bestechungs-Geschäft die Gruppe, die dem Pflichtverletzer den »Vertretungsauftrag« gab – sein Arbeitsgeber, sein Verein und im Falle des Beamten das gesamte Volk – mehr oder weniger gelungen vertreten vom Staatsapparat. Der Beamte schädigt sein »Publikum«[4], indem er seine Machtstellung (= Monopol oder Oligopol) unerlaubt in private Phantasiegebühren ummünzt, sich also eine – sagen wir es hochgestochen – «Monopol- oder Oligopolrente beim Publikum« verschafft.

Was kaufen wir?

Mit jeder Schmierung verfolgt ein Bestecher dasselbe Ziel: Er will sich **Privilegien** verschaffen, die ihm nicht zustehen.

In harmloseren Fällen beschränkt sich der Eingriff auf eine **Erleichterung**: Man hätte das Ziel auf faire Art auch erreicht, aber mit Schmierung geht's auf dem besonders »direkten Amtsweg« schneller. Bei dreisten Korruptions-Geschäften wünscht der Bestecher mehr und kauft das **Unmögliche**: Ohne Schmierung hätte er keine Chance gehabt.

Die spärliche Fachliteratur zu Thema Korruption teilt ein in **Beschleunigungszahlung** (schnarchende Beamte werden durch das süße Knistern der Banknote erweckt und in Trab gebracht) und **Verzerrungszahlung** (Verzerrung des Staatswillens, wenn der Eskimo-Beamte 216 Kühlschränke zur Ausstattung der Behörden-Iglus bestellt – bei seinem Spezi Nanuk, dem Bauknecht-Stützpunkt-Partner).

Gegen entsprechende Zahlung kann man jede Art von **Bevorzugung** erwerben. Man darf sich vordrängeln, bekommt eine ungerecht gute Beurteilung, man triumphiert in jeder Hinsicht über die lästige Konkurrenz.

Wer würde nicht gern aus **öffentlichen Trögen** fressen? Wer sich großzügig zeigt, kann umgehend lukrative Aufträge einfahren, Subventionen kassieren,

3 Urteil RG 64/291/1930

4 So lautet der Fachausdruck für uns Bittsteller.

billige Immobilien zur totsicher profitablen Spekulation kaufen und supergünstige Darlehen bekommen. Oder auf einer bescheideneren Ebene: Wir wär's mit einer schönen Sozialwohnung, typische **Mangelware**, obwohl Sie erst an 1024ster Stelle in der Berechtigten-Liste stehen, in die Sie eigentlich nie hätten aufgenommen werden dürfen?

Wo ist das Kontingent noch aufs engste begrenzt? Traditionell ganz oben auf dem Wunschzettel mit den käuflichen Privilegien steht der **gute Posten** in der öffentlichen Verwaltung oder in der Wirtschaft. Nicht immer billig sind **gute Beziehungen** zu haben, die man überall brauchen kann, ohne die aber in vielen Bereichen schon lange nichts mehr läuft.

In der freien Wirtschaft kauft man phantastische **Rabatte**, deren Wert das investierte Schmiergeld vielfach übersteigen kann.

Eine **Konzession** oder **(Sonder-)Genehmigung** ist für manches Geschäft lebenswichtig. Ob sie erteilt, erneuert, verlängert oder erweitert wird, wie lange und wie fest mehrere Augen zugedrückt bleiben, welche Auflagen einem Unternehmer mit wieviel Aufschub aufgebrummt werden – all das hängt von der **Inspektion** und der **Ermessensentscheidung** eines beamteten Bürohengstes und/oder einem **Gutachten** ab. Oft sind es also **Duldung, Aufschub, Nachsicht, Schweigen, Übersehen** und **Vergessen**, in die Sie investieren wollen. Wo auch immer Gesetzesvollzug und Inspektion im Spiel sind, ergreifen wackere Beamte gern selbst die Initiative, die **Grenzen zur Erpressung** sind nicht fern. In Sachen Privilegien, Konzession, Mangelware, also überall dort, wo für den Hoffenden nichts ernstlich bedroht ist, kommt vor allem die milde Bestechung vor, die vom Schmiergeld-Zahler ausgeht.

Auch in Form von **Insider-Informationen** kann Schmiergeld erstklassig angelegt sein. Ob Planungsunterlagen mit Top-Secret-Stempel oder geheime Stichtage: Wer etwas Wichtiges weiß, bevor die anderen es erfahren, kann schöne Spekulationsgewinne einfahren oder sich in Ruhe auf eine »überraschende« Kontrolle einrichten.

Was bezahlen wir?

Schmiergeld-Empfänger sind phantasiebegabte Leute mit literarischen Neigungen. Jedenfalls muß man über die exotischen Bedürfnisse wichtiger Mitbürger staunen, die Wunschzettel in epischer Länge schreiben. Es darf allerdings auf ortsübliche Sondergebühren herruntergefeilscht werden.

Hindernisse

Sie können sich vielleicht noch nicht vorstellen, jemals selbst an einem Korruptions-Geschäft beteiligt zu sein. Wie alle Korruptions-Anfänger sehen Sie sich drei unüberwindlich scheinenden Hindernissen gegenüber:

Eingebildeter Mangel an Gelegenheit
Haben Sie keine Idee, wo Sie selbst schmieren oder sich bestechen lassen könnten? Halten Sie durch – dieses Buch zeigt Ihnen, wo auch Sie erfolgreich geben oder nehmen können.

Skrupel
Ihre Kinderstube in Ehren. Aber die Forschung bietet heutzutage einige erfolgreiche Behandlungsmethoden auch gegen Ihre Skrupel, selbst wenn sie chronisch sein sollten.

Angst vor Strafe
Wer setzt sich schon gerne auf den elektrischen Stuhl?
Ich möchte das Kernproblem der Strafbarkeit zuerst behandeln:

Wie illegal ist Korruption?

Schauen wir uns in unserer juristischen Betrachtung erstmal bei den »**Amtsträgern**« um, also vor allem den Beamten und Angestellten des Öffentlichen Dienstes. Was können die sich Korruptes zuschulden kommen lassen?

Bestechungstatbestände bei Amtsträgern

Vorteilsannahme (§ 331 StGB)
Wer eine völlig korrekte Diensthandlung verspricht oder vornimmt (oder dies getan hat), aber **dafür** kassiert, riskiert Geldstrafe oder bis zwei Jahre Jahre Gefängnis (Richter und Schöffen: bis drei Jahre).

Bestechlichkeit (§ 332 StGB)
Wenn für eine Diensthandlung kassiert wird, die **pflichtwidrig** ist, drohen 0,5 bis 5 Jahre Freiheitsentzug in schweren, bis 3 Jahre oder Geldstraße in minder schweren Fällen. Fordernder Richter: 1 bis 10 Jahre Gefängnis, in minder schweren Fällen 0,5 bis 5 Jahre. Der Versuch ist strafbar. Als **pflichtwidrig** gilt schon, wenn die gekaufte Entscheidung noch eindeutig im Ermessensspielraum lag, aber ohne Geld anders ausgefallen wäre.

Vorteilsgewährung (§ 333 StGB)
Wer einen Amtsträger für eine korrekte **künftige** Diensthandlung bezahlt (oder dies versucht), riskiert eine Geldstrafe oder bis 2 Jahre Haft (Richterbestechung: bis 3 Jahre). Nachträgliche Dankzahlungen sind aber erlaubt. (nicht aber deren Annahme, siehe § 331).

Bestechung (§ 334 StGB)
Wer einen Amtsträger zu **pflichtwidrigen** Diensthandlungen besticht (oder dies versucht), dem drohen 3 Monate bis 5 Jahre Haft (in minder schweren Fällen Geldstrafe oder bis 2 Jahre). Richterbestechung: 0,5 bis 5 Jahre. Dem Richter nachträglich für Milde gedankt: 3 Monate bis 5 Jahre.

Verfall des Bestechungslohnes (§§ 73 StGB)
Das Gericht kassiert das angenommene Schmiergeld vom Bestochenen ein, nicht aber die Behörde des Nehmers[1] (denn: Nicht der Dienstherr, sondern das Volk ist der Geschädigte). Evtl. auf die Schmiergeld-Einnahmen gezahlte Einkommenssteuer wird von der Schuld abgezogen.

Schutzgut
Geschützt werden soll durch diese Gesetze die Funktionsfähigkeit der staatlichen Verwaltung, die staatliche Autorität, also das Vertrauen der Öffentlichkeit in die Objektivität der Diensthandlungen und die Unbestechlichkeit der Beamtenschaft. Einer Verfälschung des Staatswillens soll vorgebeugt werden.

1 Ich habe mich hier für die Begriffe »Geber« und »Nehmer« entschieden, die auch in der Literatur vielfach verwendet werden. Der »Bestecher« und der »Bestechliche« sehen einander zu ähnlich; das kann beim flüchtigeren Lesen Verwirrung stiften.

Schlupflöcher

Bisher klingen die Gesetzestexte noch einigermaßen gefährlich, nicht wahr? Wenn wir sie aber sorgfältig abklopfen, werden wir so manchen Hohlraum entdecken.

Was heißt hier »Vorteil«?

Mit »Vorteil«, also Bestechungs-Lohn, ist in erster Linie alles das gemeint, was man mit Geld kaufen kann, einschließlich Sex. Theoretisch schließen die Juristen auch **nichtmaterielle Vorteile** wie »Befriedigung des persönlichen Ehrgeizes oder der Eitelkeit« oder den »Gewinn der Gunst der Vorgesetzten« mit ein, auch wenn die zu keinem materiellen Vorteil wie z.B. der Beförderungführen. In der Praxis gibt es aber wegen der Annahme solcher »Vorteile« keine einzige Verurteilung.

Direkte Gegenleistung

Damit es sich wirklich um Korruption handelt, verlangt der Buchstabe des Gesetzes, daß die mehr oder weniger korrekte Diensthandlung immer als **direkte Gegenleistung** für den Bestechungslohn (= »Vorteil«) durchgeführt werden muß. In der Praxis wird also regelmäßig ein rein freundschaftliches Verhältnis zwischen dem Amtsträger und einer Person oder Gruppe behauptet, die mit den Amtsgeschäften nichts bis gar nichts zu tun hat.

Erlaubte und unerlaubte Nebeneinnahmen

Der Amtsträger **darf** durch **Nebentätigkeiten** die eigene Kasse aufbessern. Bestehende Vorschriften[2] verlangen allerdings die Zustimmung der Behörde, wenn jemand »Belohnungen und Geschenke« jenseits von ca. DM 150[3] annehmen will. Manche Behörden setzen die Grenze bei DM 50. Bewirtungen darf der Beamte annehmen, wenn sie im Rahmen bleiben – ein Wurstbrötchen gefährdet das Staatsgefüge nicht. Auch im Daimler des Industrie-Kapitäns darf sich der Finanzfahnder mitnehmen lassen, wenn dies die Dienstausübung erleichtert. Aber das Angebot einer Gratisübernachtung hat er abzulehnen, selbst wenn anders- oder gleichgeschlechtliche Wärmflaschen nicht inklusive waren.

---

2 für Beamte § 84 HBG, für Angestellte § 10 BAT. Die Zustimmung ist nach § 70 BBG, § 43 BRRG und den entsprechenden Landesbeamtengesetzen möglich. Quelle: Fuhr, W.: »Korruption – wirtschaftkriminelle Amtsdelikte«; in Poerting, P. (Hrsg.): »Wirtschaftskriminalität«, Teil 2; BKA-Schriftenreihe, Bd 53, Wiesbaden 1985

3 Manche Behörden setzen die Grenze der Meldepflicht intern auf DM 50 fest. Bewirtungen darf der Beamte annehmen, wenn sie im Rahmen bleiben – das Wurstbrötchen gefährdet das Staatsgefüge nicht. Auch im Daimler des Industrie-Kapitäns darf sich der Finanzfahnder mitnehmen lassen, wenn dies die Dienstausübung erleichtert. Aber das Angebot einer Gratisübernachtung hat er abzulehnen, selbst wenn anders- oder gleichgeschlechtliche Wärmflaschen nicht inklusive waren.

Wird dem Amtsträger auch nur ein entsprechendes Angebot unterbreitet, so müßte er dies dem Dienstherrn unverzüglich und unaufgefordert melden. Dies betrifft auch besondere Vergünstigungen bei Privatgeschäften wie z.B. ungewöhnlich hohe Honorare für Nebentätigkeiten etc. »Vergißt« der Amtsträger seine Meldepflicht, so kann ihm dies theoretisch eine fristlose Kündigung einbringen.

Ausgenommen von der Genehmigungspflicht sind **Einkünfte aus künstlerischer, wissenschaftlicher und schriftstellerischer Tätigkeit**[4]. Der Bauunternehmer gibt die ergreifenden Gedichte des Amtsleiters in bibliophilem Prägedruck heraus – zum Günter-Grass-Honorar. Gefeiert wird unter der Kollektion neuwilder Ölschinken, dem Lebenswerk des amtstragenden Picasso-Nachfolgers, bislang von allen verkannt, nur von jenem Bauunternehmer nicht, der sich gern auch mal kunstwissenschaftliche Aufsätze maßschneidern läßt.

Ministerialdirektor Schnell kannte als Korruptions-Fahnder im Verteidigungsministerium (Spitzname »Meister Saubermann«) alle Schliche der Bereicherung. Er arbeitete als Autor für den Verleger Zwickenpflug, dessen Walhalla Verlag von Schnells »Bundeswehrkalender« und diversen Fachbüchern lebte, die sich an Soldaten wenden. Schnell drohte, zu einem anderen Verlag überzuwechseln; das wäre die sichere Pleite für Walhalla gewesen. Bei einem Gespräch unterzeichnete Verleger Zwickenpflug eine zwölf Seiten lange, von Schnell handschriftlich verfaßte und ungemein exotische Erklärungen, nach der er seinem Autor Schnell noch Honorare schulde. Ein halbes Jahr später gab es eine, wiederum handschriftliche, Zusatzerklärung über die Abwicklung der Nachzahlung vom Verlag an den Autor. Zahlen wurden bisher immer noch nicht genannt! Nach neun Jahren übersetzte Schnell unter Zuhilfenahme der allerhöhchsten Mathematik das Blanco-Bekenntnis seines Verlegers in DM: Die Nachforderungen auf angeblich ausstehende Honorare machten mit Wucherzinsen 3,5 Mio. aus. Der Bundeswehrbeamte langte so kräftig zu, daß der Verlag verkauft werden mußte.[5]

Für seine Nebentätigkeit, das Abfassen von Knebelverträgen, brauchte der schriftstellernde Ministerialdirektor keine Ausnahmegenehmigung vom Chef:

Üblicherweise dürfen auch Spitzenbeamte nicht über 12.000 DM pro Jahr brutto nebenbei verdienen. Schon ab DM 1000 muß man dem Dienstherrn genau vorlegen, wofür man das zusätzliche Geld bekommen hat. Rechtlich liegt Schnell also goldrichtig. Die Justiz sieht in seinem Fall »Vermarktung von Spezialkenntnissen« gegeben. Kurz: Das Verfahren wurde eingestellt.

---

4 Nach § 66 Bundesbeamtengesetz

5 Spiegel, 3/89, S. 40 ff

Zugegeben, meist geht es weniger gedrechselt zu. In diesem Buch werden sämtliche Möglichkeiten behandelt, »Vorteile« über **geschickte Konstruktionen** völlig »korrekt« zu kassieren.

Spielraum »Pflichtverletzung«

Wenn sich nicht mehr bestreiten läßt, daß ein Amtsträger kassiert hat, so doch bitte nicht für eine Pflichtverletzung, sondern immer für die treue Erfüllung seiner Pflichten im Amt. Es soll statt § 332 der mildere § 331 angewendet werden.

Tatbestandsirrtum – Verbotsirrtum

Wenn man dennoch objektiv von seinen Pflichten abgewichen ist, so sollte dies immer **irrtümlich** geschehen[6] sein (= »nicht vermeidbarer Verbotsirrtum«, einfache »Fahrlässigkeit« etc.). Auch kluge Leute können beispielsweise übersehen, daß sie Amtsträger sind. So beispielsweise geschehen im Falle von Ludwig Poullain, dem Ex-Chef der Westdeutschen Landesbank (seinerzeit Jahresumsatz 16 Milliarden DM). Er schob einem Großspekulanten zweistellige Millionenkredite zu und kassierte bei ihm »Beraterhonorare« über 1,1 Mio. DM. Doch Poullain wurde nicht verurteilt[7]. Einerseits waren nämlich die Kreditvergaben nicht pflichtwidrig – der Chef einer Bank vergibt bekanntlich Kredite. Weiterhin waren die Honorare nicht als Gegenleistung an die Kreditvergaben gekoppelt. Was ist mit Vorteilsannahme? Als Chef einer öffentlich-rechtlichen Bank war Poullain Amtsträger. Ja, aber das stand nicht klar im Arbeitsvertrag, in dem ihm jedoch irreführenderweise, weil etwas schwammig formuliert, einige »Nebentätigkeiten zum Wohle der Bank« erlaubt waren (z.B. hochbezahlte Aufsichtsratsmandate in irgendwelchen Firmen). War nicht auch sein Beratungsmandat eine solche erlaubte Nebentätigkeit zum Wohl – äh – der Bank? Und so irrte sich der arme Poullain eben – auch zu seinem Wohl. Ob die 1,1 Mio. nicht verdächtig viel Geld für ein bißchen Beratung sind? Das Gericht meint: Nein. In diesen Kreisen sind vernünftige Stundenlöhne üblich.

Doch Vorsicht: Die Ausreden **Tatbestandsirrtum** (= »Ich dachte, es sei Notwehr, aber es war wohl doch Mord«) und **Verbotsirrtum** (= »Ich habe erst nachträglich erfahren, daß man das gar nicht durfte«) ziehen vor Gericht nur, wenn man sehr einflußreich ist. Tatbestandsirrtum (§ 16 StGB) und Verbotsirrtum (§ 17 StGB) gelten allgemein als »vermeidbar«. Man muß schon einen guten Grund für die eigene Trotteligkeit haben: am besten natürlich ein Rechtsgutachten, das man sich vor der Tat erarbeiten läßt.

---

6 Vergl.: Blei, »Strafrecht« II, S. 402

7 Siehe 4 St R 375/82 LG Münster und NStZ, 1984, Heft 11, S 501 ff zu BGH-Urteil 10.03.1983.

Der »Amtsträger« kassiert in anderer Mission

Beamten, Richter, öffentliche Angestellte und die Mitarbeiter öffentlich-rechtlicher Institutionen (Rundfunk, öffentliche Banken etc.) zählen zu den Amtsträgern, aber auch »Wahlbeamte« wie der Dorfbürgermeister, der Bundespräsident, jeder Landrat, der Kanzler, Minister oder Staatssekretäre. Jeder, der einen öffentlichen Verwaltungsauftrag ausübt, darf sich zudem zu den »besonders Verpflichteten« zählen, also auch der Mitarbeiter des privaten Rechenzentrums, das Hundesteuerzahlungen addiert, oder die Putzfrau, die dort die Aschenbecher entsorgt.

Nicht als Amtsträger gelten hingegen neben den Funktionären von Verbänden, Kirchen, Parteien oder Gewerkschaften auch die Abgeordneten des Bundestages oder der Länderparlamente. In der Funktion des **Parteibonzen** oder **Abgeordneten** darf man sich **auch bei gleichzeitiger Amtsträgerschaft** schmieren lassen, bis kein weiterer Schein mehr ins Portemonnaie paßt, wenn die Sache, um die es dabei geht, mit dem gleichzeitigen Minister-Job oder Sonstwas-Amt nichts zu tun hat.

Der Partei-Funktionär darf ungeniert damit herumprotzen, daß er einen kleinen, karrieregeilen Amtsträger zu nicht stubenreinen Diensthandlungen »bestimmen« werde, wie die Juristen es sagen, und frech anfügen: »Weil dieser Beamte ohne die Protektion meiner Partei erledigt ist.« Nur bei der Erfüllung seines Versprechens sollte er vorsichtig sein: Der unter ihm zitternde Beamte darf weder erpreßt noch durch ein eindeutiges Aufstiegsversprechen bestochen werden.

Mißverständnis

Bestechung setzt eine Vereinbarung zwischen Bestecher und bestochenem Amtsträger voraus: Diensthandlung gegen Schmierung. Wenn diese Unrechtsvereinbarung nicht ausgesprochen wurde, sondern der Vorwurf nur lautet, sie habe stillschweigend bestanden, so läßt sich dies schwer nachweisen und wenigstens von einer Seite als Mißverständnis deuten. Die Welt ist voller **Mißverständnisse**. Ein Tip: Wer sich ausschließlich in der blumigen Sprache der Korruption unterhält, wer also grundsätzlich nicht konkret wird, kann sich besser auf »Mißverständnisse« rausreden als jemand, der eindeutig fordert oder anbietet.

Grenzen einer »Diensthandlung«

Wo liegen überhaupt die **Grenzen einer »Diensthandlung«**? Dazu ein wundervoller Fall: Ein Jugendstaatsanwalt hat mit einem Burschen zu tun, dem man seinen Führerschein abgenommen hat, weil der Verdacht auf Alkohol am Steuer bestand. Der Beamte erweckt den Eindruck, er habe die Sache dank seiner Beziehungen bereits entsprechend gedreht, und das sei doch eigentlich eine dankbare Spende von DM 300 wert. Er schickt den Schluckspecht zur Führerscheinstelle, wo der die heißgeliebte Pappe tatsächlich zurückbekommt. Danach wechseln, wie erbeten, drei Scheine den Besitzer.

Der Witz: Der Staatsanwalt hatte gar nicht eingegriffen! Die Blutprobe lag gerade noch unter der Grenze, der Führerschein wäre sowieso zurückgegeben worden. Vorteilsannahme? Bestechlichkeit? Weder noch, der Staatsanwalt wurde wegen Betruges (§ 263 StGB) verurteilt. Aber auch nur, weil er einen schlechten Anwalt hatte. Man hätte die aus Dummheit nachträglich geleistete Zahlung als erbettelte »Spende« sehen können. Bettelbetrug also, weil das, wofür der Geber so dankbar war, nur vorgetäuscht war? Nein, denn der mildtätige Spender wollte sich für eine sozialwidrige Handlung erkenntlich zeigen und genießt daher sowenig Rechtsschutz wie der Bestecher, der sein Schmiergeld zurückhaben will, weil der »bestochene« Amtsträger nur kassiert, aber nichts geleistet hat[8].

Aktive Wählerbestechung (§ 108 b, I StGB)

Der Schlüssel zur Straffreiheit bei der Sicherung des eigenen Arbeitsplatzes liegt in der Wahl einer möglichst großen Bestechungssumme: Wenn Sie als Polit-Promi Ihre (Wieder-)Wahl durch milliardenschwere Wahlgeschenke an bestimmte Interessengruppen oder durch die klotzige Verteilung ungerechtfertigter Privilegien und unnötiger Subventionen an sogenannte Wähler schichten erkaufen, haben Sie das Recht auf Ihrer Seite. Von Wählerbestechung im Sinne des Gesetzes kann nur gesprochen werden, wenn eine direkte Täter-Begünstigten-Beziehung besteht, da reichen als Schmiergeld-Empfänger Gruppen wie »die Bauern« oder »die Pharma-Industrie« nicht aus.

Ein hübsches Beispiel aus den Niederungen der Provinz: Bei der Bürgermeisterwahl in einer kleinen Gemeinde ging es um jede Stimme. Im ersten Wahlgang war der amtierende Bürgermeister knapp unterlegen, nun stand die entscheidende Stichwahl an. Der politische Gegner hatte das Gerücht verbreitet, der Bürgermeister wolle das vor Jahren illegal gebaute Vereinsheim des örtlichen Sportvereines schleifen lassen. »Nur über unsere Leiche«, sagten die Sportkameraden – 100 Mann, also 100 Stimmen. Pflichtwidrig, denn als Wahlbeamter ist er Amtsträger, erteilte der Bürgermeister eine nachträgliche Baugenehmigung und erzielte im fraglichen Stadtteil 32 zusätzliche Stimmen.

---

8 Siehe Prof. Maiwald, M.: »Belohnung für eine vorgetäuschte pflichtwidrige Diensthandlung« in NJW, Heft 51, 1981, S. 2777ff

Er gewann mit 29 Stimmen vor seinem Konkurrenten. Verurteilt wurde der Dorfschulze wegen Wählerbestechung zu 90 Tagessätzen (je 150 DM)[9].

Bestechung in der freien Wirtschaft

Hier wird die Korruption mit dem Gesetz gegen den unlauteren Wettbewerb (= UWG) bekämpft.

In § 12 UWG heißt es:

»Wer im geschäftlichen Verkehr zu Zwecken des Wettbewerbs einem Angestellten oder Beauftragten eines geschäftlichen Betriebes einen Vorteil als Gegenleistung dafür anbietet, verspricht oder gewährt, daß er ihn oder einen Dritten bei dem Bezug von Waren oder gewerblichen Dienstleistungen in unlauterer Weise bevorzugt, wird mit Freiheitsstrafen bis zu einem Jahr oder mit Geldstrafen bestraft.« Das gilt für den Geber wie für den Nehmer.

Praktisch bedeutet das: Der Architekt, der für einen Privatmann ein Haus in die Landschaft stellt, darf sich von überteuerten Lieferanten oder Handwerkern dafür schmieren lassen, daß er ihnen Aufträge zuschanzt – zu Lasten des gutgläubigen Bauherrn. Beim Bau von Firmengebäuden dürfte er das nicht (denn da ist er »Beauftragter eines geschäftlichen Betriebes«).

Auch die Bestechung eines Chefs ist erlaubt – dabei ergeben sich doch gerade durch korrupte Absprachen zwischen Firmenbossen erhebliche Marktverzerrungen, die den Steuerzahler nach Schätzungen[10] 13 Milliarden Mark im Jahr kosten.

Auf besonders gründliche Art hat die Zement-Industrie das Korruptions-Karussell gegenseitiger Preisabsprachen rotieren lassen. Schon in den 60er Jahren waren die Zement-Hersteller aufgefallen, als sie gemeinsame Verkaufsbüros und Preismeldestellen unterhielten. 1984 wurden 80 Firmen zu insgesamt 57 Mio. DM Strafe verurteilt, was freilich vom immer besonders milden Berliner Kammergericht auf 20 Mio. reduziert wurde. Erst kürzlich entnahmen Fahnder der Brieftasche des Prokuristen der Heidelberger Zement AG einen aussagekräftigen »Monatszettel«, den er aus Sicherheitsgründen immer am Körper trug. Der Staatsanwalt vermutet nach der Auswertung: Jahrelang hatte ein Dutzend Baustoffproduzenten Preise und Liefermengen abgesprochen. Nahezu die Hälfte der Branche wird verdächtigt mitgemacht zu haben.[11]

9 Urteil: LG Ravensburg, 1 StR 316/85
10 Die Zeit, 26.10.1984
11 Spiegel 5/89, S. 94 ff

Die Korruption von Angestellten wird nur auf Antrag eines Geschädigten verfolgt. Den Antrag kann der Konkurrent stellen, der sich durch die Schiebung im Wettbewerb benachteiligt fühlt, aber auch der »Dienstherr« des Geschmierten (der übrigens die von seinem Angestellten kassierten Schmiergelder einfordern kann[12], weil es sich schließlich um Einnahmen aus einer angemaßten, »unechten« Geschäftsführung handelt und der Chef einen »Abschöpfungsanspruch«[13] hat).

In der Praxis werden Korruptionsfälle im Betrieb aber noch lieber stillschweigend geregelt, als dies in den Behörden der Fall ist. Verständlich: Welcher Kunde wollte einer Firma sein Vertrauen schenken, in deren Innerem grobe Durchstechereien, ja das Chaos vorkommen – wie jeder weiß? Doch es geht nicht nur um Image-Verluste für das eigene Unternehmen, die schnell Riesensummen ausmachen können.

Welches Unternehmen wollte allen Ernstes gegen die Schmierpraxis der Konkurrenz klagen? Die Folgen könnten unabsehbar sein. Ein »Ausreißer« wird für seinen Mangel an Kollegialität dadurch bestraft, daß sich Kunden und Lieferanten von ihm abwenden, wenn nicht aus eigenem Antrieb, so vielleicht, weil sie dem sanften Druck der Feinde des Saubermannes nachgeben müssen. Vom Rufmord bis zur Dumping-Aktion oder der aggressiven Übernahme an der Börse droht dem Außenseiter schmerzhafte Abmahnung durch die »Kollegen«.

Wurde im eigenen Unternehmen, der Saubermann KG, noch nie mit Tiefschlägen gearbeitet, die nun vom Feind aus der Versenkung geholt werden könnten? Nein, gegen Einbußen durch schmierfreudige Konkurrenz wehrt sich der Geschäftsmann nur auf eine Weise: durch Korruption.

Schmerzhafte Konsequenzen?

Einstellung des Verfahrens

Gern versandet ein Ermittlungsverfahren schon im Ansatz, weil die Beweisdecke dünn bleibt – gern auch auf herzlichen Wunsch von weiter oben. Die »vorzeitige Einstellung« nach § 153 StPO erspart der Staatsanwaltschaft mühselige Ermittlungsarbeit, die ohnehin selten fruchten würde.

Die Einstellung bekommt man allerdings nicht immer gratis. Als unlängst in Frankfurt gegen 300 städtische Bedienstete und private Unternehmer

12 Siehe BAG, NJW 1961, S. 2036
13 Nach §§ 687 II, 681 S. 2, 667 BGB

wegen Korruption ermittelt wurde, wurden 60 Fälle ohne Umstände gegen Geldbuße eingestellt oder mit Strafbefehlen bis DM 162.000 abgeschlossen.

Verurteilung

Eine Verurteilung ist nicht mit Folterurlaub im Iran gleichzusetzen. Selten läßt sich die korrupte Tat in allen Details nachweisen, meist wird vertuscht oder vorzeitig eingestellt. Nur in wenigen schweren Fällen werden Haftstrafen verhängt. Als Ersttäter aus ordentlichen Verhältnissen bekommt man jede Strafe von weniger als 24 Monaten **zur Bewährung** ausgesetzt.

Disziplinarische und arbeitsrechtliche Folgen

Man kann seinen Job verlieren. Aber ebensogut kann es bei einer mehr oder minder »strengen« internen Abmahnung bleiben, wenn der Missetäter nämlich auf seinem Posten einigermaßen unersetzlich ist, wenn Wirbel vermieden werden soll (so kurz vor der nächsten Wahl kann man keinen Skandal gebrauchen) oder er über viel Einfluß und gute Beziehungen (»Hausmacht«) verfügt. In allen einigermaßen intelligent eingefädelten Fällen kann man durch Verhandlungen so viel rausholen, daß man am Ende nicht schlechter dasteht als bei einer normalen Kündigung. Falls man überhaupt gehen muß.

Schmiergeld-Einnahmen und Einkommenssteuer

Egal wie sittenwidrig das Geld verdient wurde: Am Finanzamt führt kein Weg vorbei. Keine Angst, es gibt ja das Steuergeheimnis[14]! So darf das Finanzamt niemandem sagen, daß der Mietkiller Mucki Pinzner 60.000 inkl. Mehrwertsteuer in der Rubrik »Auftragsarbeit für Ringo: zwei Schweine puttemacht[15]« angegeben oder Sie, der Sachbearbeiter, gerade 150.000 Mark »sonstige Einnahmen« fürs laufende Jahr verbucht haben. Die Praxis zeigt, daß ein Gutteil aller Korruptions-Affären ins Rollen gekommen sind, weil jemand aufs naßforscheste Steuern sparen wollte.

Schmiergeld-Ausgaben sind absetzbar!

Wer Schmiergelder zahlt, kann diese als Betriebsausgaben von der Steuer absetzen, genau wie jedes andere Werkzeug, sagt ausdrücklich § 20, 7 des Einkommensteuergesetzes.

Wundervoll! Wenn Sie als Unternehmer 20.000 DM Bakschisch zahlen, sinkt Ihre Steuerschuld um etwa 10.000 DM (denn Sie führen üblicherweise

---

14 Verschwiegenheitspflicht der Finanzämter nach § 30 AO

15 Ein Hinweis auf eine Hausschlachtung zwingt den Finanzbeamten noch nicht zum Bruch des Steuergeheimnisses, wie er fällig wäre, wenn Pinzner geschrieben hätte: »Bezahlter Mord an zwei von Ringos Feinden«.

50% Ihrer Gewinne ans Finanzamt ab). Dem Staat entgehen 10.000 DM? Ganz falsch und moralisierende Hetzpropaganda, denn durch die Schmierung bekommt die Wirtschaft neue Impulse, macht mehr Umsatz und bringt noch mehr Steuern ein!

Einen Haken hat die Sache: Der Empfänger muß auf Verlangen des Finanzamtes genannt werden (Ausnahme: »Informanten-Honorare« im Pressewesen). Das tut man seinem Partner nicht gern an. Daher werden Schmiergeld-Ausgaben entsprechend vornehm umschrieben und in der Bilanz als »sonstige Zahlungen«, »Akquisitionserleichterungen«, »Betreuungsentgelte« etc. versteckt oder gleich im Tarn-Overall diverser Scheingeschäfte untergebracht.

Die Nennung eines Schmiergeld-Empfängers tut niemandem weh, wenn der Nehmer in Form einer Briefkastenfirma im Ausland hockt und somit für die deutschen Steuerbehörden uninteressant ist. Ansonsten hat mancher Schmiergeld-Empfänger den fatalen Fehler begangen sich einzubilden, sein Gönner werde auf Nachfrage des Finanzamtes nicht sagen, wer genau die Person ist, an die die als Betriebsausgabe angegebene »Provision« gegangen ist. Mit einer Kontrollfrage hat oft das Elend angefangen ...

Zu diesem Thema nun ein wundervoll verwickelter Fall: Die Salzgitter AG wollte den Libyern einen gigantischen Industriekomplex in die Wüste stellen – für 1,36 Milliarden DM! Vertraglich sagte man dem in Deutschland ansässigen Vermittler Saifi eine »Provision« von 40 Mio. zu, von denen nur zwei Mio. für ihn selbst, 38 Mio. aber als Schmiergelder gedacht waren, mit denen Saifi über einen in Libyen lebenden Mittelsmann die dortigen Bonzen bestechen mußte. Höchste Vorsicht war in Gaddafis Wüstenreich geboten, stand doch Todesstrafe auf das Vergehen der Bestechlichkeit.

Saifi forderte die ersten 20 Mio. an. Die Buchhalternaturen der Salzgitter AG wollten aus steuerlichen Gründen nur zahlen, wenn ein im Ausland lebender Empfänger für das Bakschisch benannt würde – so konnte die deutsche Firma ihr Schmiergeld als Betriebsausgabe absetzen. Von Saifis Verhandlungspartnern in Libyen stellte wegen der Todesstrafe natürlich niemand seinen Namen zur Verfügung. Da kam den Schildbürgern eine Idee: Dem blöden Finanzamt nennen wir als Empfänger Saifi, wohnhaft im Ausland, also für die »Einnahme« von 40 Mio. DM in Deutschland nicht einkommenssteuerpflichtig. Das Finanzamt schluckte die plumpe Lüge nicht und forderte plötzlich 20 Mio. Einkommenssteuern vom Geldbriefträger Saifi, der in Deutschland lebte und also auch hier steuerpflichtig war.

Verwandte Straftaten

Wir wollen hier nicht endlos über all die »unlauteren« Handlungen sprechen, zu denen man einen Beamten oder Angestellten oder sonstwen bestechen oder für die man sich selbst gegen Geld herbeilassen kann. Die Liste wäre lang, jede einzelne ihrer Positionen allemal interessant: Falschbeurkundung im Amt, Verfälschung des Staatswillens, Bruch des Dienstgeheimnisses, Strafvereitelung, Betrug, Untreue, Unterschlagung und so fort. Bedenken Sie bei Ihrer Risikoabwägung, daß diese Taten vor dem Kadi durchaus »teurer« sein können als die Bestechung selbst.

Verbreitung

Man darf wohl davon ausgehen, daß an allen Stellen, wo Korruption sich lohnt oder anbietet, auch geschmiert wird. Ohne Frage ist Schiebung in bestimmten Bereichen traditionell üblicher als in anderen. Aber ständig werden neue Nischen entdeckt. Anders kann man sich nicht erklären, wie in Hamburg 200–250 Verdächtige Handgelder in Millionenhöhe kassieren konnten, um mittels falscher Bauabrechnungen, Scheinaufträge, Preisabsprachen usw. bei öffentlichen Bauten 20 Mio. DM Schaden anzurichten. Verwickelt waren neben der Bauämter auch Mitarbeiter der Behörden für Wirtschaft, Gesundheit, Wissenschaft und Kunst.

Korruptionisten haben zunehmend mehr Erfolg, nicht nur, weil sie ihre Methoden verfeinert haben, sondern auch, weil sich das Meinungsklima in den letzten Jahren beständig zu ihren Gunsten gewandelt hat – die Polkappen der Moralität schmelzen ab. Spitzfindigkeit, List, Zynismus und Unverfrorenheit sind noch nie so angesehen gewesen wie heute. Wo einst das spießige Ideal des unbestechlichen, treuen, preußischen Beamten in muffigen Schreibstuben pedantisch für Fairness sorgte, regieren heute Westentaschen-J.R.s mit profunder Kenntnis amerikanischer Ellenbogen-Kunst.

Die Identifikation des Amtsträgers mit »seinem Staat«, dem Vater, oder die des Mitarbeiters mit »seinem« Unternehmen wirkt heute überkommen, ja lächerlich. Wer etwas »organisiert« und sich bereichert, wer im »Apparat« unfaire Vorteile für sich und seine Clique herausschindet, hat die Sympathie des modernen Kleinbürgers (des konservativen wie des linken wie des »postmodernen«) auf seiner Seite.

Der Einsatz von »Beziehungen« erscheint inzwischen jedermann als »normal« und naturgegeben. Die Grenzen zwischen akzeptabler Kumpanei und echter Bestechung mit Unrechtsbewußtsein oder Gewissensbissen sind fließend.

Risiko

Eine Studie des Max-Planck-Instituts Freiburg hat herausgefunden, wie wenig man aufs Spiel setzt. Wenn bei Korruptionsverdacht überhaupt ermittelt wird, so führt das selten zu einer Anklage: Nur in jeder 10ten Sache mußte der angeblich Geschmierte überhaupt vor den Kadi! In 90 % der Fälle verlaufen schon die Ermittlungen im Sande. Auch beim Geber war nicht mal jeder Dritte dran.

Zum Vergleich: Welcher Anteil anderer Ermittlungsverfahren führte zu einer Anklage[16]?

Subventionsbetrug	67,3 %
Hehlerei	65,8 %
Urkundendelikte	61,0 %
Betrug	45,3 %
Untreue	43,2 %
Wucher	33,8 %
Bestechung	29,7 %
Bestechlichkeit	10,6 %

Bei den Verurteilungen sieht es nicht viel anders aus.

Bestechung lohnt sich auch dann, wenn es mal ein Bußgeld setzt. Man geht davon aus, daß auf einen Profit in Höhe von DM 720 eine Strafe von DM 10 kommt[17].

Wie gering die Chance ist, daß eine Gemeinheit im Büro auffliegt, mag eine andere Zahl illustrieren: Eine durchschnittliche Veruntreung lief bereits 3,5 Jahre, wenn sie entdeckt wurde. Wenn!

Nun wäre es noch aufschlußreich zu wissen, warum Korruptions-Fälle überhaupt auffliegen. Leider haben wir nur Statistiken, die sich mit Betrugsdelikten beschäftigen[18]. Aber sie sollen dennoch genannt werden.

Gründe für die Aufdeckung von Betrug:

Zufall	51 %
Verstimmte Frauen	20 %
Wirtschaftsprüfer	19 %
Kontrollen der Firmenleitung	10 %

Wer hätte das gedacht: Frauen sind noch ein bißchen gefährlicher als Wirtschaftsprüfer! Für das geringe Risiko bei Korruption gibt es außer dem

16 Zeitraum 1974-79. Zitiert nach »Kriminalist« 12/81. Siehe auch Die Zeit, 23.02.1984

17 Die Zeit, 26.10.1984

18 Comer, 1987

harmlosen Image eine Reihe von Gründen. Da haben wir einmal die Ermittler, die es mit ungewöhnlich intelligenten Tätern zu tun haben. Man kommt aus dem selben Stall. Man muß eventuell die Rache eines Opfers mit hervorragenden Beziehungen fürchten. Die Materie ist schwierig und unübersichtlich, die Ermittler sind unzureichend geschult. Wichtige Beweismittel können nicht beschafft werden, weil Steuergeheimnis und diverse Schweigepflichten dagegen stehen. Die Seilschaft des Beschuldigten, seine Kameraden im selben Boot – alle mauern. Der endlose, mühsame Fall bringt dem Ermittler keine Lorbeeren ein. Und man hat schließlich auch noch anderes zu tun.

Am Verschweigen haben viele Stellen Interesse: Die Täter und alle die, die das Wissen der Täter fürchten müssen. Die Kaste, in der eine Krähe der anderen nur ungern an den Augen operiert. Und oftmals auch der »Geschädigte«. Das kann die Behörde sein, die sich nicht der Lächerlichkeit oder einem weiteren Vertrauensverlust aussetzen will. Oder der Arbeitgeber, der um den Ruf seines Unternehmens ebenso bemüht ist wie darum, daß andere Mitarbeiter durch die Beschäftigung mit dem Fall nicht auf »Ideen« gebracht werden. Schlaue Täter wissen dies und verhandeln zäh um ihr Strafmaß.

ICH BESTECHE

Wie läuft Bestechung ab?

Von den Psychologen Bilitza und Lück[1] stammt die These, daß Korruption diejenige der möglichen Interaktionsform zwischen zwei Partnern ist, die im Vergleich den größtmöglichen gemeinsamen Vorteil erbringt (= Austauschtheorie).

Tatsächlich ist jede Bestechung ein Geschäft auf Gegenseitigkeit mit einer Tendenz zur Vernunftehe. Nach der einleitenden Phase der Vorbereitung nimmt einer der Partner den Dialog, die Interaktion auf. Ein Vertrauensverhältnis wird aufgebaut, und am Ende leben die Partner in Symbiose inmitten eines Biotops gegenseitiger Abhängigkeiten. Die Absicherung des anderen ist Teil der eigenen Sicherheit. Der Vorteil des anderen ist die Voraussetzung des eigenen Vorteils.

Dabei durchläuft die korrupte Partnerschaft in der Praxis immer ähnliche Schritte, wie ich sie hier aus der Sicht des Bestechers[2] aufzeigen möchte:

Nachdem Sie Ihre **eigenen Skrupel überwunden** haben, konzentrieren Sie sich auf die Frage, wer Ihnen wobei nützlich sein könnte. In dieser Phase der **Recherche** beschäftigen Sie sich mit dem Einflußbereich und der Persönlichkeit Ihres potentiellen Schmiergeld-Empfängers. Gut vorbereitet inszenieren Sie den ersten **Kontakt**. Ihrer Sache und der Rolle Ihres Adressaten angemessen wird die Beziehung zwischen Geber und Nehmer schrittweise aufgebaut. Sie entscheiden sich für eine **Strategie**. Zart und in der **poetischen Fachsprache der Korruption** werden die **Verhandlungen geführt**. Sie **ködern** den Korruptions-Partner, **beseitigen** seine **Skrupel**, sofern welche vorhanden sind, und einigen sich auf einen **angemessenen Preis**. Nun geht es um den Vollzug. Nur eine **perfekte Inszenierung** bleibt unentdeckt. Daher muß die gekaufte Gemeinheit als ein »**ganz normaler Vorgang**« erscheinen, die **unsichtbare Manipulation** findet im **Ermessensspielraum** statt. Ebensoviel Sorgfalt erfordert das **gekonnte Abkassieren**. Mithilfe von **Strohmännern** werden Schmier-

---

1 Bilitza, Klaus u. Lück, Helmut: »Sozialpsychologische Thesen zur Korruption« in »Psychologie heute«, Sept. 1977

2 Sollten Sie sich in die Rolle des Schmiergeld-Empfängers denken wollen, drehen Sie die Verhältnisse einfach um oder blättern im zweiten Teil des Buches, der an der Nehmer- Perspektive ausgerichtet ist.

gelder transferiert oder nicht nur sauber, sondern rein gewaschen. Für den Fall, daß Ihr Partner zwischendrin die Nerven verliert, haben Sie rechtzeitig **egoistisch vorgebaut**. Sie kennen die **wichtigsten Fehler** und bringen das Rüstzeug mit, auch künftig im Korruptionsgeschäft zu bleiben, denn **einmal ist keinmal**.

Selbstüberwindung

Dem anfänglichen Entschluß zur Korruption folgen quälende Zweifel auf dem Fuße. Ob es sich denn tatsächlich lohnt, fragt sich mancher, wenn er bei der Morgentoilette pathetisch im Spiegel prüft, ob so wirklich das Gesicht eines Verbrechers aussieht. Ist das Risiko nicht doch viel zu groß? »Werde ich lebenslängliche Einzelhaft überstehen?« Treibt einen die Schuld, die man sich aufzuladen im Begriff steht, nicht tief in den Alkohol? Und jedesmal dröhnt eine der inneren Stimmen im Hohlraum Kopf: »Noch kannst du zurück!«

Gehen Sie gleich am Anfang gegen die lästigen Monologe Ihres Gewissens vor! Wenn Sie mit laufendem Motor im absoluten Halteverbot direkt vor der Deutschen Bank auf Ihre Komplizen[3] warten, brauchen Sie Ihre Kräfte für andere Aufgaben als Ihre interne Ethik-Diskussion.

Mit den ersten Erfolgen durch Korruption legt sich das Lampenfieber ganz von allein. Nun muß man nur aufpassen, daß man nicht in Prahlerei und Allmachtsphantasien verfällt, sich Feinde macht und vergißt, wie der Gesetzgeber die Korruption noch sieht.

3 der Devisenabteilung oder des Aufsichtsrates

Vorbereitung und Recherche

Ideensammlung – wo könnte ich Hilfe brauchen?

Für Korruptions-Gelegenheiten muß man einen professionellen »Blick« entwickeln, fast schon einen sechsten Sinn, der einen spüren läßt, welche harmlosen Ausgangssituationen man in Korruptions-Geschäfte ummünzen kann. Der Anfänger sieht die vielen Chancen um sich herum nicht. Wen sollte er bestechen, wenn er nicht mal weiß, **welche Bevorzugung** er kaufen will?

Stellen Sie sich folgenden Fragen, und schon fallen Ihnen etliche Möglichkeiten ein, Ihre Situation durch Bestechung zu verbessern:

Wo und wohin könnten Sie aufgrund besserer Leistungen **aufsteigen**?

Wo steht eine **Prüfung** Ihrem Erfolg im Wege?

Wo treten Sie gegen **Konkurrenten** an?

Wer oder was **behindert** Sie im Moment, wer steht Ihnen im Wege?

Wo müssen Sie lästige **Kontrollen** ertragen?

Wen hätte Sie gern auf Ihrer Seite, wer könnte Ihnen **nützlich** sein?

Welche **größeren Ausgaben** stehen ins Haus, bei denen Sie gerne Geld sparen würden?

Welche Umstände oder Scherereien haben Sie mit Behörden?

Und nun die wichtigste:

Wo haben Sie den Eindruck, **ungerecht behandelt** und **benachteiligt** zu werden?

Klopfen Sie Ihr Privat- und Ihr Berufsleben ab.

Wer könnte mir nützen? Wen will ich also bestechen?

Wer entscheidet über das von Ihnen gewünschte Privileg? Irgendeiner gibt telefonisch sei Okay, drückt den amtlichen Stempel drunter, malt seine Paraphe aufs Papier. Neudeutsch gefragt: **Wer ist der zuständige Entscheidungsträger?** Diese Person, es kann auch eine Gruppe sein, wird das Ziel Ihrer Bestechungs-Bemühungen sein.

Recherchieren Sie möglichst anonym. Es ist auch nicht notwendig Ihren konkreten Fall darzustellen, nur um herauszubekommen, wer zuständig ist. Oft ist es günstig, jemanden vorzuschicken, der sich erkundigt.

Den Korruptions-Partner verstehen

Um nun mit der zuständigen Figur ins Geschäft zu kommen, müssen Sie sich vollkommen in deren Rolle hineinversetzen. Erst wenn Sie seine **Situation**, seine **Persönlichkeit** und seine **Einstellungen** kennen, können Sie ihn einwickeln und erfolgreich zusammenarbeiten.

Jeder Entscheidungsträger hat seine **berufliche Position** inmitten einer **Hierarchie**. Wer hat Einfluß auf ihn, wer kontrolliert ihn, wer fürchtet ihn, und vor wem nimmt er sich in acht? Auch jedes Detailwissen um seine **private Situation** könnte Ihr Kapital sein. Man interessiere sich für schmutzige Wäsche, geheime Leidenschaften und die ambitionierte Gattin. Wer viel über die **Persönlichkeit** seines Nehmers weiß, sich also mit seinem Charakter, der sozialen Herkunft, den Lebenseinstellungen und der politischen Gesinnung vertraut gemacht hat, kann eine geeignete Bestechungs-Strategie maßschneidern.

Wer läßt sich besonders leicht bestechen?

Als höchst anfällig für jede Variante der Korruption hat die Wissenschaft vor allem Funktionäre und die Schicht der sozialen Aufsteiger ausgemacht. Mit Leuten, die nur an Erfolg, Karriere, Geld, Macht etc. glauben, können Sie die besten Geschäfte machen. Gerade unter Menschen dieses Typs findet man den sogenannten »Machiavellisten«[4], den machtgeilen Manipulator, der seine Moralvorstellungen zurückstellt, wenn es gilt, eigene Vorteile zu erlangen. Sein Zweck heiligt ihm seine Mittel. Andere Menschen sieht der Machiavellist als knetbare Masse, als Marionetten an; bedeutend und unehrlich zu sein ist für ihn erstrebenswerter als unbedeutend und ehrlich. Diese Leute sind intelligent, dynamisch, tatenfreudig, anpassungsfähig, aber gleichzeitig oft auch narzißtisch, kontaktgestört und wertblind. Sie neigen zu Neid und Konkur-

4 Christie und Geis (1970) entwickelten eine »Mach-Skala«, mit dem sie den Grad des Machiavellismus eines Menschen beschreiben. Christie, R., Geis, F. et al.: »Studies in Machiavellianism«; Academic Press, New York 1970

renzgefühlen. Ihre Ambitionen können die Züge eines zwanghaften bis süchtigen Verhaltens besitzen.

Dabei werden korrupte Mitarbeiter allgemein als fachlich besonders gut, kompetent und leistungsstark gelobt. Sie können was, und sie bilden sich was darauf ein. Ihr Problem: Sie fühlen sich unterfordert, geschnitten und/oder verkannt. Der unzufriedene bis verärgerte, durch die Verhältnisse oder von Vorgesetzten gebremste Angestellte hält am liebsten die Hand auf.

Auch die **Verzweiflung** heizt die Bereitschaft zur Bestechlichkeit an – wer gerade einen entscheidenden Fehler gemacht oder sich grob verkalkuliert hat, ist offen für exotische Ideen.

Sie haben also gute Chancen, wenn Ihr Bestechungspartner sich etwa so beschreiben läßt[5]:

- selbstherrlich, eitel und profilneurotisch
- unzufrieden, weil verkanntes Manager-Genie (Selbstmitleid, Rachsucht)
- machtbesessen und rücksichtslos (J.R.-Syndrom)
- Aufsteiger mit steilem Anstellwinkel
- momentan unter Druck zu Hause oder im Beruf

Informationen beschaffen – Wie geht das?

Willige Informanten, ja sogar Klatschbasen und Betriebsnudeln geraten ins Stottern, wenn sie bemerken, daß sie ausgequetscht werden. Die besten Ergebnisse erzielt man daher mit einer Gesprächsführung, bei der sich der Ausplauderer einbilden kann, er sei selbst auf das heikle Thema gekommen[6].

Informanten und Denunzianten möchten gern anonym bleiben. Ihnen gehen Geschichten leichter über die Lippen, wenn keine Namen genannt werden, sondern man z.B. von einer »gewissen maßgeblichen Person birnenförmiger Gestalt« spricht. Man achte auf Anspielungen und Zwischentöne. Eine andere Technik: Der Frager übersetzt die nebulösen Äußerungen seines Gesprächspartners, der schweigt und nur dann korrigierend eingreift, wenn der Frager eine Anspielung falsch verstanden hat (die »Das-haben-Sie-gesagt,-nicht-ich«-Methode).

---

5 Siehe dazu: Rosenstiel, L. v.: »Die motivationalen Grundlagen des Verhaltens in Organisationen. Leistung und Zufriedenheit«; Berlin 1975
Silbermann, A.: »Wann Menschen sich bestechen lassen« in »psychologie heute«, Sept. 1977 S. 15 ff

6 Zur Verhörtechnik siehe Bender, Röder, Nack: »Tatsachenfeststellung vor Gericht«; Bd. I: »Glaubwürdigkeits- und Beweislehre«; Bd. II: »Vernehmungslehre«; München 1981

Wer weiß über die Neigungen eines Mannes besonders gut bescheid? Seine Frau, seine Freundin (auch die bezahlte), seine Sekretärin oder andere nahe Mitarbeiter, seine Kollegen, seine Freunde und Vereinskameraden, der Wirt oder die Lieblingsbedienung in seiner Stammkneipe, seine Eltern und andere nahe Verwandte, seine Nachbarn, seine Putzfrau, sein Arzt, sein Beichtvater. Ein funktionstüchtiges Informantennetz und eine gute Portion Salonspionage nützen in jedem Fall.

Wer keine Lust zum Rumhorchen hat, kann einen Hobby- oder Berufsdetektiv engagieren. Manchmal wird eine »zufällige« Bekanntschaft mit der Zielperson inszeniert, um ihr persönlich ganz nah zu kommen. Nicht selten läßt sich ein (ehemaliger?) Vertrauter des großen Tieres »umdrehen«. Man könnte Büro oder Wohnung verwanzen[7], sich ins Telefon einklinken oder wenigstens regelmäßig den Papierkorb der Zielperson durchschnüffeln.

Unrealistisch, 007, Quatsch mit Soße? Keine Frage, daß man einen solchen Aufwand nicht treibt, um eine beschleunigte Verlängerung des Reisepasses vorzubereiten. Aber bei Korruptions-Geschäften, in denen es um Immobilien, schicke Posten oder andere ernsthafte Werte geht, kann sich eine vierstellige Investition der beschriebenen Art durchaus rentieren.

Am schwierigsten jedenfalls ist es, einer Person intime Geheimnisse zu entlocken, die schon weiß, was Sie von ihr als »Amtsträger« wollen.

Wie bestechlich ist unser Mann?

Ehemalige Korruptions-Partner Ihres Wunschpartners oder wenigstens Leute, die über vergangene Schmiergeld-Geschäfte erzählen können, informieren realistisch über Bestechlichkeit und wahrscheinliche Preisvorstellungen einer Zielperson.

Wenn mehrere Nehmer zur Auswahl stehen

Wer ließe sich wohl am leichtesten bestechen, wer würde die wenigsten Probleme bei der Durchführung der gekauften Pflichtverletzung bereiten, und welcher Anbieter wäre am billigsten? Vergleichen Sie die verschiedenen Ko-

7 Wanzenlieferant: Spezial Elektronik Peter Sabel, Postf. 5805, 6236 Eschborn, Tel. (06173) 61355

sten-Nutzen-Risiko-Relationen, und wählen Sie Ihren Favoriten sowie ein oder zwei Ausweichlösungen.

Wen innerhalb der Hierarchie schmieren?

Das bringt uns wieder zur Hackordnung: **Wen in der Hierarchie besticht** man am besten[8]? Hier gilt die Regel:

- je Chef desto dauerhafter und sicherer
- je Chef desto teurer und schwieriger einzufädeln

Die oberen Ränge interessieren sich nur für Geschäfte mit ernsthaften Partnern und geringem Risiko (durch große Professionalität). Der Schmiergeld-Zahler sollte gesellschaftlich oder finanziell angemessen hoch stehen. Ein Bestechungsvorschlag darf **nicht unter der Würde** des Adressaten liegen! Das bezieht sich sowohl auf den Bestechungslohn als auch auf den Rang des gekauften Vorgangs.

Der Anfänger neigt gern dazu, gleich den Chef anzusteuern. Das kann sehr ins Auge gehen. Lehnt der Boß einen Vorschlag ab, können auch seine eigentlich annahmebereiten Untergebenen nicht mehr gefahrlos zuschlagen. Nach erfolgloser Bestechung eines kleinen Lichtes wiederum kann erst der Vorgesetzte der übernächsten Kommandostufe gefahrlos für den großzügigen Bittsteller manipulieren.

Bestechung von Gruppen

Besonders in Fällen, bei denen es zu einer regelmäßigen Zusammenarbeit zwischen einer schmierenden Firma und immer wieder dem selben Amt kommt, kann die bestochene Gruppe sehr groß sein:

In Frankfurt bestachen etwa ein Dutzend Baufirmen regelmäßig sämtliche Mitarbeiter aller vier Baubezirke der Stadt – nur die Sekretärinnen mußten in die Röhre gucken. In den Umschlägen steckten je nach Bedeutung des Empfängers 100 bis 2000 Mark. Weiterhin übernahm die freie Wirtschaft die

8 Wer ganz sorgfältig vorgehen will, beschäftigt sich mit der internen Hierarchie, der Kommandostruktur und den Einkommensklassen der Organisation, in der die Zielperson ihr Wesen treibt.

Kosten für Betriebsausflüge (Bus gestellt, DM 100 Taschengeld für jeden) und füllte die Kegelkasse auf. Die Schmiergeld-Investition wurde durch Aufträge wieder reingeholt, die um insgesamt 50 Mio. zu teuer waren. Ein Unternehmen allein pumpte pro Jahr 30.000 Mark ins Straßenbauamt, wo man scherzhaft vom »14. Monatsgehalt« sprach.

Je mehr Leute Sie zur Erreichung eines Zieles schmieren müssen, desto teurer wird die Sache. Klar, das hört sich nach Nachteil an. Dafür können Sie auch mehr bekommen. Gruppen sind eher als Einzelpersonen bereit, das Risiko der Korruption einzugehen, so wie Gruppen ohnehin eher zum Risiko neigen als Individuen[9], weil jeder in der Gruppe die Möglichkeit sieht, Verantwortung auf andere abzuwälzen[10]: Die Gruppe erleichtert einem das Gefühl, »es« nicht selbst gewesen zu sein. Es konnte auch nachgewiesen werden, daß gerade in politischen Gremien oft ein Prozeß leichtfertiger Entscheidungsfindung abläuft[11].

Wenn Sie eine Gruppe bestechen müssen, so sollten Sie sie so klein halten wie möglich. Wenn Sie nur mit einem Sprecher der Gruppe verhandeln, haben Sie nur einen direkten Zeugen, der gegen Sie aussagen könnte. Sie können die Neigung von Gruppen ausnutzen, ein hohes Risiko einzugehen. Da Sie sich weniger auf das Schweigen einer Gruppe als auf einen stummen, einzelnen Partner verlassen können, sollten Sie sich bei Gruppenbestechungen vertreten lassen und selbst nur hinter Dr. Mabuses schwarzem Vorhang wirken. Diese Absicherung erhöht die Kosten, bringt aber einen erheblichen Sicherheitsgewinn.

Womit könnte ich bestechen?

Nicht jeder Nehmer präsentiert Ihnen einen Wunschzettel in Schönschrift. Doch auch der »unbestechliche« Mensch hat Wünsche, Schwächen, Neigungen und Leidenschaften. Man muß sie nur finden, um mit dem angemessenen Geschenk Widerstände zu überwinden.

Je exotischer und verbotener, desto intimer das Geschenk – desto größer auch die Freude. Es muß nicht unbedingt auf ein Zehnerabo beim führenden Domina-Unternehmen der nächsten größeren Ortschaft hinauslaufen, mit

9 = »risky shift« nach Kogan, N. und Wallach, M. A.: »Risk Taking as a Function of the Situation, the Person, and the Group« in Mandler, G. (Hrsg.): »New Directions in Psychology« Bd. II, New York 1967

10 Latané, B. und Dorley, J.M.: »The Unresponsiv Bystander: Why doesn't he help?«; New York 1970

11 »Groupthink« nach Janis, J.: »Victims of Groupthink: A Psychological Study of Foreign Policy Decisions and Fiascoes«; Houghton Mifflin, Boston 1972

dem Sie sich ins Herz Ihres Korruptions-Partners hineinschenken. Hat er aber eine Schwäche für fesche Damen in Gummi und Leder, so sollten Sie das respektieren.

Der Abteilungsleiter des Gartenbauamtes Frankfurt ließ sich immer mal ein exotisches Tier für seinen Privatzoo schenken, das dann mit geschenktem Futter in geschenkten Stallungen den Stolz des Besitzer mehrte – und in 20 Jahren einen Gutteil seiner etwa 750.000 DM Korruptions-Einnahmen ausmachte. Das unverbindliche Gespräch über ein (angeblich gemeinsames oder wenigstens »hochinteressantes«) **Steckenpferd** schafft immer Vertrauen und fördert manchen Wunsch zu Tage.

Auch mit der **Eitelkeit** läßt sich gut arbeiten: Manch ein ansonsten Unbestechlicher möchte gern in einem sportlichen Wettbewerb gewinnen, ein anderer sucht Bewunderung für seine Kunst. Können Sie ihm seinen Triumph verschaffen? Das jedenfalls ist die billigste und juristisch am wenigsten bedenkliche Bestechung: eine Riesenpackung feuchter Händedrücke, eine Großverbraucherpackung Schulterklopfen und mehrere Kilo Honig zum Um-den-Bart-Schmieren. Für die weibliche Zielperson zwei bis drei Klafter Süßholz einlagern!

Auch spröde Naturen werden geschmeidig, wenn Sie die Formel zur Verzauberung der nie zufriedenen, ewig gierigen Gattin parat haben. Und welcher Pantoffelheld könnte widerstehen, wenn er plötzlich von einer neuen, aufregenden Frau angehimmelt wird?

Kontakt

Persönliche Fühlungnahme

Jeder vernünftige Schmiergeld-Nehmer schwebt zwischen Gier und Angst, Bereitschaft und Vorsicht. Die besten Chancen für einen ersten Korruptions-Deal haben Sie, wenn Sie Ihrem Empfänger schon lange bekannt sind und er Sie einschätzen kann. Ihr erster unsittlicher Antrag mag ihn erstaunen – aber er wird freundschaftlich und wohlwollend geprüft.

Kennt man sich noch nicht näher, so wünscht sich der Nehmer erstmal skeptische und vorsichtige Referenzen und gute Zeugnisse von Ihnen, gern auch einen schönen Brocken als Vorkasse, vor allem aber ein Pfand. Die Mafia löst das Problem auf perfekte Weise: Wer neu ist und mitmachen will, muß erst ein Verbrechen begehen, mit dem er für die Organisation erpreßbar wird. Kein Regierungsdirektor wird von Ihnen verlangen, daß Sie vor seinen Augen und seiner Video-Kamera irgendwelche Schulkinder mit der Kettensäge zerlegen. Aber wenigstens Steuerdelikte von vorletzem Jahr, ein paar Blanco-Wechsel oder eine undatierte Erklärung hätte er schon gern von Ihnen gegen Sie in der Hand.

Wer mit seinem Nehmer noch kein engeres, persönliches Verhältnis hat, sollte streng auf ein »sozialhierarchisch angemessenes« Verhalten achten, nicht nur im Mahagoni-Büro des Löwen, sondern auch noch beim gemeinsamen Bordell-Besuch: gediegene Kleidung, höfliche Umgangsformen, diplomatische Ausdrucksweise. So überkommen das klingen mag, so sehr bewährt es sich trotzdem.

Auf Empfehlung

In der Geschäftswelt werden Kontakte durch Empfehlungen befördert. Der schmierwillige Geber läßt sich von einem anderen Kunden oder Geschäftspartner seines künftigen Schmiergeld-Empfängers vorstellen. »Ich darf Ihnen einen schönen Gruß von Herrn Dr. Wuttke bestellen, der mir geraten hat, mich vertrauensvoll an Sie zu wenden.« Wer Ihnen einen solchen Kontakt vermittelt und sogar telefonisch Ihren Besuch vorbereitet, übernimmt eine gewisse Bürgschaft für Sie.

Wir lassen uns völlig vertreten – der Korruptions-Makler

Wenn Sie als Verhandlungspartner nicht in Frage kommen, müssen sich wohl oder übel von einer Person vertreten lassen, der Ihr Korruptions-Partner voll vertraut.

Als Korruptions-Makler sind Personen geeignet, zu denen der Entscheidungsträger volles Vertrauen hat: jemand aus der Familie, ein Freund, Kollege oder Geschäftspartner. Besonders gern hat der Nehmer einen

Korruptions-Makler vor sich, der aufgrund seines Berufes an eine Schweigepflicht gebunden ist: also einen Anwalt oder Steuerberater.

Als Korruptions-Makler der mittleren Ebene arbeiten viele sogenannte Aussteiger oder Ehemalige, die früher mal Kollegen der nun umworbenen Entscheidungsträger gewesen sind, inzwischen selbständig arbeiten und die nie eingerosteten alten Kontakte nutzen – gegen Entgelt.

Wer Ihnen den Weg zu einer bestimmten Zielperson abnehmen kann, erfahren Sie über Gerüchte und Informanten. Oder fragen Sie den Amtsträger frei heraus, ob er nicht jemanden persönlich kennt und empfehlen kann, dem man die Lösung des eben umrissenen Problemes anvertrauen kann. Das wird er sicherlich nicht falsch verstehen...

Die Anlage der Korruption – Strategie – Bestechungs-Stile

Regisseur und Besetzungsliste

Bei der **Auswahl Ihrer eigenen Rolle** müssen Sie die künstlerische Freiheit ein sensibles wenig zurücknehmen. Bei aller Rücksicht auf das Zentralthema und den Partner in seiner Funktion als Star sollte man sich selbst dennoch keine Rolle zumuten, die man nicht füllen kann. Der vornehm zurückhaltende Aristokratentyp wird sich mit der »Kumpel-Tour« schwerer tun als die trinkfreudige Stimmungskanone, die wiederum bei der »Gentleman-Bestechung« nicht recht zu überzeugen vermag.

Immer runterhandeln!

Gerade der Anfänger zieht erleichtert die Rolle mit den Dollars aus der Tasche und zählt die verlangten Scheine auf den Tisch, um die unangenehme Sache rasch hinter sich zu bringen. Fehler! Das erste Angebot nimmt man nicht an. Sie müssen **feilschen**, nicht allein, weil das Ihre Betriebskosten senkt, sondern auch aus Image-Gründen.

Nehmen wir den Münchner Baulöwen Bertram zum Vorbild. Der Berliner Baureferent Siede, ein notorisch unverschämter Forderer, an dessen einnehmendem Wesen auf dem Weg zu Subventionsmillionen der staatlichen Wohnungsbauförderung in der geteilten Stadt kaum jemand vorbeischlängeln konnte, verlangte (laut Bertram) für eine Förderzusage 80 – 100.000 Mark Schmiergeld. Bertram, ein professioneller Bestecher mit reichlich Berufserfahrung, wand und sträubte sich. Manche »Angelegenheit« ist bei derart hohen Startkosten kaum noch profitabel, da gibt es interessantere Möglichkeiten, sein Geld in Korruption anzulegen. Der schlitzohrige Bau-Lude zähmte den Senats-Hengst, der letztlich bescheiden eingesehen habe: 20.000 ist doch auch ein Wort. Die uralte Argumentation »Besser als gar nichts« verfängt oft.[12]

Nicht immer muß man eine Wucherforderung, der man letztlich zustimmen mußte, auch begleichen. Sie leisten erstmal nur eine **Anzahlung**. Wenn Ihr geschmierter Partner die Sache bereits ins Rollen gebracht und sich juristisch ins Unrecht gesetzt hat, können Sie eine **Rückzieher** machen. Plötzlich müssen (nicht wollen!) Sie aussteigen, weil »man« Sie unter Druck gesetzt hat, Sie von einem unbekannten Dritten als Drahtzieher über den Tisch gezogen wurden oder Ihnen schlicht das Geld ausgegangen ist. Oder gibt es an der Leistung des Partners etwas zu bemängeln, das Sie seinen Anteil herabsetzen läßt?

Keine **nachträgliche Minderung** des Bestechungslohnes schafft glücklich strahlende Kindergesichter. Doch unter Geschäftsleuten wird auch großzügig verziehen, wenn man die Möglichkeit dazu hat. Bei Ihren Partnern sollten Sie zwar als abgebrüht und knallhart gelten, sie dürfen sich aber nie von Ihnen übers Ohr gehauen fühlen können oder Gesichtverlust erleiden. Der Könner entschuldigt sich bereitwillig – beim Entschuldigen verdient man gemeinhin den höchsten Stundenlohn! Und es kann nichts schaden.

Hoppla-Hopp, Rein-Raus, Zeitdruck

Die Voraussetzungen für eine Bestechung erscheinen denkbar ungünstig: Man kennt einander nicht und hat keine Zeit für vertrauensbildende Maßnahmen. Nicht mal eine gemeinsame Blumensprache für die Verhandlungen

12 Spiegel 19/87, S. 130 ff

läßt sich so schnell finden. Der Amtmann muß sofort entscheiden, ob er mitmacht oder oder nein sagt. Auch die Aussicht auf eine gemeinsame, blühende Bestechungs-Zukunft winkt nicht.

Auf dem Weg ins Büro des Unbekannten versucht man sachdienliche Hinweise zur Frage der privaten Gebührenordnung zu bekommen.

»Herein!« Das Problem muß kurz dargestellt, die gewünschte Lösung skizziert werden. Nun bittet man um ein Signal der Bestechlichkeit: »Glauben Sie, daß es irgendeine, wenn auch ganz entfernte Möglichkeit gibt, die Sache im Ermessensspielraum zu meinen Gunsten zu entscheiden? Rein theoretisch?«

Schaltet die Ampel nun von Rot auf Rot-Gelb, so muß die Übergabe der hoffentlich passenden Summe erfolgen. Für Verhandlungen reichen Zeit und Vertraulichkeit selten. Man legt das Geld verpackt auf den Tisch und gibt einen kurzen Kommentar ab, z. B.: »Ach ja, das hat mir gerade jemand auf dem Flur mitgegeben, der sah, daß ich zu Ihnen wollte.«

Nun sollte man einen langen Augenblick wegsehen. Liegen die Noten danach immer noch auf der Tischplatte? Dann stimmt der Betrag noch nicht. Frage: »Um wieviel Prozent schätze ich meine Chancen im Augenblick falsch ein?«

Sollte sich der Schmiergeld-Empfänger unter dem gegebenen Zeitdruck nicht für den Korruptions-Vorschlag zu entscheiden getrauen, so vertagen Sie die Sache und kündigen an, später wiederzukommen. Ihre kleine Aufmerksamkeit sollte der potentielle Nehmer diese Zeit über behalten. Versprechen Sie für Ihren nächsten Besuch, jeden Geldschein bei Nichtgefallen kostenlos zurückzunehmen.

Die angemessene Summe liegt bei Rein-Raus-Bestechungen deutlich höher als bei den mittel- oder langfristig angelegten Korruptions-Modellen. Wenn Sie es sich nicht leisten können, zurückgewiesen zu werden, starten Sie Ihren Bestechungs-Versuch gleich mit einer unerwartet hohen Summe – das Doppelte bis Dreifache des Üblichen ist üblich.

Die ganz geschäftsmässige Tour

Ein Schmiergeld-Forderer, der Ihnen seine Lage erklärt, Sie in Entscheidungsprozesse und Betriebsgeheimnisse einweiht und obendrein auch noch Klartext mit Ihnen redet, besitzt nicht das Zeug zur Verschwiegenheit. Das sind die Pappnasen, die im Büro einen Ordner mit der Aufschrift »Persönliche Bestechungsgelder« stehen haben und sich die Kombination mit Edding-Filzstift auf der Rückseite des Tresors notieren.

Die Gentleman-Bestechung

Bei dieser Kulturvariante des Korruptions-Vertrages wird nie eine auch nur halbwegs eindeutige Unrechtsvereinbarung ausgesprochen. Die Partner ergehen sich in Anspielungen und Bildern als seien sie ein verklemmtes Liebespaar aus dem geistreichen Großbürgertum, das sich nicht getraut, sich die gegenseitige Leidenschaft zu erklären. Der hohe stilistische Aufwand rentiert sich vor Gericht oder im Untersuchungsausschuß, wo man sich nicht in Lügen verstrickt, weil man nicht zu lügen braucht. Mit anderen Worten: Das ist die hohe Schule.

Die Kumpel-Tour

Die meisten Korruptions-Partnerschaften orientieren sich an diesem Modell. Man kennt sich schon oder lernt sich kennen. Nach und nach können sich die Partner gegenseitig einschätzen und vertrauen. Einer der beiden Beteiligten übernimmt die Initiative und überredet den anderen. Mit kleinen Geschäften fängt man an und steigert sich dann.

Natürlich muß man als Geber viel Zeit mit seinem Nehmer verbringen, am Arbeitsplatz oder bei Freizeitbeschäftigungen. Sofern man die Wahl hat, sucht man sich Nehmer, denen man nicht nur aus taktischen Gründen das Du anbietet.

Zuerst sprechen die Partner nur ganz allgemein über Korruption, auch um die gegenseitigen Einstellungen zum heiklen Thema abzutasten. Dann denkt man sich – nur im Jux natürlich – aus, wie man selbst ein Bestechungs-Geschäft durchziehen würde: Idee, Ausführung, Planung. Alles perfekt und ohne die dilletantischen Fehler der üblichen Amateure. Hören Sie ganz genau hin, auch wenn der hypothetische Fall mit Ihnen nichts zu tun hat! Ihr künftiger Korruptions-Partner gibt Kostproben seiner Kreativität und teilt Ihnen geschickt mit, über welche Möglichkeiten und Mittel er verfügt.

Die ersten Geschäfte werden als reine Freundschaftsdienste ausgegeben. Die Bestechung findet noch in Form von Geschenken statt, die immer eindeutiger gewünscht und sich in Richtung Forderung entwickeln werden. Das böse

Wort »Forderung« kommt dabei natürlich nicht vor. Stattdessen wird Ihr Schmiergeld-Empfänger anmerken, daß man Risiko und Gewinn gerecht zwischen den Beteiligten verteilen muß.

Die erpresserische Bestechung

Wissen ist Macht. Aber kein abgeschlossenes Studium kann es mit aussagekräftigen Fotos oder Tonbändern aufnehmen, die der Gattin oder dem Chef zugespielt werden könnten. Wo es noch keine ausreichenden Druckmittel gibt, können sie frisch produziert werden. Je verbotener die geheime Tat, desto besser für Ihre Verhandlungsposition!

Gern wird mit Strichern oder minderjährigen Mädchen operiert. Und warum nicht mal zur Abwechslung eine Sex-Orgie veranstalten wie die, die in der Südheide inszeniert wurden, um die teilnehmenden Beamten der niedersächsischen Innen- und Justizbehörden bis rauf zum Abteilungsleiter für interessierte Hehler, Zuhälter, Rauschgift- und Waffenhändler erpreßbar und gefügig zu machen?

In knalligen Farben und überlebensgroß stellen Sie die möglichen Folgen für einen Nehmer dar, der nicht mitziehen will. Er wird bereitwilliger kooperieren, wenn Sie sich ihm als Opfer eines Ungenannten darstellen, der **Sie** in der Hand hat.

Vor der Verbreitung kompromittierender Fotos und Dokumente, vor unangenehmen Zeugenaussagen und sonstigem Belastungsmaterial haben viele Angst. Doch schon Gerüchte, die zwar jeder Grundlage entbehren mögen, aber gefährlich gern geglaubt würden, könnten einen Ehrenmann in empfindlicher Position in ernste Bedrängnis bringen. Erstaunlich gute Erfolge lassen sich auch mit der betrügerischen Erpressung erzielen: Ihre mächtigen Auftraggeber könnten oder würden ... Doch Vorsicht: Falls Sie eine evtl. verlangte Kostprobe nicht lecker zubereiten können, haben Sie Ihre Glaubwürdigkeit verspielt.

Ein Könner droht niemals in erregtem Zustand! Alle Choleriker versprechen während ihrer Anfälle, daß demnächst ihr Duzfreund, der Kanzler, nachts mit einem Buschmesser die Quittung für den eben begangenen Fehler vorbeibringt. Nur die nüchtern vorgetragene Drohung wirkt bedrohlich.

Keinesfalls sollte man den Verbrannte-Erde-Reflex in einem erpreßten Mitmacher auslösen, da der Kronzeuge aus echter Verzweiflung bei der deutschen Richterschaft ein gern gehörter Meistersinger ist.

Ihr Angebot der kostenpflichtigen Vergangenheitsbewältigung schafft

Ihnen nach dem kurzfristigen Vorteil für lange Zeit einen dauernden Feind, der auf Rache sinnt. Will jemand ohne triftigen Grund und angemessene Entschädigung an seinen Partner aus einem Korruptions-Vertrag aussteigen, kann man mit härteren Bandagen kämpfen, da der Untreue ein schlechtes Gewissen gegenüber seinem Korruptions-Kollegen hat.

Chef und Vize werden bestochen

Wie stehen die beiden zueinander, die sich gegenseitig kontrollieren sollen und beide unterschreiben müssen? Freundschaft und Kollegialität oder Konkurrenz und Neid? Gegenseitiges Vertrauen, beidseitige Duldung? Wer nichts über die Interna weiß, setzt sich leicht in die Nesseln oder wird von den beiden geschickten Intrigenschmieden aufs teuerste beschlagen.

Bettelnde Bestechung

Wenn ein Entscheidungsträger wenig zu bieten oder gegen eine große Konkurrenz anderer Anbieter anzutreten hat, kann es ihm passieren, daß er mit seinem Ränzlein voller Privilegien hausieren gehen muß und Ihnen Kampfpreise andient. Winken Sie nicht gleich ab, zeigen Sie ein Herz für Sozialfälle, ehemalige Kanzlerkandidaten und entlassene Strafgefangene. Nicht jede Offerte ist uninteressant, nur weil sie auf dem Korruptions-Wühltisch zum Sommerschlußverkauf ausliegt. Vielleicht läßt sich der bettelnde Anbieter für spätere Geschäfte »aufbauen«.

Kleine Klimapflege

Entscheidet immer wieder das selbe Amt oder die Einkaufsabteilung der selben Firma darüber, ob Sie gut bis bombig verdienen oder Ihr Laden dicht machen muß?

Im Laufe der Zeit entwickelt sich automatisch ein persönliches Verhältnis zwischen Firma und Behörde. Wer kann sich da leisten, die Gunst seiner »Geschäftspartner« zu verlieren? Nur zu schnell ist es ein anderes Unternehmen, das bevorzugt wird, weil diese Jungs mehr bieten – mehr Leistung und mehr Schmiergeld.

Zur Pflege des Klimas wird moderne Klimatechnik eingesetzt. Auf breiter Front müssen alle, die mit Ihren Belangen befaßt sind, mit »Aufmerksamkeiten« beschickt werden. Die Chefs bekommen mehr als ihre Aktentaschenträger. Picken Sie sich aber auch ein paar für Sie besonders wichtige Mitarbeiter heraus, und bevorzugen Sie diese diskret. Bauen Sie intime Partner im Partnerunternehmen auf, und fördern Sie deren Karriere dort.

Da kann es unumgänglich sein, ganze Abteilungen oder sogar komplette Behörden zu bedenken. Auf der Computerliste des Münchner Baulöwen Kaufmann standen 151 Angestellte und Beamte der Stadtverwaltung. Je nach Rang und Bedeutung abgestuft bekamen die Namen Sternchen zugeteilt – und bei jedem denkbaren Anlaß »Geschenke«. Wer aufstieg, fand zu jedem Christfest mehr unterm heimeligen Tannenbaum. Herr Gauweiler, ja genau, der Aids-Sheriff, konnte seine Karriere an Kaufmanns Schenklust ablesen: 1982, in seinem ersten Jahr als Kreisverwaltungsreferent bekam er sechs Gläser und »Schampus« für 347 DM, in Jahr drauf ein Teeservice für schon 1605 DM, 1984 dann eine Jahreszeitenuhr (Wert ca. 5000 DM). Warum aber 1985 nur einen Leuchter für 3900 DM und ein Buch für DM 50? Kaufmann wurde bescheiden. Auch bei der Wohnung in der Münchner City, die er seinem Freund und ehemaligen Anwalt Gauweiler »verkauft« hatte? Neben einer Grundrente wünschen sich die entscheidenden Figuren auch noch Prämien für besondere Verbesserungsvorschläge und Sonderzahlungen, wenn sie einen speziellen Auftrag erfolgreich abgewickelt haben.[13]

Wozu man es als Klima-Pfleger bringen kann, belegt der Lebensweg des Bankiers Koskotas (35): Der US-Grieche kam Ende der 70er Jahre ohne Geld nach Athen. Bald aber konnte er schon mit Millionen um sich werfen. Im Kampf gegen seine Verhaftung drohte er kürzlich, er besitze eine Liste mit 50 von ihm bestochenen Ministern und hohen Regierungsbeamten, auch des vielgliedrig regierenden Papandreou-Clans. Koskotas hatte immer gute Posten für Politiker, die den Dienst quittierten. Dem Justizminister verkaufte er ein Super-Apartment zum Spottpreis. Der KP gewährte er billige Kredite. Auf Guthaben von Kirche und Pfarrern zahlte Koskotas' Bank bis um 2 % höhere Zinsen. Auf seiner Schmiergeld-Liste standen angeblich fast alle Parteien, 20 Zeitungen, 15–20 Fußballmannschaften, 10 Schiedsrichter, 40 Abgeordnete, 30 Hochschullehrer, 100 Journalisten. Es mußte was an seinen Behauptungen dran sein, denn man ließ dem Multi-Millionen-Dollar-Pleitier elf Tage Zeit zur Flucht. Erst dann wurde ein Haftbefehl ausgestellt.

---

13 Spiegel 52/87

Lobbyismus

Alle umsatzstarken Unternehmen unterhalten eine professionelle Bestechungs-Abteilung, kleinere Firmen schmeißen ihre Schmiergeld-Etats in einen Topf und leisten sich einen »Verein zur Förderung der...« – und dann kommt eine dekorative Umschreibung der gierigen Ziele – mit Sitz in Bonn oder der zuständigen Landeshauptstadt.

Um die 1000 Wirtschaftsverbände sind in die Liste der offiziellen Lobbyisten[14] in Bonn eingetragen. Manche dieser Organisationen gehen mit bis zu 350 Angestellten und obendrein 140 »wissenschaftlichen Mitarbeitern« in die Arena. Man schätzt, daß etwa 5000 Leute in der Bundeshauptstadt mit nichts anderem beschäftigt sind als Propaganda, Gutwetter und Schmierung. In den wichtigen Ausschüssen, die mit den Milliardenentscheidungen der Wirtschafts-, Finanz-, Sozial- und Gesundheitspolitik zu tun haben, sitzen aber nur 100 Abgeordnete. Nach Adam Riese: Jeweils 50 Schleimer beeinflussen einen Macher, dem kein Gesetz verbietet, sich bestechen zu lassen. Weniger leicht hat es der Lobbyist mit der Beeinflussung von hohen und höchsten (Wahl)Beamten an der Spitze wichtiger Behörden oder Abteilungen (z. B. in Ministerien), oftmals sogenannte »Experten«. Diese extrem einflußreichen und wichtigen Amtsträger müssen peinlich darauf achten, daß man ihnen ihre Bestechungs-Einnahmen nicht nachweisen kann. Aber: A bisserl was geht immer.

Der Lobbyist kümmert sich in erster Linie um die »Pflege der politischen Landschaft«. Abgeordnete, die sich für die vom Lobbyisten vertretenen Interessen einsetzen wollen, werden in ihrer Karriere gefördert (hier wird immer Jürgen Möllemann als Liebling des spendablen Flick-Konzerns genannt). Diesen Poltikern wird mit Geld und allerlei Hilfestellungen unter die Arme gegriffen.

Aufgrund lästiger Behauptungen über die Arbeit der Lobbyisten hat dieses eleganteste Korruptions-Modell starke Image-Verluste hinnehmen müssen. Mehr als je zuvor ist man heute in Lobby-Kreisen um gedecktes Auftreten und Handeln bemüht. In seinem Heft »Zehn Gebote für Lobbyisten« gibt der ehemalige CDU-Bundestagsabgeordnete Rollmann[15] einige – ernstgemeinte – Tips:

14 1961 brachte das Verteidigungsministerium den sogenannten »Bestechungs-« oder »Lobbyistenerlaß« heraus. In den vorangegangenen fünf Jahren waren allein 24 Bestechungsfälle aufgedeckt worden. Vor allem die junge Bundeswehr mußte sich für Milliardensummen ausrüsten. Firmen, die Schmierversuche unternahmen, drohte eine Vertragsstrafe von 10 % des Auftragsvolumens.

15 Siehe Bluth, S. 74 ff.

Den angestellten Lobbyisten wird empfohlen, »aufgeschlossene Politiker« zur Belohnung dem Finanzier gegenüber zu loben und mit einer Spende zu bedenken. Bei Bewirtungen solle möglichst wenig Champagner und Kaviar aufgetragen werden, sonst entstehe am Ende noch der Eindruck der Bestechung. Der Lobbyist müsse immer im Dienst sein. Auch bei gesellschaftlichen Anlässen, auf Empfängen, Vernissagen, in Clubs (Parlamentarische Gesellschaft, Presseclub) oder in Kneipen werde sein Wirken gern gesehen. Ganz wichtig: Ein Lobbyist muß nicht nur beliebt sein, sondern sogar »in« – wohl in erster Linie eine Frage der Bestückung.

In der Öffentlichkeit wird vor allem über die Fälle gesprochen, in denen prominente Politiker von Lobbyisten bestochen wurden. Das ist aber nur ein Teil der Lobbyisten-Tätigkeit. Überwiegend beschäftigt man sich mit Assistenten, Zuträgern, Mitarbeitern bis runter zur Sekretärin. Die entscheiden schließlich, welche Informationen ihr Chef bekommt, welche Vorschläge am Ende angeblich auf seinem Mist gewachsen sind, mit wem er Termine macht, wessen Telefonate er annimmt, welche Akten und welche Post er liest, kurz: wer er ist.

Eine Hand wäscht die andere – Tauschgeschäfte

»Ich stehe tief in Ihrer Schuld.« – «Das werden Sie nicht bereuen.« – «Sie wissen ja, daß Sie jetzt einen gut haben!?« Wo solche Sätze fallen, ist das Gesetz machtlos. Es ist keine konkrete Unrechtsvereinbarung getroffen worden, wenn man sich nur gegenseitig Korruptions-Wechsel ausstellt, die dann irgendwann in der Zukunft an der Gefälligkeits-Bank (Tom Wolfe) eingelöst werden können. Meist wird der Aussteller seine inzwischen verblichene Unterschrift wiedererkennen.

Wenn eine Hand die andere wäscht, entsteht immer eine seifig saubere und schaumreiche Atmosphäre. Dieser Akt der Reinlichkeit ist so wunderbar weit entfernt von der vielfach noch als schmutzig ausgebuhten natürlichen Erdigkeit des Schmiergeld-Geschäftes, daß auch vornehme Naturen mit makellosen Fingernägeln keine Probleme beim Mitmachen sehen. Wo immer es möglich ist, sollten Sie den Naturalien-Tausch versuchen – Bevorzugung gegen Bevorzugung –, eine schönere Tarnung als den Tauschhandel gibt es für kein Geschäft. Noch ein paar schmissige Fachausdrücke: Freundschaft, Kameradschaft, Ehrenwort, Handschlag, Zusammenhalten, Schulterschluß.

Die Poesie der Korruption

Ihren vollmundigen, fruchtigen Charme offenbart die Korruptions-Partnerschaft in der poetischen Sprache, in der die Beteiligten sich kennenlernen, einander hofieren, sich beschnüffeln, auf die Probe stellen und verführen. Filigran formt sich das Gemeinte auf die Umschreibung, wenn mit dem Zaunpfahl um den heißen Brei herum gewinkt wird.

Wer ist bereit zu was und unter welchen Voraussetzungen? Lernen Sie die Kunst der Metapher, absolvieren Sie die eine oder andere Nachhilfestunde »Konjunktiv für Sitzenbleiber«, damit Sie Ihre Korruptions-Kommunikation in jenem kunstfertigen Schwebezustand scheinbarer Beliebigkeit halten können, die der kompetente, also vorsichtige Korruptions-Partner von Ihnen erwartet.

Wozu dient die Poetische Sprache?

Gewissensprobleme werden verdrängt, wenn man in schönfärberischen Umschreibungen (Euphemismen) spricht und der Dialog einen spielerischen Charakter hat. Eine »Aufwandsentschädigung« läßt den Feingeist ruhiger schlafen als ein »Schmiergeld«.

Man versaut sich keine Chancen. Unsittliche Forderungen oder Angebote können jederzeit als amüsantes »Mißverständnis« zurückgenommen werden. Niemand reitet sich rein. Ihnen kann man keinen Bestechungsversuch vorwerfen. Selbst ein Unbestechlicher ist nicht gezwungen, sich das unsittliche Gespräch zu verbitten.

Dritte sollen nicht folgen können.

Sicher ist sicher. Wer sich die ganze Zeit über nicht klar ausgedrückt hat, steht in Ermittlungsverfahren oder vor Gericht glücklicher da. Bedenken Sie, daß Korruption nicht erst strafbar wird, nachdem die Pflichtverletzung ausgeführt wurde. Schon die Vereinbarung oder der Versuch reichen aus.

Spaß macht es, ständig Metaphern zu erfinden und sich der künstlerischen Herausforderung zu stellen, sämtliche Informationen zwischen die Zeilen zu packen. Dazu kommt umgekehrt die Freude am Enträseln.

Was soll umschrieben werden?

Es fängt bei der **Darstellung des Problemes** an. Anstatt einer objektiven Beschreibung färben Sie die Sache ins Harmlose und Persönliche um (schon immer Ihre beiden Lieblingsfarben): Niemals geht es um Profit-Interessen, sondern immer nur um Ihre Sorge und Verantwortung für Arbeitsplätze und Familien – gern auch oder ausschließlich die eigene, und natürlich die des Schmiergeld-Empfängers.

Nun will der **unsittliche Antrag** geschickt vortragen sein, z.B. in Gestalt einer harmlosen Frage: »Was würden Sie an meiner Stelle tun?« Natürlich haben Sie längst **eigene Vorschläge** im Tornister: »Ist es eigentlich wahr, daß andere in vergleichbaren Fällen . . . ?«

Jetzt spätestens ist der andere dran. Er muß, ohne sich als bestechlich bloßzustellen, signalisieren, daß er »**aufgeschlossen**« ist. Ergebnis dieser ersten Phase des Dialogs: »Unter Umständen nicht nein.« Ebenfalls rein poetisch werden dann die **Verhandlungen** geführt und Details besprochen.

Methoden der Umschreibung

Der Euphemismus

Der Korruptions-Poet gurgelt literweise Weichspüler, um das Lenor-Gewissen soft und aprilfrisch werden zu lassen. Harte und negativ klingende Vokabeln werden durch nette Ausdrücke oder Umschreibungen ersetzt. Das nimmt den gemeinten Handlungen und Sachen das Anstößige. Alle Beteiligten fühlen sich nicht so kriminell. Man studiere das Verlautbarungs-Deutsch der fernseherprobten Polit-Prominenz.

Mit einer von Ihnen kommenden[16]

> »Akquisitionserleichterung, Vergütung, Rückvergütung, Gratifikation, Prämie, einem Dankeschön«, einer »kleinen Anerkennung«, einer »Leistung« oder sogar »Sonderleistung«, mit einem »Honorar« oder einer geplanten »künftigen Zusammenarbeit« (= z.B. Beratervertrag) etc.

motivieren Sie Ihren Schmiergeld-Empfänger zur[17]

> »unbürokratischen Erledigung« oder »unkonventionellen Ideallösung«, zu »Einsicht, Verständnis, Hilfe« oder »Unterstützung« bei der »Ab-

16 = Schmiergeld oder anderer Bestechungs-Lohn
17 = die gekaufte Pflichtverletzung

wicklung, Erledigung« bzw. »Gestaltung« der »Sache« oder »Angelegenheit« und danken wärmstens für seinen »Einsatz«, sein »Bemühen« oder »Engagement« etc.,

weil er Ihre

»spezielle Situation, das Problem«

»richtig eingeschätzt« oder »verstanden hat«.

Ein »aufgeschlossener« Gesprächspartner wird Ihnen von Anfang an mitteilen[18]:

»Es könnte nützlich sein ..., aber mein Aufwand bei der Erschließung«, denn es geht um »bestehende, gewisse, manche, bekannte, übliche, unorthodoxe, besondere, maßgeschneiderte, angemessene, wenig bekannte, unübliche Möglichkeiten oder Perspektiven«, »trotz oder gerade wegen Interessenüberschneidungen, unter Berücksichtigung meiner Interessen, Lage, ... würde ich mich der Sache annehmen, wenn ...« Jedenfalls: »Es ist vorstellbar, unter gewissen Umständen« etc. – Sie verstehen schon.

Dabei sagt er nichts fest zu[19]:

»Ich müßte mich mal informieren, habe hervorragende Kontakte, es wird aber nicht leicht (also nicht billig, d.V.) sein.«

Soweit unser kurzer Blick ins Lexikon der Korruptions-Sprache. Wo auch immer Ihnen ein Euphemismus, eine Ins-Gute-Verdrehung einfällt, sollten Sie nicht geizen. Werten Sie die Bedeutung Ihrer Sätze auf, veredeln Sie auch mit Hilfe von Geschwollenem und Modewörtern: Aus »gefährlichem Verlust, schlimmem Versagen, schuldhaftem Schrumpfen, Wegsacken und Zusammenbrechen« wird: »erfolgreiches Minuswachstum[20]«.

Bitte um Beratung

Stufenweise läßt sich mit dieser Umschreibungsmethode abklopfen, wie weit ein Partner zu gehen bereit ist – und unter welchen Bedingungen. Zuerst fragt man nach der üblichen Prozedur, dann nach den Sondermaßnahmen, dann nach einem Tip vom Amtsträger in seiner Eigenschaft als »Privatperson« – und natürlich »nur unter uns« und fügt an: »Das wäre mir sehr viel wert.« Und: »Was würden Sie an meiner Stelle weiter tun?«

18 = Bereitschaft

19 = Bedenkzeit, Feilschen um Bestechungs-Lohn

20 »Minuswachstum« wird in dem in unserem Zusammenhang sehr lehrreichen Buch »Dummdeutsch« (von E. Henscheid et. al., Frankfurt 1985) so definiert: »Ein Mann, der sich morgens vor dem Spiegel die Bartstoppeln mit dem Hammer durch die Backen treibt und von innen abkaut.«

Das Bild

Für den schlichteren Korruptions-Partner werden Fabeln und Gleichnisse bemüht. Packende Bibelstellen, die klassischen Sagengestalten und anrührende literarische Quellen (Kalenderweisheiten von Thomas Mann bis Alfred E. Neumann) helfen dem Einfallslosen auf die Sprünge. Auch Bilder aus dem Alltagsleben (Sprichwörter, Sport, Familie, Fernsehen) und dem Zitatenschatz des sogenannten »gesunden Menschenverstandes« – der Vulgärphilosophie der Leute, die von Geburt an recht haben – werden gern verwendet. Dazu ein viel benutztes Zitat aus der russischen Korruptions-Szene: »Grünes Licht an der Ampel braucht Strom, und der ist nicht umsonst.« Verstehe – wenn auch erst nach einigem Nachdenken.

Der vergleichbare Fall

Wirklich unverfänglich kann man sich nur über die Angelegenheiten anderer Leute (ohne Namensnennung) oder frei erfundene Fälle unterhalten:: »Ich habe da mal eine Geschichte gehört . . . « oder eine Fernsehsendung gesehen.

Gern werden hypothetische Fälle erörtet, ganz wie im Jura-Studium: »Gesetzt den Fall, es käme jemand, der wollte, abstrakt gesprochen, ›ein bestimmtes Ziel‹ erreichen, und hätte vor, mit einem Amtsträger zu kooperieren. Wie wären seine Chancen, welche Fehler müßte er wie vermeiden, welche Tricks müßte er kennen? Rein hypothetisch.« So unterhält man sich über zwei völlig andere Personen, Herrn X, den Nehmer, und Herrn Y, den Geber, die nur zufällig in etwa derselben Position sind wie man selbst gerade.

Die gnadenlose Ausrede

»Ich mache es gratis. Aber leider muß ich andere motivieren, die mir keinen Gefallen schulden.« Die überreichte Summe fließt also angeblich in andere Taschen. Nun können Sie sich gemeinsam entrüsten.

Der Nazi-Außenminister Ribbentrop gibt uns ein schönes Beispiel für diese Spielart der Poesie: 1939 hatte er mit Stalin den Nichtangriffspakt geschlossen. Als Bestechungs-Geschenk ließ er dem Reich – und damit vor allem sich – ganz im Osten ein bestimmtes Jagdrevier zuschanzen. Doch die kapitalen Hirsche, die er als Opfer geschickt gestreuter Gerüchte naseweis dort vermutet hatte (und derentwegen der Nazi-Oberjäger Göring schon ziemlich eifersüchtig war), die gab es gar nicht. Noch in einem solchen Moment der Enttäuschung ruhte Ribbentrops selbstloses Wirken für Deutschland nicht. Er bezwang Stolz und Bitterkeit und appellierte telegraphisch an die Roten, die schon länger üblichen, kostenlosen Care-Pakete aus dem Osten an seine Adresse nicht zu vergessen, weil er »Schwerverletzten, die keine andere Nahrung zu sich nehmen können, den Kaviar zukommen lassen möchte, wobei die Erhöhung um eine weitere Kaviar-Dose hier sehr begrüßt würde«.

Persönliches
Die Träume und Sorgen eines Nehmers sind sein liebstes Gesprächsthema. Achtung bei Stellen wie: »Aber leider kann ich mir das nicht erlauben.« Das ist Ihr Stichwort: »Da habe ich eine Idee« – oder auch Beziehungen, auf alle Fälle allertiefstes Verständnis, gern auch in Form von Papiergeld. Ein Beispiel: Wenn ein hoher Frankfurter Beamter auf seine »alten, kaputten Schuhe« zeigte, und das tat er jedes Jahr vor Weihnachten und im Frühling, mußte er von den von ihm abhängigen Kleinunternehmern neu eingekleidet werden, und zwar von Kopf bis Fuß, und manchmal seine Frau dazu (Nerz »Black Lama«). Sprach er von »Blutauffrischung«, mußte sein Privatzoo im Taunus um ein exotisches Tier (je ca. 3000 DM) aufgestockt werden. Sein Sohn bekam einen Schulranzen von Vatis Gönnern.[21]

Umschreibung des Gewünschten »Geschenkes«

Jeder Bestechungs-Lohn erfordert in jeder Situation eine individuelle Umschreibung. Dem einen gelingt das vorbildlich, der andere vergeigt:

Der grobschlächtige Verwaltungsangestellte Siede, niedrrangig, aber an entscheidender Stelle im Berliner Bausenat für Subventionen zuständig, diene uns als abschreckendes Exempel. Bei einem Stadtbummel mit dem schmierwilligen Münchner Baulöwen Bertram blieb Siede vor dem BMW-Schaufenster am Ku'damm stehen und sprach die ergreifenden Worte: »Wenn alles klappt, Herr Bertram, ist so etwas da mein Honorar.« Trotz unüberbietbarer Holzigkeit: Sechs Monate später stand der BMW 635 CSi für 75.000 Mark vor Siedes Tür.

Wieviel eleganter wirkt da der Poet Schackow, einst Finanz-Staatssekretär in Berlin! Als er zur Weihnacht zwei Brilliantringe schenken will, einen seiner Freundin, einen seiner Frau, wendet er sich an Bertram: »Da muß es doch möglich sein, für 2000 oder 3000 Mark etwas Gutes zu bekommen.« Ist das vorbildlich ausgedrückt? Bertram, der seinem Freund Schackow auch schon ein halbes Chalet in Tirol (= DM 200.000 DM) »finanziert« hatte, ließ 20.000 Mark beim Juwelier, nahm aber Herrn Schackow nur 5000 für das

21 Spiegel 41/88

intime Glück seines Harems ab. In welchem zeitlichen Abstand der Schwerenöter und Weihnachtsmann Schackow seine beiden Damen beglückt hat, ist leider nicht überliefert.[22]

Daß in Korruptions-Dingen die poetische Sprache auch eine Zeichensprache sein kann, soll der Fall jener Autobahnpolizisten belegen, die von rasenden und übernächtigten LKW-Fahrern »Fleischportionen zum Sozialpreis« erwarteten und die Trucker ohne umständliche Zwischenschaltung einer Waage informierten: »Übergewicht kann an Ort und Stelle abgeladen werden.« Wertungsnote? Literarisch nicht herausragend, aber für einen Polizisten – immerhin. Nun die Zeichensprache: Der Dienstwagen setzt sich vor den Laster und läßt kurz seine Bremslichter aufleuchten. Wenn der LKW nicht bei nächster Gelegenheit rechts raus fährt, heißt das, daß er schon irgendwo vorher von anderen Kollegen abkassiert worden ist. Es gab tatsächlich Brummi-Chauffeure, die anhielten. Man will sich ja nicht ins Unrecht setzen.

Der poetische Umgang mit dem Gewissen

Empfindlichkeiten

Nicht nur Patienten, die unter einem geschwulstartigen Gewissen leiden, werden bei jeder Korruptions-Einnahme von einem seltsamen Unwohlsein befallen. Bei manch einem wollen sich auch mit der Gewöhnung die Nebenwirkungen nicht legen.

Viele Schmiergeld-Empfänger, besonders aber die Anfänger, schämen sich vor anderen und sich selbst, wenn sie die Hand aufhalten. Wenn sie sich in ihrem Unterbewußtsein nicht als Verbrecher sehen, so doch zumindest als Versager, der auf andere Weise zu nichts gekommen sind.

Dem Kranken hilft nur Ruhe: Reizvokabeln wie »Schmiergeld«, »Schiebung«, »Bestechung«, »Korruption« usw. sollte man rückstandslos aus dem aktiven Wortschatz streichen.

Sprechen Sie aus feinfühliger Rücksichtnahme nie konkret über Zahlen, wenn das nicht ausdrücklich von Ihnen verlangt wird. Gern wird die Größenordnung einer Forderung oder auch Ihres Angebotes durch umständliche Vergleiche umschrieben, je gewundener, desto besser.

---

22 Spiegel 19/87

Das beigepackte gute Gewissen

Jeder Schmiergeld-Kunde liebt harmlose Entschuldigungen. Bei Ihrem gemeinsamen Korruptions-Geschäft gibt es keine Opfer oder Geschädigten, im Gegenteil: »Aus einem Fonds, der verfällt, wenn keiner was nimmt«, bekam der Fachbereichsleiter Entsorgung im Atomkraftwerk Brunsbüttel erst eine Polaroid-Kamera, dann einen Fernseher, ein Jagdgewehr und sogar eine Türkeireise für zwei von der spendablen Atommüll-Firma Transnuklear (TN), die weiterhin Müllabfuhr in Brunsbüttel spielen wollte. Im Atomkraftwerk Stade erklärte der Bestecher von Transnuklear den Sicherheitbeauftragten einen mit Haushaltsgeräten und Unterhaltungselektronik vollgestellten Gabentisch zu Weihnachten so: »Wir machen keine Fernsehwerbung. Wir schütten das Geld lieber direkt an unsere Kunden aus.« Die Marken konnten übrigens frei gewählt werden. Ein Mitglied der atomkraftwerktätigen Massen in Würgassen kassierte so im Laufe der Jahre für rund 500.000 DM. TN investierte pralle 10 % des Umsatzes in die »Klimapflege« bei denen, die Verträge und Preise aushandeln sollten oder für Strahlenschutzauflagen und Sicherheit zuständig waren (21 Mio. DM Zubrot in fünf Jahren, davon 15 Mio durch Scheingeschäfte steuerfreundlich in Belgien gewaschen).[23]

Noch ein paar Evergreens: »Das machen die anderen auch«. »Ich verliere jeden verlorenen Tag mehr Geld, als ich Ihnen je anbieten würde.« »Ich tue das nur aus Verantwortung für andere.« – Wen denn? Den Kleinaktionär von Transnuklear? Die krebskranke Großmutter, die dringend eine postoperative Bestrahlung nach neuester amerikanischer Methode braucht, ansonsten aber gegen Höchstgebot verkauft wird?

»Wollen Sie mich eigentlich bestechen?«

Nicht jeder Elefant besitzt die nötige Grazie, um unter den Kunden im Porzellanladen nicht weiter aufzufallen. Es könnte aber auch sein, daß der potentielle Korruptions-Partner testen will, ob Sie sich geschmeidig aus einer Drucksituation herauszulavieren verstehen. Jedenfalls: Alarmstufe rot! Die Antwort muß im besten Ja-aber-Stil gedrechselt werden: »Mißverstehen Sie mich bitte nicht: . . . « Natürlich haben die beiden eben besprochenen Dinge nichts miteinander zu tun (Frage nach Spenden-Möglichkeit Kaffeekasse, vierstellig, und Höchstgeschwindigkeit Konzessionserteilung in einem Atemzug z.B.).

---

23 Spiegel 52/87

Gespräche mit Beweischarakter

Jedes Gespräch wird von mindestens zwei Personen gehört, aber außer Ihnen und Ihrem Gesprächspartner haben vielleicht noch Zeugen ihre Ohren aufgestellt: der Hiwi vom Studentendienst, das Go-go-Girl? Sind Sie sich sicher, daß Ihre Tagungsstätte nicht verwanzt ist? Mit Telefonaten sollte man noch viel vorsichtiger sein als bei Plaudereien auf dem Konferenz-Sofa. Sie könnten mitgehört oder mitgeschnitten werden, und sei es vom Korruptions-Partner, der sich damit ohne Ihr Wissen absichern will.

Bei schriftlichen Äußerungen kann man sich gar nicht mehr rausreden, egal ob es sich um Briefe auf handgehämmertem Büttenpapier oder eine ins Streichholzbriefchen geschmierte Notiz handelt. Hessische Autobahn-Polizisten, die Schweinetransporter »kontrollierten«, hatten einem Fahrer aufnotiert, daß sie telefonisch benachrichtigt werden wollten, wenn »Kotelettstränge« transportiert würden. Eine der beiden beamteten Schlafmützen hinterließ Fingerabdrücke auf dem Zettel!

Ihre Handschrift, Ihre Schreibmaschine, Ihre Fingerabdrücke: im Gerichtssaal sind Flammenwerfer nicht erlaubt. Aber auch einfache Zeugenaussagen, selbst nach Gesprächen unter vier Augen, können einem das Genick brechen. Tonbandmitschnitte von Telefonaten oder jegliche Art von Abhören sind bei uns zwar streng verboten, und entsprechende Aufzeichnungen gelten vor Gericht nicht als Beweis. Offiziell nicht. Wer aber kann sich einen Richter vorstellen, garantiert Kenner und Genießer jeglicher Korruptions-Poesie, den nicht schon die Nacherzählung des belastenden Inhalts jenes fraglichen Tonträgers von den Qualitäten der Autoren überzeugt?

Die poetische Umschreibung unterscheidet sich übrigens von der in Verbrecherkreisen üblichen Kodierung dadurch, daß es in ihr keine verbindlichen Bedeutungspaare gibt. Vorteil: Eine vor Gericht beweiskräftige Entschlüsselung ist kaum möglich.

Poetisches Versagen

Viele Uniformträger neigen ja dazu, coole Cowboy-Sprüche abzulassen. Dabei weiß doch jeder, daß nicht ein Zeigefinger nervös sein kann, sondern höchstens sein überarbeiteter Besitzer. Bemühen wir nochmal die Autobahn-Polizei. Deren neugierige Frage an diverse LKW-Fahrer: »Habt ihr was Schönes zu beißen?«, läßt Schlußfolgerungen auf die Eignung der dort diensttuenden Beamten zu.

Auch die Antwort des Behördenhengstes Siede auf die Frage des Baulöwen Bertram, warum immer nur die Projekte der Konkurrenz beim Berliner Senat gefördert wurden, ist schlicht primitiv: »Dreimal dürfen Sie raten!« Der erfahrene Bestecher Bertram kann sich wohl nicht vorstellen, daß er da richtig hört – die meisten Forderer verzichten auf Brechstange und Vorschlaghammer. Da setzt Siede nach: »Wenn Sie das nicht begreifen, dann tun Sie mir leid.« Wer in Korruptions-Dingen eine derartig grobe Sprache benutzt, ist in Haft genau richtig aufgehoben. Es heißt ja, daß man im Knast das Handwerk solide erlernt . . .

Weichklopfen und Verhandeln

Unser Vorschlag hört sich gut an

Ihr Vorschlag sollte nicht nur gut **sein**, also vorbildlich durchdacht, sicher und wasserdicht, er sollte sich auch gut anhören. Mit aufdringlicher Schwärmerei läßt sich allerdings selten jemand überzeugen, 27 Staubsauger an der Tür zu kaufen, weil man erstens immer mal einen Staubsauger braucht und zweitens ein 28ster Staubsauger als Treue-Bonus gratis draufgelegt wird.

Der Könner überzeugt mit seriösen Mitteln und kann jede skeptische Frage beantworten. Sie sollten jeden Schritt Ihres Planes genau überlegt haben bzw. immer sämtliche Optionen nennen können, unter denen Ihr Partner die Auswahl hat. Und das alles, ohne ein einziges eindeutiges Wort zu sagen.

Der angemessene Preis

Erfahrungswerte

Wenn Sie wissen, welche Schmiergelder bei ähnlich gelagerten Geschäften geflossen sind, und zwar am liebsten in genau die Tasche, die auch Sie gern ausbeulen würden, so haben Sie die beste Bemessungsgrundlage.

In vielen alltäglichen Korruptions-Anliegen sind die üblichen »Gebühren« für den kleineren Gefallen ohnedies bekannt: Beschleunigung und Vordrängeln kann man schon für 20 oder 50 Mark haben. Eine gute Wohnung geht für 1–3 Monatsmieten unter dem Tisch weg. TÜV-Prüfer lassen sich bei einigermaßen neuen Autos mit 100 Mark schmieren, für Spezialitäten und Sammlerwagen sind aber auch nicht mehr als zwei oder drei Scheine fällig. Die Krankschreibung will der Arzt mit einem glatten Hunderter honoriert haben, jedenfalls in minder schweren Fällen.

Eine gute Lehrstelle hingegen kann ein Geschenk im Werte von 50 Mark erfordern oder aber ein bis zu 3000 Mark großes Loch in Ihre Portokasse reißen. Kleinere Angestellte, die ihre Firma schädigen, indem sie Ihnen Rabatte verkaufen, sind erstaunlich bescheiden: Selten können sie sich vorstellen, mehr als 100 Mark für irgendwas zu bekommen – selbst wenn Ihr Vorteil leicht einen Tausender ausmacht.

Wo der Vergleichswert fehlt, fragt man sich: Was bringt die Schmierung, wieviel ist sie also höchstens wert? Das ist eine kaufmännische Fragestellung, eine einfache Kosten-Nutzen-Kalkulation. Aber wo liegt die Untergrenze, von der an der Wunsch-Partner einschlägt? Da kommt es auf Menschenkenntnis und Fingerspitzengefühl an.

Bei einmaligen Geschäften mit hohen Summen und saftigem Profit wird meist 3–6 % vom Umsatz geschmiert, je nach Allgewalt des Nehmers aber auch bis zu 15 %. Besonders hohe Provisionen fallen an, wenn die Bestechungs-Ausgaben in einem künstlich hochgesetzten Endpreis untergebracht werden können, den ein Dritter zahlen muß. Aber dann tun sie auch nicht weh.

In Ihrer Argumentation geht es um die Frage, wie der Gewinn dem Risiko und dem Arbeitsaufwand entsprechend zwischen Ihnen beiden aufgeteilt wird, und zwar gerecht, d.h. zu Ihren Gunsten.

Subjektive Maßeinheiten

Der Größe nach geordnet denken die meisten Mitbürger in folgenden Kategorien: Der kleinste Schein, den man nicht gern anbricht; die »halbe Miete«; der aufgeschobene Konsumwunsch; die Urlaubsreise; der Kraftwagen; ein Jahreseinkommen; die Immobilie; »Sechs Richtige«. Niemand riskiert seinen Job für eine Tageseinnahme. Für die Größenordnung »aufgeschobener Konsumwunsch« ist man allerdings bereit, sich ein paar Gedanken zu machen. Für die Immobilie nähme man drei Jahre Knast in Kauf.

Preise drücken

Jede Erstforderung läßt sich um 30 % runterhandeln. Ihr erstes Angebot sollte auch etwa 30 % unter dem liegen, was Sie eigentlich ausgeben wollen.

Wer eine Forderung in fünf Minuten um fünf Mark drückt, hat zu einem vernünftigen Stundenlohn gearbeitet: immerhin 60 DM netto!

Wenn man nicht umhin kommt, selbst das erste Angebot zu machen, sollte man wissen, wie tief unten die Beleidigungsgrenze liegt und ab welcher Höhe oben man Geld sinnlos aus dem Fenster werfen würde.

Ködern

Welche Gefühle sind stärker als Vernunft und Moral? Gier und Neid! Beide lassen sich wundervoll zu einer Doublette kombinieren, mit der auch unbestechliche Naturen weichgeklopft werden können. Professionelle Bestecher führen potentiellen Schmiergeld-Empfängern vor, wie angenehm es ist, wenn man Geld im Überfluß hat. Luxus, Sex, Anerkennung, Glück, Aufstieg – alles, was wirklich Spaß macht, kann man kaufen. Nur zu gern wird die Zielperson jedes Ornament glauben, das Sie in dem großformatigen Gemälde mit dem Titel »Deine Zukunft« unterbringen. »Das alles könnte auch ich besitzen!?« Allerdings leider nicht mit den Einnahmen oder den Beziehungen, die er im Moment hat. Aber ...

Deuten Sie mit dem Finger auf »die Anderen«, die auch nicht mehr können als Ihr künftiger Partner, aber trotzdem soviel besser leben dürfen. Niemand fühlt sich gern als einer der »Dummen mit der weißen Weste«, während sich die Erfolgreichen einfach der Realität anpassen. Gerade Kollegen eignen sich als Vorbilder. Die Sozialwissenschafter[24] sehen das so: Korruptives Verhalten ist das Resultat von Lernprozessen im Verlauf der beruflichen Entwicklung (»Individualisation«). Der Novize lernt sowohl die moralische als auch die technische Seite anhand von Vorbildern. Ganz unwillkürlich wird das Beispiel der Kollegen kopiert.

Der Schmiergeld-Empfänger soll zwar auch seinen Gönner beneiden, aber nicht so sehr, daß er ihn haßt. Also: Schmerzgrenze beachten.

Angst nehmen

Es ist ja so einfach! Alles wurde bis in die mikroskopischen Feinheiten ausgearbeitet, jede Eventualität berücksichtigt. Die Sache ist wasserdicht und narrensicher. Nein? Statt ungeduldig oder eingeschnappt zu sein, sollten Sie den

24 Porter, L.W., Lawler und Hackmann: »Behavior in Organizations«; New York 1975.

Partner in seiner gesunden Skepsis Ihnen und Ihrer Idee gegenüber bestärken: »Ich würde mich an Ihrer Stelle genauso verhalten.« Er fühlt sich verstanden und faßt Vertrauen.

Dem Schmiergeld-Empfänger liegt nur an der eigenen Sicherheit. Immer und immer wieder möchte er erzählt bekommen, in welcher Art für jeden Zufall vorgebaut wurde. Glasklares und vernünftiges Argumentieren ist verlangt. Bis am Ende sogar der böse Verführer seinen waghalsigen Plan glaubt.

Verführung und Verlust der Unschuld

Nein, selbstverständlich kann man das nicht »Bestechung« nennen, diese erst gelegentlichen, dann regelmäßigen Geschenke, nicht zu groß und vor allem ohne jede Gegenleistung. Fachwort: »Freundschaft«. Man ist halt großzügig, besitzt Klasse und Lebensart statt Krämerseele. Aber: Der kluge Schenker besteht darauf, daß seine milden Gaben angenommen werden, wenn man ihn nicht beleidigen will. Nicht selten kann man in diesem Zusammenhang mit der Gattin eines spröden Nehmers paktieren, die die Weltlage realistischer sieht.

Es ist nicht einfach, genau so großzügig zu sein, daß Ihr Empfänger gerade noch ein schlechtes Gewissen bekommt, den Fluß Ihrer Nettigkeiten aber nicht zu unterbrechen wagt. Wenn es ihm unangenehm ist, die Geschenke ohne Gegenleistung entgegenzunehmen, so kann er ja ... Anfangs werden ausschließlich legale Gegenleistungen vorgeschlagen.

Bald ist der Nachwuchs-Nehmer reif für die ersten finanziellen Zuwendungen, die schrittweise an immer verbotenere »Freundschaftsdienste« gekoppelt werden. Die liebgewordene Dosis bleibt erhalten, aber der unangenehme Druck wird von unserem Mann genommen, daß er wie ein Kind beschenkt wurde und artig danke sagen mußte. Endlich kann er beweisen, daß er erwachsen ist.

Nach einigem Drucksen kommt es raus: Er will nicht. Ganz nett und onkelhaft verständnisvoll wird die kalte Dusche einmal kurz aufgedreht: Jeder kann ersetzt werden.

Was, er will trotzdem aussteigen? Wenn Sie wollten, könnten Sie ihm arge Scherereien machen – das weiß er doch hoffentlich. Sie verlangen Verständnis dafür, daß Sie aus Sympathie **ihm** die Chance geben wollten und keinem anderen, und daß es deshalb jetzt für Sie zu spät ist, sich einen neuen Partner zu suchen. Zudem: Er müßte alles zurückzahlen, was er angenommen hatte, und die Sache würde publik werden. Nehmer: »Aber das waren doch

Geschenke!« Antwort: »Du willst doch nicht etwa sagen, daß du so naiv warst zu glauben, daß irgendjemand dir irgendwas schenkt? Wer soll das schlucken?« Sein Vorgesetzer bestimmt nicht ...

Skrupel beseitigen

Die Schlüsselpositionen in unserer Gesellschaft werden gern mit Leuten besetzt, die moralisch integer und zur moralischen Selbstkontrolle fähig erscheinen – man will den Bock nicht zum Gärtner machen.

Doch wo das romantische Ideal des gerechten Staates, mit dem man sich gern identifiziert und dem man aus idealistischen Motiven zu dienen bereit ist, durch die realistische Beobachtung verdrängt wird, daß um einen herum die Selbstbedienung regiert und sich in einem Maße festgesetzt hat, das auf die eigene Vorbildlichkeit nicht mit Veränderung zu reagieren verspricht, da wird aus der anfänglichen moralischen Integrität schnell eine ganz persönliche Moral unter dem Motto: »Kommt ganz darauf an.« Worauf? Auf die eigenen Bedürfnisse und das Risiko. Und hat nicht gerade die Doppelmoral eine große Tradition unter denen, die Verantwortung tragen? Konnte die Geschäftswelt, konnte die Politik und vor allem die Diplomatie jemals ohne sie auskommen?

Wie verbreitet ein Mangel an tadelloser Moral ist, mag man aus folgenden Zahlen[25] ersehen: Lügendetektortests in den USA ergaben, daß 40–70 % aller Angestellten schon mal die Firma bestohlen hatten. 90 % aller englischen Schulabgänger gaben zu, während der Schulzeit mal gestohlen zu haben. Man geht davon aus, daß etwa 25 % der Mitarbeiter eines Unternehmens sich immer ehrlich verhalten, 25 % beständig unehrlich sind und die restlichen 50% ihre Einstellung je nach Motivation und Kontrolle wählen.

Die Bekämpfung von Skrupeln ist in unserem Kulturkreis eine intellektuelle Aufgabe, da wir in einer Schuldkultur, nicht in einer Schamkultur leben. Schuldkulturen verhindern das von der Norm abweichende Verhalten durch Schuldgefühle. Das Verhalten wird vornehmlich durch Selbstkontrolle gesteuert. In Schamkulturen (Lateinamerika, Mittelmeer-Länder etc.) halten Personen sich nur aufgrund der Gegenwart anderer an geltende Regeln und Normen – aus Scham, entdeckt zu werden. Angehörige der Schamkulturen scheinen Versuchungen eher zu erliegen – sobald man sich unbeobachtet glaubt[26].

---

25 Comer, 1987

26 Piers, G. und Singer: »Shame and Guild: a Psychoanalytical and Cultural Study«; Thomas, Springfield, Ill., 1963

Auch wenn man es in erster Linie mit den Schuldgefühlen des Korruptions-Partners zu tun hat, so dient es doch sehr seiner Entspannung, wenn man ihm in entscheidenden Augenblicken nicht in die Augen sieht, sondern sich vornehm abwendet und vorgibt, Hase zu heißen.

Wie können Sie nun Ihren Partner von der allgemein verbindlichen Moral zu seiner ganz persönlichen Interpretation bringen? Dazu die folgenden, einschlägigen **Argumentations-Stränge** zur nachhaltigen und erfolgreichen Bekämpfung von Skrupeln (auch eigenen, sofern vorhanden):

Kein Schaden – keine Opfer

Der Korruptionist liebt Gedankengänge wie diesen: Der Schaden pro Steuerzahler liegt weit unter einem Pfennig. Wenn man jeden Steuerzahler fragen würde, keiner würde sich über seinen Pfennigbruchteil aufregen. Was heißt überhaupt »Verschwendung« öffentlicher Mittel? Wird nicht an anderer Stelle Geld noch viel unvernünftiger ausgegeben? Und dann folgen je nach politischer Einstellung Beispiele wie: Atomkraft, Bundeswehr, Wasserkopf, Asylanten, Arbeitslose, Sozialhilfe etc. Außerdem: »Wenn ich's nicht mache, macht es sowieso jemand anders.«

Selbstjustiz

Nach dem Buchstaben des Gesetzes mag es ja als Unrecht gelten, aber nach dem gesunden Menschenverstand ist es geradezu ein Gebot, jedenfalls für Charles Bronson: Man befindet sich in Notwehr, in übergesetzlichem Notstand.

Studien zu der Frage, wie und warum korruptes und kriminelles Verhalten im Beruf entsteht, zeichnen jedenfalls ein klares Bild:

Subjektiv erlebte Ungerechtigkeit im Verlauf der beruflichen Individualisation motiviert korruptives Verhalten. Wer sich ungerecht behandelt fühlt, ändert seine Einstellungen zu Job und Arbeitgeber. Die Arbeitsmoral sinkt so lange, bis schließlich die Grenze zur Korruption überschritten ist.

Wer erkannt hat, daß er auf sein (relativ) geringes Einkommen, sein (relativ) geringes Ansehen, seine (relativ) unbedeutende Aufgabe und so weiter keinen Einfluß hat, daß er auf der Stelle tritt und nicht aufsteigen kann, dem kann Korruption als die einzige Möglichkeit erscheinen, ein erträgliches Gleichgewicht zwischen der eigenen Leistung und dem »eigentlich verdienten« Entgelt zu erzeugen. So gesehen verbessert Korruption die berufliche Bilanz. Durch illoyale Praktiken kann man gleichsam eine nicht ertragene Bevormundung von seiten der Organisation kompensieren. Das Schmiergeld wird zum Schmerzensgeld, Handaufhalten zu Psychotherapie.

Ein wenig pathetisch und larmoyant stilisiert sich der ebenso korrupte wie einsame Wolf zum unverstandenen Rächer der Enterbten und erkrankt am Robin-Hood-Syndrom (wobei er neben der Rolle des Rächers in Personalunion auch die der beschenkten Armen mit übernimmt).

Allgemeiner Weltschmerz

Natürlich ist es ungerecht, daß andere Leute Millionenvermögen erben und ein Leben lang keinen Finger krumm machen müssen. Natürlich ist es ungerecht, daß andere in Familien geboren wurden, die ihnen vom Start weg mehr Bildung, mehr Kultur und massenhaft Beziehungen verschaffen konnten. Natürlich ist es ungerecht, daß gerade man selbst nicht hübsch, begabt, intelligent und arbeitsfreudig veranlagt ist. Ungerecht, ungerecht, ungerecht – speziell im Vergleich zu folgenden Deppen mit unverschämtem Erfolg, die man persönlich kennt oder über die neulich was im »Stern« stand: ...

»Machen doch alle«

Außer im Falle unbelehrbarer Märtyrer vom Schlage Buddha, Richard von Weizsäcker, Jesus, Nelson Mandela, Ghandi oder BAP schafft Sein unweigerlich Bewußtsein. Wir sind das Produkt unserer Situation und Umwelt. Und über deren Aussehen kann man jeden Montag im »SPIEGEL« nachlesen. Jedes Lebewesen muß sich seinen Umweltbedingungen anpassen, wenn es überleben will. Uns bleibt schier nichts anderes übrig als Bestechung. Alle anderen tun es nämlich auch. Das heißt: Es ist zwar verboten und geht uns eigentlich auch gegen den Strich, aber andererseits ...

Beim »Kavaliersdelikt« zeigt der Mitbürger Verständnis, weil er's unter gleichen Voraussetzungen ja auch nicht anders gemacht hätte. Und möchte man dem sympathischen David nicht manchmal auf die Schulter klopfen, wenn er die blutsaugerische Versicherung, das versklavende Finanzamt oder den unmenschlichen Moloch Staat bzw. jeden beliebigen unbeliebten anderen Goliath ausgetrickst hat?

Und was ist eigentlich mit unseren ewig schulmeisternden Vorbildern aus Wirtschaft, Kultur und Politik?

Scheuklappen

Ein Könner kann sich nicht nur vor anderen, sondern auch vor sich selbst dumm stellen: »Das hat doch nichts mit Korruption zu tun«, ruft er aus, wenn er nicht sogar das Glück hat, gar nicht erst auf den Gedanken zu kommen, hier ließe sich der Vorwurf der Schiebung herleiten. Besonders leicht lassen sich Scheuklappen überstreifen, wenn zwei Bürohengste einander die Hände waschen. Der Austausch von »Gefallen« – wo käme da bitte Unrechtes ins Spiel?

Zynismus
Hilft bei der Bekämpfung von Skrupel, wie überall im Leben. Wer seine eigenen Korruptions-Geschäfte als natürlichen Bestandteil einer Welt sieht, die nichts Besseres verdient hat und nur noch steht, weil etliche Trottel nicht die Intelligenz besitzen, der man sich selbst erfreut, ja, der schläft tief und gesund.

DIE PERFEKTE INSZENIERUNG

Der gekaufte Vorgang darf keinen Argwohn wecken. Er muß absolut normal, durchschnittlich, in üblicher Weise vorschriftsmäßig und plausibel wirken.

Die normale Prozedur

Man redet in der Kantine darüber, wenn der Pokalsieger im Drückebergern eine plötzliche Passion für die Verantwortung entdeckt und freiwillig Aufgaben an sich reißt, die nicht mal unter seine Zuständigkeit fallen. Eine Angelegenheit, die zwei Nummern kleiner ist als ihre Nachbarn im Aktenschrank, sollte nur im seltensten Ausnahmefall zur »Chefsache« erklärt, eine Lapalie nie aus dem dunklen Keller-Büro auf den mächtigen Massiv-Eiche-Schreibtisch beordert werden. Und keine verdächtige Geschwindigkeit. Hingegen erzeugt selbst die schleimigste Kriechspur chronischer Verschleppung in einem Amt wenig Aufruhr, in dem vor allem Schnecken »arbeiten«.

Natürlich geht es nicht um den Dienst nach Vorschrift. Vielmehr müssen sämtliche Unregelmäßigkeiten beachtet werden, die bei einem ganz normalen Vorgang üblich sind. Weder Reihenfolge und die Geschwindigkeit der Einzelschritte, noch die Zuständigkeiten dürfen sichtbar ins Unübliche verschoben werden.

Nun ein Beispiel für die Kunst, eine Gemeinheit in einen ganz normalen Vorgang umzuflaggen, diesmal aus der Praxis des für seine hochstehende Korruptions-Kultur bekannten Straßenbauamtes Frankfurt:

Alle Aufträge mit einem Volumen unter 10.000 Mark dürfen freihand vergeben werden, alle größeren kommen zur öffentlichen Ausschreibung. Also haben die findigen Beamten die mittleren Aufträge in drei oder vier Kleinigkeiten zu jeweils knapp unter 10.000 zerstückelt und die ohne viel Federlesens an eine schmierfreudige Partnerfirma vergeben. Bei 25 % höheren Gesamtkosten war natürlich reichlich Luft drin, – mit dem Duft frischer Banknoten parfümierte –, fürs gute Arbeitsklima im Amt.

Ermessensspielraum

Um auf die Erfordernisse und Besonderheiten eines jeden Falles individuell eingehen zu können, steht jedem Entscheidungsträger ein Ermessensspielraum zur Verfügung. In seiner Mitte leuchten blendend grell die vorgegebenen Gesetze, Verordnungen und Dienstanweisungen. In manchmal erheblichem Abstand folgt eines Zone des natürlichen Lichtes täglicher Übung und vergleichbar gelagerte Fälle. Den Korruptionisten interessiert allerdings mehr die zwielichtige Schummrigkeit an den Grenzen des Ermessensspielraumes.

Wer in diesen randständigen Dämmerzonen einen »ganz normalen Vorgang« inszenieren möchte, muß mit Meisterschaft eine argumentative Kür ins dünne Eis der Richtlinien ritzen, ohne bei der Pflicht zu versagen. Man kann sich nur beschränkt auf die künstlerische Freiheit berufen, wenn es um die Auslegung der Heiligen Schriften der Behörde geht. Doch außer der philosophischen Geschicklichkeit des Bibelfesten beeinflußt der Willkür-Koeffizient des Entscheidungsträgers Ausmaße und Dehnbarkeit seines Ermessensspielraumes.

Nur ein besonders fest im Sattel sitzender Entscheidungsträger kann es sich erlauben, selbstherrlich zu handeln. Dazu ein Fall: Der mächtige und von oben beschützte Obereinkäufer der Beschaffungsstelle beim Bundesinnenministerium wollte 4,5 Mio. DM für Motorpumpen ausgeben. Nicht viel Geld bei den 300 Mio. DM Etat pro Jahr, aus dem hier von der Schraube bis zum Hubschrauber alles für den Zivil- und den Grenzschutz bestellt wird. In Jahren persönlichen Umgangs gewachsenes und gewiß sorgfältig gepflegtes Vertrauen in den »Traditionsanbieter« war doch mehr wert als 435.000 Steuer-Mark Unterschied im Preiskampf. Um diesen Betrag günstiger hätte man beim billigsten Bieter ordern können. Und einen Zweitbilligsten gab es auch noch! Unser Lt. Regierungsdirektor brachte es nur auf zwei Jahre Amtszeit. Das protektionswillige Ministerium konnte nur eine begrenzte Zeit die Dienstaufsichtsbeschwerden von drei Referatsleitern ignorieren, die sich gegen das zu auffällige Betragen des Chefs richteten.[1]

Der sich nicht minder absolutistisch gebärdende Herrscher der Bauabteilung der Post in München war schon dadurch aufgefallen, daß er ein und derselben Baufirma in 20 von 26 Fällen den Zuschlag gab. Auch beim Bau von Fernmeldetürmen entschied er sich gegen den günstigsten Anbieter. Unschlagbare Begründung für die Lieblingsfirma: sie sei zwar nicht am preiswertesten, aber »am leistungsfähigsten«. War sie auch, vor allem als Großspender der CSU (Im Aufsichtsrat: Alfon Goppel, Ministerpräsident von

1 Spiegel 1/88, S. 31 ff

Bayern und Vorgänger von FJ Strauß selig). Unser Abteilungspräsident hat also gute Chancen.[2]

Es gibt auch in Ihrem, diesem »besonderen Fall zwingende und plausible Gründe«. Welche? Versorgen Sie Ihren Entscheidungsträger mit schlagkräftigen Argumentationshilfen, soufflieren Sie ihm bis zum dritten Vorhang.

Entschuldbare Fehler

Flüchtigkeitsfehler am unwesentlichen Detail kommen dauernd vor und werden selten bemerkt, wenn der Irrtum keine zu schrillen Konsequenzen (zu Ihren Gunsten) hervorbringt. Irren ist menschlich und damit ein Sympathieträger in jedem anonymen Apparat. Hauptsache, Ihr Schmiergeld-Empfänger hat sich nicht nur »richtig«, sondern auch entschuldbar geirrt. Dann erwartet den Pechvogel nur eine Abmahnung, kein Strafverfahren.

Urheber Unbekannt

Wenn die Sache auffliegt, will es niemand gewesen sein. Das ist aber nur möglich, wenn es jeder gewesen sein könnte. Man wundert sich, wie viele wichtige Entscheidungen sich nicht eindeutig bis zu ihrem Urheber zurückverfolgen lassen, sogar ohne daß freund- und seilschaftliches Verständnis von oben den Sand anschüttet, in dem die Ermittlungen verlaufen.

Akten manipulieren

Läßt sich eine eindeutigere Form der Manipulation denken als die **Vernichtung**? Man braucht nicht unbedingt Feuer zu legen oder Akten von Einbrechern stehlen zu lassen, wie die Mannen des Präsidenten Nixon dies im Hotel Watergate[3] vorhatten. Ein Richter während der Zeit der französischen Revolution hat Akten aufgegessen, weil er sich nicht getraute, sie aus der Behörde zu schmuggeln (Todesstrafe!). Das war wohl der Prototyp des immer wieder hilfreichen Reißwolfes, in dessen Nähe jedes belastende Papier versteckt werden sollte, das man nicht im Klo herunterspülen will.

---

2 Spiegel 18/88, S. 69 ff

3 Woodward, Bernstein: »All the President's Men«; New York 1974

Gern gehen Akten zumindest zeitweise verloren, wenn sie auf unergründlichen Dschungelpfaden zwischen Behörden und Dienststellen vagabundieren. Der Untersuchungsausschuß wg. Spielbanken Niedersachsen forderte 32 wichtige Akten aus dem Innenministerium an. Anwort: »Der Verbleib der Akten kann nicht in jedem Fall rekonstruiert werden.«

Groß ist das Bedauern, wenn (der wertlose Zweit-)Wagen gestohlen wird oder ausbrennt – mit den entscheidenden Papieren drin – und der überversicherten High-End-Stereoanlage!

Natürlich kann man Akten auch **frisieren**. Geschönte Bilanzen gehören zum Standardrepertoire aller Geschäftsleute, irreführende Aktennotizen aus Gründen der Vorsorge genauso. So kann man z.B. einen zweiten Terminkalender führen, in dem zu den tatsächlichen Terminen auch regelmäßig Alibi-Verabredungen enthalten sind, die nie stattfanden, oder in dem verfängliche Notizen gar nicht vorkommen (Ja, Ernst Albrecht, das hättest du eher wissen sollen! Dann wäre das mit deinem leeren Termin-Kalender nicht passiert, in Sachen Speilbank.). Auch die nachträgliche Ergänzung aus Tarnungsgründen bietet sich an (mit verschiedenen Stiften!).

Große Erfolge kann der Akten-Friseur durch gekonntes Ordner-Styling erzielen. Seit der Erfindung des Papiers nicht aus der Mode gekommmen sind die klassischen Schnitte: »Wirrwarr«, »Wischiwaschi«, »Verlegt« und »Unvollständig«. Einige dieser Kunstwerke konnte der Spielbanken-Untersuchungsausschuß in Hannover genauer studieren: In manchen Akten fanden sich nur Blätter mit Bezeichnungen der Vorgänge, die zugehörigen Dokumente jedoch fehlten. Auch »Fehltaschen« kamen vor. Erklärung: Die Mappen hätten nur »Vorgänge von untergeordneter Bedeutung« enthalten, die »nach einiger Zeit vernichtet« worden seien. Die Blätter der Akten waren fortlaufend durchnummeriert (paginiert), aber viele Seitenzahlen bezeichnen die immer gleichen Schriftstücke in Photokopie![4]

Nachträgliche Veränderungen am Einzelblatt hingegen, selbst die vom Profälscher, halten einer Nachprüfung durch die Experten der Gerichtslabors nicht stand. Jedenfalls nicht im Original! Schlauberger gehen mit mehr oder weniger oberflächlich gefälschten Dokumenten zum Notar, um sie dort fotokopieren und beglaubigen zu lassen. Kaum aus der Kanzlei getreten, wird das Original unter Zuhilfenahme eines Bic-Einwegfeuerzeuges überraschend starker Molekularbewegung ausgesetzt. Einer beglaubigten Fotokopie sieht man nicht an, wie barbarisch im Original herumgepfuscht worden war. Aber die beglaubigte Kopie gilt rechtlich soviel wie das Original.

Ein paar letzte Anmerkungen zum Thema **Fälschungen**: 1) Viele Akten-

4 Spiegel 27/88, S. 74

stücke bekommen im Laufe ihres langen Lebens immer mehr Stempel, Unterschriften, Ergänzungen und Eselsohren – nie jedoch verschwindet auch nur ein Wort vom Original, wenn es sogar im Durchschlag vorhanden ist. 2) Nicht jeder kann so schöne Tagebücher schreiben wie Konrad Kujau, nicht mal Hitler selbst. Lassen Sie die Finger von fremden Handschriften und Signaturen. 3) Briefbogen und Stempel, aber auch hübsche Motive für den Hobby-Fotografen findet man in jedem Büro schneller als der hilfsbereite Sachbearbeiter mit der schwachen Blase sich entleeren kann.

Die Manipulation von Ausschreibungsunterlagen gibt uns ein gutes Beispiel für **Taschenspielertricks**: In einem »Leistungsverzeichnis« listet die Bauverwaltung auf, aus welchen einzelnen Arbeiten ein Auftrag besteht. Die interessierten Firmen tragen zu jeder Position ihr Angebot in der rechten Spalte ein. Alle eingehenden Angebote werden unter Verschluß genommen, jedes einzelne Blatt ist mit einem Datumsstempel perforiert – fälschungssicher wie der Personalausweis. In der öffentlichen »Verdingungsverhandlung« werden nach Ablauf der Einsendefrist die Endsummen der Anbieter verlesen. Die Billigste bekommt den Zuschlag.

Und nun zu den Tricks, mit denen glücklich gemachte Beamte ihre Dankbarkeit zeigen: Einzelne Seiten (vor allem die mit der Endsumme) des Angebotes werden seitens der Firma doppelt abgeliefert, jeweils mit verschiedenen Zahlen. Weiß der Amtmann um die Endsummen der Konkurrenz, stellt er aus den Doppeln seines Gönners ein Angebot zusammen, das eine Idee billiger ist als der eigentlich günstigste Bieter. Ein anderer Trick: Vielfach sehen die Blätter des korrupten Anbieters etwas schludrig aus: Einzelne Angaben fehlen oder sind handschriftlich so gestaltet, daß nachträglich aus hochgestellten Nullen Neunen, aus Einsen je nach Bedarf Vieren oder Siebenen werden können. Manchmal kann man auch ein Komma nachträglich setzen – aus »104005« DM werden »1040,50« DM.

Dazu kommen noch die Flüchtigkeitsfehler beim Addieren! Beim Nachrechnen ergeben die zusammengezählten Einzelpositionen ein ganz anderes Ergebnis als die – «irrtümlich, und tut uns unheimlich leid« – im Angebot notierte Zwischensumme. Nachträglich wird die für den Unternehmer günstigste Variante geltend gemacht: Der niedrigere Endbetrag ist richtig, wenn man nur so den Auftrag bekommen kann, der höhere, wenn man auch damit noch den Zuschlag als günstigster Anbieter bekommen würde. Auch die Zahlenangaben in Worten lassen sich verändern – wenn vor und nach dem Zahlwort ein Freiraumraum für ergänzende Nachbesserungen gelassen wird.

Der Könner liefert dem Beamten nicht nur das formbare Angebot, sondern neben einer Schriftprobe auch den Kugelschreiber, mit dem bisher darin herumgemalt wurde! Das mag oberlehrerhafter klingen als Hans-Jochen Vogel beim Nachhilfeunterrichten. Es sollen aber schon beamtete Hohlköpfe gestellt worden sein, die blau und schwarz nicht unterscheiden konnten – erst durch sie erfuhr die Welt von den beschriebenen Tricks.

Nützt Ihnen die **Offenlegung von Akten** mit Geheimnischarakter, Konkurrenzangebote? Praktisch, wenn die Papiere an bekannter Stelle im Schrank oder in der obersten Sedimentschicht auf dem Schreibtisch des Beamten liegen, der für fünf Minuten andere Pflichten außerhalb des Büros hat.

Krisen nutzen

Wenn es zu einer Zwangslage kommt, entsteht »Entscheidungsbedarf«. Im Gerangel um Zuständigkeiten und während der allgemeinen Suche nach Richtlinien ergreift der intelligente Schmiergeld-Nehmer die Initiative und kommt aufgrund der entschuldigenden Umstände auch mit dem ganz ungeschoren davon, was üblicherweise als »Fehlentscheidung« verfehmt werden würde. Der Krisenmanager hat Narrenfreiheit; sogar Bundesanwalt Rebmann durfte während der Schleyer-Entführung laut und ernst die Idee vortragen, die inhaftierten RAF-Terroristen der Reihe nach an die Wand zu stellen und standrechtlich final rettungszuerschießen. Keiner interessiert sich dafür, ob der energische und manchmal tragische »Macher« in seiner Freizeit die Krisen töpfert, in denen er sich dann »bewährt«, oder ob er sich nur bei Gelegenheit »opfert«.

Kreative Tricks

Da wäre z.B. die maßgeschneiderte Ausschreibung: Das Innenministerium in Bonn will hydraulische Bergungs- und Rettungsgeräte kaufen. Der Auftrag wird ausgeschrieben, es kommen etlichen Angebote, aber leider ist der falsche Bewerber der billigste. Der Leiter der Beschaffungsstelle erklärt daraufhin, daß die Kriterien der Ausschreibung unglücklich gewählt gewesen seien, und schiebt eine zweite Ausschreibung nach. Deren Leistungskriterien orientieren sich völlig an den Eigenschaften des Produktes, dessen Hersteller dem Beamten so am Herzen liegt. Doch Pech: Wieder sticht ihn die Konkurrenz aus. Jetzt reicht's aber: Der Liebling darf nachträglich seinen Preis abrüsten und bekommt den Auftrag.[5]

5 Spiegel 1/88, S. 31ff

Propaganda als flankierende Maßnahme

Dubiose Geschäfte gehen umso flüssiger von der Hand, je weniger sie dem Vorwurf der Unlauterkeit ausgesetzt sind. Der Rest der Welt soll glauben, in Wirklichkeit sei alles ganz, ganz anders als es scheint: »Haltet den Dieb! – Er hat mein Messer im Rücken.«

Der Unterschied zwischen Recht und Unrecht läßt sich meist auf die Frage persönlicher Zuneigung zurückschmelzen. Dem Guten erlaubt man, was böse wäre, hätte es der Böse getan. Daher ist es hilfreich, als Guter zu gelten, also ein »positives Image« zu haben, das um so strahlender wird, je nachhaltiger es gelingt, die Gegner zu diffamieren.

Im kleinen Rahmen kann jeder durch **Mundpropaganda**, durch Tratsch, Klatsch, Goodwill-Aktionen und Fans eine Image-Kampagne nebenher führen. Geht es um Größeres, so werden die **Medien** eingespannt, die ständig unterhaltsame »Nachrichten« brauchen: eine unsinnige Aktion mit hübschen, aber irgendwie benachteiligten Kindern oder Tieren. Manch einer spendet, der nächste bringt sich einfach nur so spontan ein, der dritte trinkt ein Glas Wasser aus dem Bodensee oder schwimt in Begleitung mehrerer Robben durch den Rhein.

Die ganz Großen bedienen sich der **Kampfpresse**: 1907 wurde die französische Presse von dem marktbeherrschenden multinationalen Hersteller für Maschinengewehre bestochen. Fast zeitgleich brachten »Figaro«, »Matin«, und »Echo de Paris« Artikel, in denen mit der – gar nicht vorhandenen – Überlegenheit der französischen Armee wegen ihrer Maschinengewehre geprahlt wurde. Der preußische Abgeordnete und Rüstungslobbyist Schmidt fragte vor dem Reichstag, pathetisch mit den Artikeln wedelnd, was die Abgeordneten und der Kanzler gegen die »Bedrohung« zu tun gedächten? Ohne Diskussion und mit großer Mehrheit wurden panisch große Summen zum Kauf von Maschinengewehren bewilligt – sogar von den Linken.

Es muß ja nicht gleich eine Sperr-Minorität im Springer-Konzern oder ein erpreßbarer Indendant beim ZDF sein. Für die meisten Kommandounternehmen reicht der Einkauf eines strammen Chef-Redakteurs als »Berater« mit Geheimvertag. Daimler-Benz war jedenfalls sehr mit »Bild«- und »Welt am Sonntag«-Boß Peter Boenisch zufrieden, der in den autofeindlichen 70er Jahren dem Volk die freie Fahrt für freie Bürger ins tägliche Poesie-Album schrieb.

Die angeblich objektiven Medien, allen voran die deutschen Wahrheitsinstanzen ARD, ZDF und Drittes, können Ihnen aber keinen annähernd so durchschlagenden Propaganda-Erfolg garantieren wie das gekaufte **wissenschaftliche Gutachten**. Auf ein Gutachten kann man sich berufen, Medien kann man nur zitieren. Der Herr Professor muß sich nur noch an Gott messen lassen – spätestens, nachdem er in der Tagesschau vorturnen durfte. Wenn der Ober-Akademiker sagt, etwas gehe in Ordnung, dann hat die Realität nicht mehr viel zu melden. Eigentlich gar nichts.

Noch ein Tip: Propaganda wird mit der Wiederholung immer besser. Wenn jeder Ihre Parole oft genug gehört hat, fangen am Ende sogar Sie selbst an, sie zu glauben. Trösten Sie sich: Es gibt Hunde, denen tropft der Speichel aus dem Mund, wenn ein Zeuge Jehovas die Türklingel betätigt. Auch Herr Pawlow füttert übrigens ausschließlich Pal, gerade an den inneren Schweinehund.

Konkurrenz und Neider

Immerhin 80 % der befragten amerikanischen Manager sagten[6]: »Um das Geforderte vollbringen zu können, muß man manchmal jeden schmutzigen Trick anwenden.« Aber das gilt eben nur für den eigenen Einsatz. Es bewährt sich, immer auch die anderen im Auge zu behalten. Nicht daß es einem irgendwann mal jemand »zeigen« will, einfach aus persönlichen Gründen, auch wenn es unvernünftig sein mag.

Egoistisch Vorbauen für den Fall der Fälle

Wenn man im selben Boot sitzt und Sturm zieht über dem Biotop der Haie auf, beruhigt da nicht die Gewißheit, daß man der einzige an Bord ist, der eine Rettungsweste im Handgepäck mitführt, wohingegen der ehemals geliebte Partner zum Frühstück Blei gegessen hat – und zwar vergiftetes?

Vorher Rechtsberatung

Alle erstklassigen Korruptions-Ideen sind entweder von Rechtsexperten entwickelt oder doch wenigstens von ihnen verfeinert worden. Einem Anwalt ist es verboten, seinem Klienten bei der Ausarbeitung einer Straftat zu helfen. Erst wenn Sie durch Empfehlung oder Ausprobieren endlich einen Advokaten gefunden haben, der schon immer was gegen Dogmatismus hatte, können Sie durchstarten.

6 Spiegel 32/1971

Neben der rechtlichen Konstruktion und regelmäßigem »Coaching« vor wichtigen Besprechungen oder Schritten des Korruptions-Geschäftes muß auch die steuerliche Seite im Auge behalten werden. Glücklicherweise lassen sich nicht nur korrupte Anwälte mit profunden steuerrechtlichen Kenntnissen finden, sondern auch korrupte Steuer- oder Unternehmensberater, die juristisch hervorragend beschlagen sind.

Zeugen

Es lohnt sich, wo immer möglich, treu ergebene Zeugen dabeizuhaben. Ein Zeuge wird im Notfall bestätigen können, daß die kriminelle Initiative von Ihrem Partner ausging, Sie nur überredet, ja genötigt wurden mitzumachen. Umgekehrt sollte man keine Zeugen der Gegenseite dulden, wenn evidente Dinge besprochen oder betrieben werden.

Beweise

Sammeln Sie Beweise, mit denen Sie sich entlasten und Ihren Partner belasten können. Verführen Sie Ihren Partner dazu, Beweise zu produzieren, die Sie sich ohne sein Wissen zum Selbstschutz einkellern.

Die Parallel-Version

Der extrem findige Korruptions-Profi entwickelt nicht nur einen vollständigen Plan des Bestechungs-Vorganges, sondern auch eine ganz ähnliche, zweite Variante, bei der die eigene Schuld klitzeklein wirkt. Er installiert bei jeder Gelegenheit ganz nebenbei »Belege« für diese nicht ganz uneigennützige Entlastungsversion. Sollte es krachen, so zieht er die lückenlos »beweisbare« zweite Variante aus der Schublade und läßt die Behauptung seines ehemaligen Partners, es sei alles ganz anders gewesen, als unglaubwürdige Lügengeschichte erscheinen.

Aber Vorsicht: Auch Ihr Schmiergeld-Nehmer könnte an einer Notfall-Version arbeiten, mit der er **Sie** bei Bedarf reinlegen will.

Gleichgewicht des Drucks

Binsenweisheit 281: Wenn Sie Ihren Korruptions-Partner fester in der Hand haben als er Sie, können Sie besser schlafen.

Pfand

Als Pfand eignet sich alles, was den anderen schwer belasten würde: Beweise für eine frühere Straftat (Mord, Kaufhausdiebstahl etc.), kompromittierende Details seines Privatlebens (Die Sex-Fotos sollten ihn sicher ruinieren können. Nicht daß der Bursche sie am Ende überall stolz herumzeigt!), Fakten, die seine Karriere beenden würden.

Hanussen, der Lieblingshellseher der Nazis, Jude und angeblich derjenige, der als erster die Idee mit dem Reichstagsbrand hatte, hatte sich die Protektion des SA-Oberführers Ernst gekauft. Nach einer Vorstellung wurde Hanussen verschleppt und später erschossen aufgefunden. Vorher hatte er seinen Safe öffnen müssen – wohl wegen der peinlichen Dokumente, die seine Beziehung zu SA-Oberführer Ernst belegten.[7]

Auch Wertgegenstände eignen sich als Pfand. Die Erfahrung lehrt allerdings, daß von dem Moment an, wo es um die eigene Freiheit geht, die Bedeutung des materiellen Besitzes klein wird.

Sehr elegant und bindend wirken Erklärungen, vor allem »eidesstattliche Versicherungen«. Aber nur selten wird sich jemand ohne Not auf solche Dinge einlassen und nicht gleichzeitig auch von Ihnen Sicherheiten verlangen. Eine schriftliche Erklärung, in die **Sie** erst nachträglich das Datum einsetzen, ist schöner als eine vom 31.02.1862.

Ein weißer Briefbogen mit der echten Unterschrift des Partners ist nicht in Gold aufzuwiegen. Das wußte auch Lazlo von Rath, der ehemalige »Berater« und Korruptions-Makler der CDU Niedersachsen, der in seinem Safe Blankobögen mit der Unterschrift des CDU-Chefs Hasselmann aufbewahrte.

Aufgeben können

Es sind Fälle bekannt, wo selbst Mörder, gegen die nicht mal ein Verdacht bestand, sich freiwillig gestellt und alles gestanden haben – um Ihr »Gewissen zu erleichtern« und gegen jede Vernunft.

Nur einen hin- und hergerissenen, zaudernden Partner können Sie durch sanfte Gewalt davon abhalten, aus der geschäftlichen Verbindung auszusteigen. Bei einem verzweifelten Schmiergeld-Empfänger mit suizidalen Amok-Tendenzen bringen Sie durch Druck die Kamikaze-Ladung zur Detonation.

Mitunter sollte man also aus Vorsicht lieber auf die offensichtlichen Vorteile eines regelmäßigen Geschäftsganges verzichten.

Einmal ist Keinmal

Jedes Geschäft braucht eine Perspektive. Wenn die schon nicht Expansion heißt, dann doch wenigstens Kontinuität. Die typische Korruptions-Partnerschaft beginnt bescheiden und wird mit wachsendem Erfolg, Vertrauen und gegenseitigem Vorteil beständig ausgebaut, bis sie irgendwann sogar – Endziel – ins Legale umschlägt.

7 Geza v. Cziffra: »Hanussen – Hellseher des Teufels. Die Wahrheit über den Reichstagsbrand«; München 1978

Konspirative Treffen

Ob zum Verhandeln oder zur Übergabe des Schmiergeldes: Sie müssen sich immer mal unverfänglich mit Ihrem Partner treffen. Was halten Sie von **konspirativen Treffen** in gruselig unterbeleuchteten Tiefgaragen, auf der Aussichtsplattform des Empire State Building oder in einschlägigen Herrenklos? Der weniger romantische Korruptionist wählt weniger filmreife Örtlichkeiten wie z.B. die Klassiker unter den deutschen Treffpunkten für Anonyme: das unpersönliche Großrestaurant (leider sehr hell), die Bar (verbindet seit jeher das Angenehme mit dem Nützlichen) und die Autobahnraststätte. Verhandlungen über eine Schmierung in Höhe von 5 Mio. DM für ein Korruptions-Geschäft mit öffentlichen Wohnungen in Berlin (geplanter Profit: 40 Mio. DM) gingen 1984 in die Geschichte als »Baubudengespräch« ein.[8]

Falls man Sie doch zusammen gesehen haben sollte, muß Ihre Anwesenheit am Orte plausibel erscheinen. Man hat sich zufällig dort getroffen, denn mit einer Verabredung macht man sich automatisch verdächtig. Achtung Münchner Schmiergeld-Spezis: keine Treffs in Ost-Wuppertal bitte! Und auch die Stammkneipe des Nehmers meiden, selbst wenn Sie beide maskiert kommen: Man erkennt ihn dort am Körpergeruch.

Bei der Ausübung Ihres Berufes dürfen Sie treffen, wen Sie wollen. In Ihrem oder seinem Büro, auf Kongressen oder Messen (ein ganz wichtiges Revier für Korruptionisten, weil prima anonym und Gewimmel), auf Geschäftsessen oder weil man einander vorgestellt wurde. Auch Mitglieder derselben Organisation (Partei, Verein etc.) kommen regelmäßig zusammen. Wer da mit wem wie intensiv geplaudert hat? Das kann man nachher nicht mehr sicher sagen.

Jeder Richter fragt: »Kennen Sie sich, und wann haben Sie sich zum letzen Mal gesprochen?« Man sollte die Bekanntschaft nicht bestreiten und kein Treffen leugnen, das in Wirklichkeit stattgefunden hat. Auch falsche Alibis vom Zuschnitt »Ich war bei Ingrid« oder einer Person, deren Namen man nicht preisgeben will, weil sie mit dem Kanzler verheiratet ist, führen regelmäßig zu ernsthaften Schwierigkeiten. Denn schon bevor der Lügner die Hand zum Eide erheben muß, macht er sich der »uneidlichen Falschaussage« schuldig und wird empfindlich vorbestraft, evtl. sogar weggeschlossen. All das nur, weil es Ihnen peinlich war einzugestehen, an einem bestimmten Tag zufällig mit einem ebenfalls seriösen Mitmenschen dieselben talentierten Nackttänzerinnen bewundert zu haben?

---

8 Spiegel 52/85, S. 79ff und Spiegel 19/87, S. 131

Daher: »Ja, wir kennen uns – aber nicht besonders nahe; ja, wir trafen uns – aber wir haben über Fußball geredet.« Niemand soll denken, Sie beide steckten unter einer Decke und beglückten sich dort gegenseitig.

Das **Telefongespräch** ist eine besonders moderne Art sich zu treffen. Der Partner bleibt unsichtbar, es gibt also keine Augenzeugen. Mitschnitte ohne Einwilligung der Gesprächsteilnehmer sind nicht erlaubt, wie Ex-Staatssekretär im Kriegsministerium Peter Würzbach nach dem Tiefflugfeuerwerk von Ramstein schmerzhaft lernen mußte. Aber schon die neugierige Sekretärin kann gefährlich werden, wenn sie Gespräche postmäßig oder mit dem Ohr an der Tür mithören kann. Wer sich vor Spionen fürchtet, telefoniert aus öffentlichen Zellen, die teilweise auch angerufen werden können.

WELCHE GESCHENKE ERHALTEN DIE FREUNDSCHAFT?

Wann soll geschenkt werden?

Allenthalben verzaubern Weihnachtspräsente triste Dienstmienen in strahlende Gesichter. Doch die Feierlichkeiten währen oft vom ersten bis zum 52. Advent[1], denn außer Ostern und Pfingsten gilt es auch Betriebsausflüge, Jubiläen, Geburtstage und Erfolge zu feiern. Vor Ferienbeginn freut sich jeder über einen Zuschuß zur Urlaubskasse.

Geld, Sachen oder Dienstleistungen?

Geld ist zweifellos am handlichsten, Sachen wirken sperrig. Die Dienstleistung hingegen verfügt über ätherische Qualitäten – sie ist flüchtig, kann also nachträglich leicht bestritten und ihr Wert vom Feind nur schwer eingeschätzt werden. Vorteil von Sachen oder Dienstleistungen für den Bestecher: Ein Hundertmarkschein bleibt ein Hundertmarkschein und kann am Bankschalter auch durch intensives Feilschen und Beziehungen nicht für 90 Mark abgestaubt werden. Aber die 100-Mark-Dienstleistung oder eine Sache im **Wert von** 100 DM, mit der bestochen weden soll, kann man immer irgendwo zum Discount-Preis auftreiben, besonders dann, wenn man selbst mit der Sache oder der Dienstleistung Geschäfte macht.

Die aufdringliche Übergabe

Wenn sich der Schmiergeld-Adressat in Unbestechlichkeit gefällt, sich windet und ziert und das gebotene Geld nicht annehmen will, drücken Sie es ihm rücksichtslos in die Hand und schließen seine Finger knisternd um die

1 So schön formuliert in Spiegel 52/87.

Scheine. Will er es Ihnen unter wortreichen Begründungen wieder zurückgeben, so wenden Sie den Uralt-Trick orientalischer Bazaris an: Sie fassen das Geld einfach nicht mehr an. Bevor Ihr Partner das Geld auf die Erde wirft, wie es im Orient gelegentlich vorkommt, steckt er es doch lieber ein.

Unverlangte Päckchen hingegen, auch anonyme oder diskrete, bewähren sich nicht immer. Eine fesche Domina aus dem Edelbordell »Rotkäppchen« in Heidesheim bei Mainz lieferte regelmäßig zum Christfest Päckchen bei der Kripo ab. Auf der Grußkarte stand: »Frohe Weihnachten wünscht Euch allen die Besatzung vom ›Rotkäppchen‹«. Die Beamten behaupten, sie hätten die Gaben »ungeöffnet ans Altersheim weitergeleitet.« Ob die Senioren am Inhalt wohl Freude fanden?

Unter Umständen muß man einem Adressaten das Schmiergeld unbemerkt zustecken. Der Chef des Spielcasinos in Hannover, Herr Felsenstein, hat seinem Aufpasser Roemheld »bei Gelegenheit für 2000 Mark Jetons von hinten in die Jackett-Tasche gesteckt«, beobachteten zwei Kasino-Kassierer.

Sind die Scheine eindeutig genug markiert, um auf den wohlmeindenden Urheber der angenehmen Überraschung zu verweisen? Man kann ja beim nächsten Besuch scheinheilig und in der poetischen Sprache der Korruption fragen, ob irgendetwas »gefunden« wurde. Ja, allerdings, so ein Zufall – und natürlich gleich wohltätig weitergereicht.

Der Waffengroßhändler Zaharoff, ein Kaschoggi der Jahrhundertwende, legte einen 1000-Rubel-Schein ins Zigarettenetui und bot einem wichtigen russischen Offizier, schamhaft wegsehend, eine Zigarette an. Der Offizier griff zu, stellte sich aber noch einige Zeit taub. Bis er dann nach einer »weiteren Zigarette« fragte. Ein zusammengerollter Schein paßt in jede Marlboro-Schachtel. Manchmal findet man auch Geld auf dem Fußboden, das wem wohl gerade aus der Tasche gefallen ist und folglich gehört? Es ist sogar schon vorgekommen, daß jemand seine Telefonnummer auf einer Banknote notiert hat, weil gerade kein anderes Papier zur Hand war.

Die Geschenke

Geld

Da man für Geld bekanntlich alles kaufen kann, könnte man jeden Bestechungs-Lohn letztlich auch in DM ausdrücken. Aber viele schüchterne Empfänger finden Geldgeschenke geschmacklos. Ja, selbst in der Korruptions-Branche zeigen Menschen die liebenswerten Züge der Gefühlsduselei. Haben ihre hypersensiblen Nasen entdeckt, daß Geld doch stinkt, oder sind sie der Propaganda der Weihnachtsindustrie erlegen, die seit fast 2000 Jahren behauptet, daß nur Sachwerte von Herzen kommen können?

Verpackungsmaterial

Zeugen behaupten, der griechische Ex-Bankier Koskotas habe eigenhändig 194 Geldsäcke aus seinem Geldinstitut geschleppt, um mit diesen umgerechnet 36 Mio. DM wild in der Gegend herum zu bestechen. Wenn er Minister zu schmieren hatte, so benutzte er mit Scheinen vollgestopfte Reisetaschen, hieß es. Aber auch nach dem IKEA-System wurde gearbeitet: Ein Selbstabholer erschien gelegentlich in der Wohnung von Koskotas und transportierte die kiloschweren Bündel 5000-Drachmen-Noten in Kartons der Windelmarke »Pampers« zum Auto, wobei auch mal eines dieser Pakete platzte.[2]

Kartons einer bestimmten Whiskey-Marke haben genau das richtige Format für große Yen-Scheine. Ein Funktionär orderte 100 leere derartige Kartons im Fachhandel, weil gerade Parteitag war und bei dieser Gelegenheit ja die Richtlinien der Regierungspolitik bestimmt werden.

Herr von Brauchitsch ließ Politikern das Bargeld seines Dienstherrn Flick in »Couverts« oder »Spezialbriefen« ohne Quittung zustellen. Rudi Arndt, der Ex-Bürgermeister von Frankfurt, nahm in Filmmanier eine 1,2 Mio. schwere Großspende vom Bauunternehmer Klingbeil an, der das Sheraton am Frankfurter Flughafen bauen durfte: im Koffer, gebündelte Scheine.

Der Schleichweg des Geldes

Um den Weg des Geldes zu verschleiern, werden folgende Methoden der Spurenverwischung angewandt:

Nur **ungerade Summen** wirken im Geschäftsverkehr glaubwürdig. Wenn

2 Spiegel 2 und 7/89

Rechnungen, Quittungen oder Kontoauszüge Summen von DM 20.164,04 oder meinetwegen auch DM 19.938,86 ausweisen, so stößt sich niemand dran. Aber DM 20.000,00 – das sieht doch sehr, sehr verdächtig aus. 4943,60 DM zahlte die Mannheimer Versicherung an das LKA Hannover, um die »Ermittlungen« gegen den Juwelier und angeblichen Versicherungsbetrüger Düe (Schadenssumme bei vielleicht selbst inszeniertem Raubüberfall: 13,6 Mio. DM) zu befördern. Erst 1398 DM und dann 1612 DM davon gingen auf das Privatkonto von Kriminaldirektor Müller, macht DM 3010 für »verdeckte Ermittlungen«. Wahrscheinlich also ein Rechenfehler: Man wollte besonders schlau sein, die glatte Summe 3000 DM in zwei glaubwürdige Teile zerlegen, und verrechnete sich offensichtlich!

Parallele Kontobewegungen bei den Verdächtigen sehen nicht sehr appetitlich aus. Wenn der Geber montags 210.000 DM in bar abhebt und der Nehmer dienstags 210.000 Mark in bar auf sein Postsparbuch bringt – klarer Fall. Profis stückeln ihre Bargeschäfte. Über einen längeren Zeitraum werden immer wieder ungerade Beträge abgehoben oder eingezahlt. Zur Zwischenlagerung dient nicht der Tresor, dem bei jeder Haussuchung das erste Interesse der Ermittler gilt, sondern ein anderes, konspirativeres Versteck im schmutzigen Kohlenkeller oder unter dem Teppich[3]. Vielfach wird Geld in einem kleinen, versiegelten Behältnis bei einem Vertrauten eingelagert, der selbst nichts Genaues über dessen Inhalt weiß.

Der Korruptions-Profi fertigt **keine »geheimen« Aufzeichnungen** über seine Bestechungsgeschäfte, auch wenn er findet, daß dies die zweitschönste Beschäftigung der Welt ist – gleich nach Geldzählen. Er hat keine versteckte Liste, keine Diskette mit Daten, keine kodierten Notizen. Nichts! Sie erinnern sich, daß der Flick-Skandal in weiten Teilen auf die »Diehl-Liste« zurückzuführen war, die der überakkurate Buchhalter von Herrn Flick anlegen zu müssen gemeint hatte.

Übergabe von Bargeld

Der schmier-erfahrene Baulöwe Bertram wußte, wie er mit 1000 DM eine Freude erzeugen konnte, für die andere das Doppelte hätten verauslagen müs-

3 Das meine ich völlig ernst. Ein guter Freund von mir entging der gerechten Strafe, weil die Steuerfahndung sich nicht vorstellen konnte, daß sämtliche belastenden Akten unter dem schmuddeligen Perser-Imitat lagen. Bei ihrer umfangreichen Haussuchung fanden sie jedenfalls nichts.

sen: 1.) Kleine Zahlungen in kleinen Scheinen, das sieht nach mehr aus. 2.) Betrag nicht auf einmal zahlen, sondern »sukzessive«, dann »freut sich der Betroffene auch mehrfach«. Auch den Symbolwert des kleinen Geschenkes kannte er genau. Bei einem Münchenbesuch korrupter Senats-Beamter aus Berlin schenkte er einem Entscheidungsträger ein Glas »echten Weißwurstsenf« – Wert 1,40 DM, aber Freude viel größer.[4]

Persönlich von Hand zu Hand

Bitte zählen Sie keine Scheine auf den Tisch des konspirativen Treffs und verzichten Sie auf das pathetische Öffnen des Koffers mit den Bündeln. Kommt sowieso nur im Film vor? Der Hertha-Fußballer Patzke konnte seinerzeit im Bundesliga-Skandal der Verführung jedenfalls nicht wiederstehen, in der lauschigen Bierbar »Bei Heinz Holl« die Schweinsledertasche zu öffnen und die 140.000 DM in gebündelten Scheinen durchzuzählen. Nachher erklärte Patzke seine Neugier: »Ich wollte mal sehen, was ich wert bin.«[5]

Vor allem die Kollegen des Empfängers sollen nichts merken. Kleine Summen kann man unauffällig in der Handfläche halten und die gefalteten Scheine bei der Begrüßung oder Verabschiedung per Handschlag übergeben. Dieses Kunststückchen sollte man vorher ausreichend trainiert haben. Kuverts wirken immer verdächtig, wenn sie von einem der Teilnehmer auf den Tisch gelegt, von seinem Gegenüber sofort oder nach einiger Zeit eingesteckt werden, während er sich nervös umschaut und den Schweiß von der Stirne tupft.

Am ehesten gelingen die Tricks, die mit der Idee des **Vertauschens** arbeiten. Beide Partner legen ihre Zigarettenschachteln (vom Marktführer?) auf den Tisch, beide verwenden denselben Aktenkoffer etc. Auch der Ungeschickteste kann rasch zum Garderobenständer gehen, weil er was in seinem Mantel vergessen hat, und dem Mantel seines Partners die Taschen füllen.

Sorgfalt bewährt sich, denn man kann nie wissen, wer am Nachbartisch sitzt: Zwei Mitarbeiter des Hochbauamtes Frankfurt wurden 1987 entlassen, weil sie unter den Augen der Polizei bei einem Geschäftsessen 15.000 DM Schmiergeld angenommen hatten.

Wenn **in einem Büro** Bestechungsgeld übergeben werden soll, so stellt dies besondere Anforderungen an die Tarnung. Gern wird einem Dokument, das der Geber dem Nehmer zur Beachtung vorlegt, Geld beigelegt. Peinlich, wenn dem Nehmer beim Blättern im Aktenstück der Hunderter in Richtung Auslegeware flattert und vor den Turnschuhen des Bürokollegen aufschlägt!

---

4 Spiegel 19/87, S. 130 ff
5 Spiegel 25/71, S. 77

Das ist das kleinste Einmaleins: Banknoten müssen an ihrem Transportmittel vernünftig befestigt sein (Büroklammer, Tesa, Tröpfchen Kleber etc.).

Post

Müssen sich Sender und Empfänger unbedingt persönlich treffen und dadurch verdächtig machen, nur damit Schmiergelder fließen? Natürlich nicht. Die Übergabe kann in einem **toten Briefkasten** erfolgen: Der Geber deponiert das Geld an vereinbarter, völlig unverfänglicher Stelle, der Nehmer holt es kurz darauf ab.

Korruptions-Partner, die es nicht zum Geheimdienstlichen zieht, entscheiden sich für den anonymen, preiswerten Versand mit der **Deutschen Bundespost**. Oft kommt das Gut an.

Fernmeldedienstlich zuzustellendes Geld sollte immer in undurchsichtiges, bedrucktes, möglichst kräftiges Papier verpackt werden, denn ein normales Briefkuvert läßt sich mit ein paar Tropfen Feuerzeug-Benzin durchsichtig machen. Wenn das Geld zwischen mehrere im Kuvert befindliche Seiten geklebt ist, bleibt es auch nach unabsichtlicher Öffnung der Sendung durch Dritte unsichtbar. Konspirative Briefsendungen sind grundsätzlich mit einem unauffälligen Siegel versehen (z.B.: nicht wasserfester Tintenstrich über alle Klebekanten), damit man merkt, wenn jemand dem Postgeheimnis nachgespürt hat.

Die fraglichen Briefe tragen natürlich nicht den richtigen Absender. Erstaunlich, aber wahr: Der Freistempler der CDU-Zentrale steht nur in der CDU-Zentrale. Pikante Briefsendungen sollten auch jedesmal anders aussehen. Der Amtsträger, dessen Hausbriefträger regelmäßig Wertbriefe aus Vaduz, Liechtenstein zustellt, denen der liebliche Duft großer Noten entströmt, gerät leicht ins Gerede.

Die Übergabe durch **Boten** wirkt zwar ausgesprochen vornehm, hat aber den Nachteil, daß nun ein Bote im Spiel ist, nicht nur der Schmiergeld-Empfänger und Juliane, seine sinnliche »Sekretärin«.

Bargeldloser Zahlungsverkehr

Der bargeldlose Zahlungsverkehr hat sich überall eingebürgert. Nur die Korruptions-Branche hält noch gern auf Tradition, es sei denn, die Schmiergeld-Zahlungen sind als seriöse Geschäfte getarnt. Auch der Scheck, diese Banknote mit Namen und Datum drauf, erfreut sich so gut wie keiner Beliebtheit.

Darlehen

Weihnachten und Ostern fallen auf einen Tag, wenn das »zins- und tilgungsfreie[6]« Darlehen vereinbart wird. Zwar kommt es gerade unter Freunden und Verwandten vor, daß man Geld verpumpt, dafür aber keine Zinsen verlangt werden. Doch die Gerichte rechnen dem Empfänger des »billigen Geldes« vor, wieviel Zinsen er üblicherweise für den Kredit ins Haifischbecken der Dresdner oder BfG hätte bluten müssen. Das ist juristisch gesehen der »geldwerte Vorteil«, den der Darlehensnehmer eingestrichen hat: Zinsersparnis gleich Schmiergeld!

Der Kadi bemüht gern die »allgemeine Lebenserfahrung«, wenn er die Ausrede abschmettert: »Ich fand nichts Ungewöhnliches dabei, daß mir jemand eine Million zinslos leiht, die mir auf der Bank jeden Monat 5000 Mark Zinsen gebracht hat.« Tatbestandsirrtum zieht nicht.

Daß er noch (!) keine Mark Zinsen gezahlt hat, rechtfertigt der Könner damit, daß die Zinsen erst nach Ablauf des Darlehensvertrages fällig werden. Wann das ist? Nun, es existiert da eine komplizierte mündliche Absprache . . .

Gern wurden mit »Darlehen« auch Geschäftsleute bestochen, die vor Beginn der »Rückzahlung« Konkurs anmelden.

Spenden

Der Nehmer muß gemeinnützig sein. So gemeinnützig wie z.B. eine Werbekampagne, mit der der Spenden-Empfänger seinen hochbezahlten Abgeordneten-Job sichern oder sich eine parteiinterne Karriere als Funktionär erkaufen will.

Wenn ein Großspender bescheiden ist und seinen Namen nicht gern publiziert sieht, so wird gestückelt: Man mache aus einer 100.000-Spende sechs anonyme Stück zu je 18.000 DM und bitte Familienmitglieder, Freunde und Strohmänner, sich offiziell als Spender ausgeben. Spendenbeschaffer und vor allem die Schatzmeister der Parteien geben ihren Namen her und treten selbst als Spender auf. 12 – 25 % des gesamten Spendenaufkommens wird anonym verbucht.

Zum Steuersparen wird an »gemeinnützige« Vereine und Stiftungen gespendet, die von Parteien gegründet wurden (die »Staatsbürgerliche Verei-

6 Tilgung = ratenweise Rückzahlung des Betrages, der entliehen und auf dessen Rest Zinsen gezahlt werden müssen.

nigung« war eine von 18 Waschvollautomaten der Flick-Ära). Geldwaschanlagen im In- und Ausland vergeben zum Schein Gutachteraufträge an Parteisoldaten und setzen diese »Kosten« als Betriebsausgaben ab. Gern übernehmen die parteinahen Tochter-Institutionen auch Propaganda-Aufgaben für ihre Mutter. Spender kaufen überteuerte Inserate oder zahllose Abonnements der Partei-Gazetten, die niemand liest.

Im Wahlkampf kommen Spender für die Kosten von Büro, Werbemitteln, Telefon, Auto, Dienstleistungen und Mitarbeitern der Partei auf (angebliche Betriebsausgaben des Spenders, und somit im Gegensatz zur Parteienspende unbegrenzt absetzbar).

Gern werden auf kommunaler Ebene von hilfsbereiten Firmen überhöhte Rechnungen für ohnehin anstehende Arbeiten ausgestellt, die aus der öffentlichen Kasse beglichen werden. Der Großteil des Überzahlung geht in die Parteikasse, die der hohe (Wahl-)Beamte gefüllt zu sehen wünscht. Man vermutet, daß bei der Affäre um den Kauf des unbrauchbaren und überteuerten Schützenpanzers HS 30 (1957) an die 50 Mio. »Spenden« für die CDU produziert und Beamten mit 18 Mio. DM geschmiert wurden.[7]

Pseudo-Arbeiten

Je »wichtiger« eine Person ist, desto phantastischer dürfen die Honorare ausfallen, die sie für ihre »Beratertätigkeit« oder ein »Gutachten« verlangt. Über den Weg der **Gutachteraufträge** werden in der Praxis vor allem sogenannte »Wissenschaftler« mit öffentlichen Mitteln bedient, die der Sache oder Person des Schmiergeld-Verteilers nahestehen oder sie durch Know-How und Propaganda unterstützen. Der Partei-Freund mit Doktortitel darf irgendeine Studie voller Fremdwörter und Schachtelsätze schmieden – Inhalt nicht so wichtig bis fehlend. Der einflußreiche Wissenschaftler braucht einen prallen Etat von der Energiewirtschaft um herauszufinden, daß Atomkraft nach wie vor gebraucht wird – und zwar dringend. Und im kleinen Rahmen? Der gehobene Beamte wird Ihnen sicherlich jemanden, z.B. einen Schulfreund oder sich selbst, empfehlen können, der zu Ihrem speziellen Problem ein kleines verwaltungstechnisches Rechtsgutachten in den PC hackt.

Die Tarnung von Schmiergeldern als Gutachterhonorar hat vor allem den Nachteil, daß irgendwas geschrieben werden muß. Diese Sorge hat der **Berater** weniger. Seine übertariflich abgegoltene Schwerstarbeit besteht in erster

7 R. Roth: »Korruption in der Bundesrepublik«, in Fleck: »Korruption«, 1985

Linie aus Schwatzen. Dr. Rainer Barzel z.B. erschien selten in der Kanzlei seines Freundes Albert Paul zu Frankfurt und bekam für seine extrem knappen Seiten Allerweltweisheit, die er alle Monate mal ablieferte, in sieben Jahren 1,6 Mio. DM an Honoraren bezahlt. Es kommt eben nicht immer darauf an, hieß es seinerzeit, daß im klassischen Sinne gearbeitet werde. Barzel, der Mann mit den vielen Beziehungen und dem politischen Seismometer, habe Stimmungsberichte geliefert, die ihr Geld mehr als wert gewesen seien. Wohl für ihren Besteller, das Haus Flick, welchem Barzels Vollbeschäftigung so gefiel, weil sie dem Industrie-Liebling Helmut Kohl den Stuhl des Vorsitzenden der CDU freimachte, auf dem noch Rainer klebte. Dem Aussteiger Barzel, bescheiden bestückt mit nur 10.000 DM Abgeordnetendiäten, konnte zudem das Los des »Sozialfalles« erspart werden.

Solche Konsulenten-, Know-How-, Berater-, Sachverständigen- oder Planungsverträge dienen wie alle Umgehungsgeschäfte und Zuwendungsvereinbarungen allein der Verschleierung und sind daher rechtsunwirksam – wie jeder »erkaufte« Vertrag. Natürlich. Aber wen stört das?

Echte Aufträge

Jeder Entscheidungsträger im Bauamt spielt gerne nebenbei den Konstrukteur, Statiker oder Architekten, wobei es ihm gleich ist, ob sein Bestecher selbst der Kunde dieser bevorzugt übertariflichen Dienstleistung ist oder ob der ihm einen anderen Klienten zuführt (was sich wegen der Tarnung natürlich besser macht).

Vorteil der Schmiergeld-Verpackung in Form echter Aufträge: Gerade bei Dienstleistungen können Sie astronomische Summen an ihren Korruptions-Partner fließen lassen.

Beim Bau eines Behindertenheimes in Hamburg stehen zwei Beamte der Baubehörde im dringenden Verdacht kassiert zu haben, damit sie Preisabsprachen durchgehen und Scheinrechnungen bezahlen ließen: z.B. 90.000 DM für eine Abluftanlage, die bei näherer Betrachtung als nie gebaut auffiel.

Auch vor den Vertretern Gottes macht die Versuchung nicht halt. Der Berliner Pastor Bernhard »Billy« Butzke bestellte für Kirchvorhof und Friedhof Gehwegplatten, und zwar für 150.000 mehr als gebraucht wurde. Die Kirche zahlte, und Butzke fährt den Jaguar, der vorher dem Gehwegplatten-Lieferant gehört hatte.

Posten

Der bessere Posten ist die einzige legale Form der regelmäßigen Schmiergeld-Zahlung und als Bestechungs-Lohn spätestens dann unschlagbar, wenn nicht Sie, sondern Vater Staat oder die Firma, in der Sie die Postenvergabe beeinflussen können, das Gehalt Ihres Schmiergeld-Nehmers zahlen muß! Bevor man aber auf **eigene** Rechnung einen neuen Arbeitsplatz für den Korruptions-Partner oder eine Person seines Vertrauens schafft und fehlbesetzt, sollte man sich den Nutzen ganz genau durchrechnen, dem die enormen Investitionen entgegenstehen. Oder ist ein baldiger Rausschmiß geplant?

Der Traumjob zeichnet sich durch überdurchschnittliches bis unrealistisches Einkommen, viel Freiheit und eine attraktive Aufgabe aus. Skrupel beim Nehmer entfallen, weil sich ja jeder Hanswurst zum allerhöchsten Amt befähigt, wenn nicht berufen fühlt. Rasch ist das Gewissen beruhigt, wenn in den einsamen Höhen des Aufsichtsrates die Erfahrung zeigt, daß die anderen Strategen auch nicht mehr auf dem Kasten haben als man selbst.

Bescheidenere Entscheidungsträger sind vielleicht schon froh, wenn Sie ihrem unterbelichteten Sohnemann eine halbwegs erträgliche Lehrstelle verschaffen können. In allen Werbeagenturen wimmelt es von sogenannten »Kundenkindern« – Golf Cabrio in weiß, selbst naseweis, todschick und wahnsinnig stolz, in einem Kreativberuf zu »arbeiten«.

Die großen Tiere der öffentlichen Verwaltung und am allermeisten die in der Politik werden mit dem Versprechen auf lukrative Posten nach ihrer Amtszeit bestochen. Bei Seilschaften festigt der Drahtzieher die Bindung seiner Nachkletterer an ihn dadurch, daß er sie parallel zum eigenen Machtgewinn Stufe um Stufe die Karriereleiter hochzieht, wobei auch das Gehalt jedesmal aufgestockt wird.

Stille Beteiligung

Toll, wieviele Tausender Rendite pro Jahr eine einmalige Einlage von DM 150 in einem erfolgreichen Unternehmen bringen kann! Je unwirtschaftlicher die Konstruktion, desto saurer aber auch das Aufstoßen des Staatsanwaltes. Wenn Sie Ihrem Korruptions-Partner, also meist dessen Strohmann, eine hübsche Beteiligung beschaffen, müssen Sie auf ein übliches, vernünftiges Verhältnis der Zahlen achten.

Hoffen wir, daß aus der stillen nicht eine so laute Beteiligung wird wie im

Falle jener zwei Hamburger Beamten, die beim Bau eines Behindertenheimes Preisabsprachen und Scheinrechnungen in Millionenhöhe gedeckt haben sollen. Zum Lohn wurden der Leiter des Hochbauabteilung des Bezirksamtes (61) und sein Bauleiter (37) Teilhaber der Bordelle »Sudfaß« in Hamburg und Lübeck. Andere Gesellschafter: diverse St.-Pauli-Größen, denen einschlägige Bordelle auf der Reeperbahn gehören. Drei Jahre schon war das geschäftliche Engagement des Duos intern bekannt, bevor sie so dreist wurden, daß es den Vorgesetzten zu gefährlich werden mußte, sie weiter zu decken.[8]

Überteuerter Kauf

Vincent van Gogh hat in seinem Leben nur ein Bild verkauft. Hätte man damals die Möglichkeit genutzt, für ein paar Mark die »Schwertlilien« oder irgendeinen Sonnenblumenkitsch von diesem Niemand zu erwerben, man wäre heute schwerreich und ungewöhnlich alt. Und warum sollten die zudem ganz dekorativen Aquarelle eines leitenden Beamten nicht auch eines Tages... Wer beim Staatsbauamt Koblenz-Nord in die sogenannte Achter-Liste mit den acht Firmen kommen wollte, die zur Abgabe von Angeboten eingeladen wurden, der tat gut daran, Kunstliebhaber zu sein. Ein Aquarell des Leitenden Baudirektors Anton Lambrich kostete um die 2000 DM. In etwa 10 Jahren nahm das Talent für seine Landschaften fast 500.000 DM nebenher ein, dann wurde ihm für 3,5 Jahre die Gelegenheit gegeben, sich ausschließlich der Kunst zu widmen – in der JVA.

So plump muß es natürlich nicht zugehen. Vielleicht ist ja die geschätzte Gattin das verkannte Genie in der Familie. Übrigens ist es Amtsträgern erlaubt, ein beliebig hohes Nebeneinkommen aus »künstlerischer« oder »schriftstellerischer Tätigkeit« zu erzielen – ohne daß sie es nach oben melden oder um Genehmigung nachsuchen müßten!

Suchen Sie zur Tarnung der Schmiergeld-Zahlung also nach Gelegenheiten, absichtlich ein schlechtes Geschäft zu machen. Gerade für Antiquitäten oder den Gebrauchtwagen, den den Schmiergeld-Empfänger loswerden will, kann man leicht zuviel zahlen. Ein höchst wichtiger russischer General wollte um die Jahrhundertwende herum den Waffenhändler Zaharoff nicht empfangen, wohl aber zeigte sich die Gattin des Uniformbesitzers aufgeschlossen. Ein geschmackloser, billiger Kronleuchter hing im Salon des Hauses. Den wolle er unbedingt für seine Sammlung haben, sagte Zaharoff und schätzte den

8 Spiegel 45/87

Wert auf astronomische 100.000 Rubel. Sie wolle ihren Mann fragen, versprach die Generalsgattin. Zaharoff kaufte letztlich für 150.000 Rubel – wohl nicht nur den Luster.

Eine große Summe sollte lieber auf den Kauf von mehreren, gerade noch geschmackvoll überteuerten Gegenständen gestreut werden. Unabsichtlich können die geliebten Aquarelle Feuer fangen – Nachschub wird nötig.

Methode »Herrenabend«

Männer in Weinlaune sind bekanntlich zu jedem Schwachsinn fähig und bereit, Ehrenmänner stehen sogar noch am nächsten Tage noch zu den unverzeihlichen Folgen ihres Tuns und bezahlen die verlorene Wette. Wiedermal mag uns Zaharoff als Beispiel dienen:

Der spröde Kriegsminister eines Balkanlandes hatte von Zaharoffs Aufdringlichkeit die Nase voll und wollte ihn nicht mehr sehen. Zaharoff verabschiedete sich und kündigte an, er werde »am nächsten Tag, Donnerstag«, wieder vorsprechen. Zwecklos, sagte der Kriegsminister, und zudem sei morgen ja Dienstag. Nein, so Zaharoff, morgen sei Donnerstag, da gehe er jede Wette ein. Prompt verlor er einen sehr hohen Betrag – und gewann einen neuen Kunden.

In diesem Zusammenhang soll nicht unerwähnt bleiben, daß man eine Wette absichtlich so anlegen kann, daß man sie verlieren muß. Es macht sich allerdings gut, wenn man als Verlierer für seine Wettleidenschaft und Exzentrik bekannt ist.

Sachen

Wenn Sie zufällig einen fabrikwarmen Video-Rekorder zuviel herumstehen haben sollten, schenken Sie ihn ruhig her. Ihr Adressat, der Bedürftige, muß diesen »Vermögensvorteil« allerdings versteuern, obwohl man heute schon Geräte geschenkt bekommt, die weniger wert sind als der erlaubteste Geschenkklassiker – der (vernünftige, also goldene) Kugelschreiber[9].

9 Leider schränken die amtlichen Erlasse bzgl. der Obergrenze von erlaubten Geschenken auch die Annahme von solchen Kleinigkeiten ein, sofern diese besonders kunstvoll gefertigt sind. Und Kugelschreiber oder Feuerzeuge können schon mal 700 DM kosten ...

Nehmer aus den unteren sozialen Klassen werden besonders gern mit Spirituosen bedacht. Wenn Sie Handwerker oder Lagerarbeiter schmieren wollen, so wirkt die schwere und sperrige Flasche meist berauschender als der kleine, leichte Schein, den Sie dafür bezahlt haben und an ihrer Statt in eine geöffnete Hand legen könnten.

Geschenke jenseits der Terminkalender- und »Asbach-uralt«-Grenze werden nicht geschenkt, sondern zu Freundschaftsbedingungen »verkauft«. Sollte nun der glückliche »Käufer« vergessen haben, mehr als die erste Rate – 12,80 DM – für das fabrikneue Mercedes-Coupé zu begleichen: Nicht seine Schuld, **Sie** hatten glatt verschwitzt, ihn wie abgemacht daran zu erinnern. Wer im eigenen Geschäft anregendere Waren als Hohlblocksteine oder Flacheisen feilbietet, kann seinen Partner samt dessen interessierter Frau und Kinderschar immer wieder mal zum Einkaufbummel einladen oder gemeinsam das Lager besichtigen, um die Ehrengäste dort Stichproben der firmentypischen Leistungspalette ziehen zu lassen. »Jetzt kaufen, später oder nie bezahlen!« mag auch das Motto des Hannoveraner Casino-Chefs Felsenstein gelautet haben, der – so erinnern sich Angestellte – der Familie seines Aufsehers Roemheld Selbstbedienung in seiner Boutiquenkette erlaubte, die übrigens einen Sonderpreis für hübsche Namensfindung verdient: »Die Nylon-Vitrine«.[10]

Manche verderbte Personen lieben verderbliche Sachen. Es bestellte und schleppte tütenweise Hummer, Kaviar und ähnliche Feinkost weg, regelmäßig, über Jahre: ein Mitarbeiter der technischen Verwaltung der Uniklinik Eppendorf. Es zahlte: ein Unternehmer für Klimaanlagen. Das jedenfalls meinen Hamburger Fahnder.

Wenn man aus Platzmangel einen Bekannten bittet, die schicke Ledergarnitur in seinem Wohnzimmer unterstellen zu dürfen, kann das wohl kaum als Geschenk mißverstanden werden.

Gut gemeint war Ihr Geschenk, pardon: die Occasion, und doch: Übernächste Woche äußert der Nehmer seinen Trennungswunsch per Inserat. Und Wunder über Wunder: Er bekommt gebraucht das Dreifache des Einstandspreises. Nun ist zwar bekannt, daß Spitzenhöschen aus Madonnas Wäschekorb mehr Wert besitzen, als dieselben Kreationen die Meisterin bei Woolworth frisch kosteten. Aber nicht immer wirkt der Grund für die plötzliche, unerwartete und ungewöhnlich hohe Wertsteigerung so überzeugend auf die feine Nase des Mißtrauischen.

---

10 Spiegel 25/88

Faszinosum Kraftwagen

Je weniger Sklavinnen und Pferde verschenkt wurden, desto größerer Beliebtheit erfreute sich der Kraftwagen als Korruptions-Lohn (zumindest dort, wo Immobilien den Wert der Pflichtverletzung übersteigen würden). Die ersten Kapitel der bundesrepublikanischen Korruptions-Geschichte hatten mit Autos zu tun, den sogenannten »Leihwagen«:

Hans Kilb, Persönlicher Referent und »Schatten« Adenauers, hatte zwischen 1954 und 58 acht Mercedes-»Leihwagen« der Extraklasse gefahren, deren sämtliche Kosten Mercedes trug. Kilb und Adenauer drehten die Sache so, daß der »Vertraute« die Limousinen und Sportwagen nicht als Beamter erhalten habe (also nicht bestochen worden war!), sondern stellvertretend für Adenauer als Parteivorsitzenden der CDU, also als Zeichen der Unterstützung des Politik des Chefs. 1959 wurde die Eröffnung eines Hauptverfahrens gegen Kilb abgelehnt, nachdem dem als unbequem bekannten Richter Quirini das Verfahren entzogen worden war.

Auch Oberst Löffenholz hatte einen Mercedes-Leihwagen samt Fahrer angenommen. Mercedes baute auch Schützenpanzer, und die gerade gegründete Bundeswehr brauchte sowas . . .

Besonders virtuos bestach der Münchner Mercedes-Händler Dersch die Prominenz mit seinen Autos. F.-J. Strauß, Freund (seit 30 Jahren) und Urlaubspartner Derschs, bekam kostenlos einen Geländewagen zur freien Verfügung und nahm im Gegenzug den Spezi mit auf Dienstreise nach Albanien, wo er 2000 Gebraucht-LKW und Busse absetzen konnte. Seit den 50er Jahren gab Dersch Parteipolitikern Rabatte bis zu 50 %. Bald gab es nur noch wenige Prominente in München, die nicht auch in einem Daimler von »Kali« herumkutschierten – alle mit »M – WW« auf dem Nummernschild: für »Werks-Wagen«.

Regierungsdirektor Krutzki hatte den Einkauf des Bundesinnenministeriums unter sich. Großzügige Firmen zahlten ihm einen Besuch im Pariser »Lido« und einen Leihwagen. Übers Wochenende nahm er gern mal einen Mercedes 260 E als Testwagen (ohne Wissen des zuständigen Referats), hatte aber auch schon Audi, BMW, Ford und Opel eingefordert. Es hagelte Dienstaufsichtsbeschwerden, aber der Mann genoß lange Zeit Protektion.[11]

Beim Straßenbauamt Frankfurt mußte man Bezirksleiter sein, um im geliehenen Daimler samt Chauffeur übers Wochenende gratis in die Schweiz kutschiert zu werden, eine Luxus-Motorjacht samt Liegeplatz an der italieni-

11 Spiegel 1/88, S. 31 ff

schen Riviera zu besitzen oder einen schnittigen Mercedes 500 SEC in Blaumetallic überschrieben zu bekommen.

Spesen, Bewirtungen

Endlich mal eine Methode, bei der selbst Mike Krüger kein Fehler unterlaufen würde. Sie können, wie er, die Bewirtungskosten von der Steuer absetzen. Auf Ihre paar Mark kommt es nicht mehr an bei den 3–5 Milliarden Mark an geschäftlich notwendigen Bewirtungsausgaben pro Jahr in der Bundesrepublik.

Fürs Finanzamt muß auf der Quittung vermerkt werden, wer warum bewirtet wurde. In einem Fall von Bestechung und Subventionsschwindel wurde es den beteiligten Korruptionisten zum Verhängnis, daß der spendable Schmiergeld-Zahler einen Bewirtungsbeleg zu seinen Steuerakten heftete, auf dem er allen ernstes unter »Anlaß der Bewirtung« das Thema der konspirativen Geheimkonferenz eingetragen hatte, die Immobilie in Berlin, wegen der Schmiergelder fließen sollten.

Auch ein Beamter darf sich einladen lassen, solange es »im Rahmen« bleibt. Berücksichtigen Sie also die »Sozialadäquanz«: Wenn Ihr Gast zum Jet-Set zählt, dürfen Sie zum Dessert ein Sekretärinnengehalt auf den Kopf hauen. Der schlichte Referendar muß jenseits der Big-Mac-Grenze dankend abwinken – naja, müßte. Dann ist er doch mitgegangen zu Witzigmann und hat einen fairen, also den sozialadäquaten Anteil übernommen – das Trinkgeld.

Erfolgreich erläutert der üppigst bewirtete Kleinverdiener, daß ja nicht nur er von einem Gönner ausgehalten wurde, sondern gleichzeitig auch dessen Geschäftsfreunde aus dem Vorstand der Deutschen Bank – allesamt ziemlich verwöhnt. Und weder Butterbrote noch Leitungswasser standen in der Karte[12].

Doch wen interessiert noch solcherlei Rechts-Mikroskopie, wenn der Gorilla aus dem Guckfenster schaut und Sie beide ins Wunderland des Herrengedecks vorläßt? So ein Fachbetrieb weiß seine Kunden zu befriedigen, da bleiben keine Wünsche offen, auch die ganz exotischen liest man Ihnen von den glänzenden Augen ab: Auf der Bewirtungsquittung steht am Ende nicht »Rechnung. Martinas Me & You Kontaktbar. Verzehr 245,- DM, Sex mit vier perversen Extras 1.080,- DM dankend erhalten.« Sie bekommen Ihre Zeche

12 Oder waren es nur die mangelnden Französischkenntnisse des Beamten?

auf mehrere Quittungen verteilt, Datum dürfen Sie selbst eintragen. Es dankt die »M. Nebe Gaststätten GmbH«.

Und stecken Sie genug Geld ein! Nicht daß es Ihnen am Ende so geht wie dem Maurermeister, der den Bremer Klinikchef Galla und einen seiner Verwandten zu Bestechungs-Zwecken in einem Puff freihielt und dann um zwei Uhr nachts – ihm »wurde schwarz vor Augen« – die Rechnung über 3000 DM nicht bewältigen konnte. Der Krankenhaus-Fürst klingelte seinen Kumpel, den Schatzmeister vom Arbeiter-Samariter-Bund aus dem Bett. Der, ganz die Barmherzigkeit, kam mit einem Bündel Euroschecks vorbei und zechte noch ein bißchen mit.

Besonders leicht fällt einem die bestecherische Bewirtung zum eigenen Vorteil, wenn man als Spesenritter seinen Arbeitgeber zahlen läßt – unwissentlich natürlich.

Sex

Wenn Sie sich selbst eher nicht zum weiblichen Geschlecht rechnen, wird es Ihnen nur in Ausnahmefällen gelingen, Ihren männlichen Korruptions-Partner durch Sex in Eigenleistung zu gewinnen, auch wenn zur Amtszeit des UNO-Generalsekretärs Hammarskjöld von etlichen Staaten bevorzugt Homosexuelle nach New York geschickt wurden, weil man davon ausging, daß man so größeren Einfluß auf den Chef der Vereinten Nationen bekommen konnte.

Die einschlägigen Unternehmen der Befriedigungsindustrie erwirtschaften einen Gutteil ihres Umsatzes im Dienste spendabler Firmen, die irgendwelche Entscheidungsträger weich massieren (lassen) wollen. Mit ein bißchen Geduld und unter Einsatz kompetenter Fachfrauen löst sich jede Härte in wohltuende Entspannung.

Bei weniger verwöhnten Korruptions-Partnern reicht man mit der Qualitätsstufe »Nachtbar« hin. Besondere Dankbarkeit sichert der Einsatz eines Call-Girls (ab DM 300) mit Klasse, deren »Bambi«-reife Schauspielkunst den Bedienten vergessen macht, daß sie ja arbeitet, wenn sie ihm Persönliches persönlich erklärt. Zur nachhaltigen Verzauberung der wichtigen Männer bei Atomkraftwerken wendete die Firma Transnuklear außer Querflöten, Geldbündeln und Autos auch »Transvestitenschauen« und pikante Bewirtungen (über DM 500 pro Person) an.

Dem Wunsch des schüchternen Freiers nach schauspielerischer Leistung – »Eigentlich finde ich dich ganz süß, Danny« – kam die seinerzeit 32jährige

Versicherungs-Lobbyistin Paula Parkinson nach. Sie lud Dan Quayle, ja, so heißt auch der derzeitige Vizepräsident der USA, und zwei seiner Freunde in ihre Villa nach Florida ein und machte eine Woche lang mit ihnen »Angelfahrten« vor der Küste. Danach waren alle von den Nachteilen eines Gesetzes überzeugt, für das die drei Abgeordneten zum Leidwesen der Versicherungsbranche ein paar Tage vorher noch ihre Stimme geben wollten[13].

Nun wieder ein Ausflug in die Welt der »Dienste«. Es hat Tradition, Huren als Spioninnen einzusetzen. Der entspannte Mann plaudert ebensogern zu einer in ihrer Intelligenz unterschätzten Sex-Bombe wie der Macho-Gockel, der die zickige Schönheit beeindrucken will. Die präparierte Dame bändelt in der Rolle der Privatperson mit der Zielperson an. Sobald der Herr angebissen hat, lenkt sie ihn nach den Wünschen des Auftraggebers oder quetscht ihn aus. Der Präsident von Uruguay engagierte 50 argentinische Top-Prostituierte, die per Schiff zum Tagungsort der Organisation Amerikanischer Staaten (OAS) nach Punta des Este gebracht wurden, um während einer sehr wichtigen Konferenz gelockerte Stimmung für Bestechung, Beeinflussung und Aushorchung zu schaffen. Adnan Kaschoggi, der größte zeitgenössische Waffenschieber und Spezialist für Sex-Orgien im eigenen Interkontinental-Jet, griff bei unzähligen Bestechungs-Gelegenheiten auf ein 300-Schönheiten-Kontingent des Exklusiv-Bordells »Select Model Agency« der Madame Mimi nahe Monaco zurück, dessen allesamt atemberaubenden Mädchen aus dem Angebotskatalog per Eurosignal 24 Stunden am Tag erreichbar waren und an jeden Ort der Welt beordert werden konnten.[14]

Jetzt endlich kommt sie, die Besetzungscouch! Wer die Ware Sex in Eigenleistung einsetzen will, um einen besseren Posten, ein schönen Auftrag oder sonst eine verlockende Frucht damit zu erkaufen, sollte sich nie unter Wert prostituieren. Eine hohe sexuelle Vorkasse ohne handfeste Gegenleistung kommt überhaupt nicht in Frage. Man gibt nie sein Äußerstes, sondern nur einen vielversprechenden Vorgeschmack, um das Interesse des Nehmers und den eigenen Marktwert zu steigern.

Geld gegen Quittung

Der Beamte kann mit den Esso-Quittungen wenig anfangen, die der Unternehmer als Betriebskosten dem Finanzamt angeben könnte. Der Tausch Quit-

13 Sturminger 1982, S. 378
14 Spiegel 26/87

tung gegen Bargeld zählt daher zu den Standardmethoden überall dort, wo man sich noch bückt, wenn man ein Markstück auf der Straße liegen sieht.

Dienstleistungen

Jeder Handwerksunternehmer erlebt mal Flauten. Nichts zu tun, und die »Mitarbeiter« kassieren weiter – weil korrupte Politiker irgendwas falsch gemacht haben. In diesen Zeiten tiefer Betroffenheit kann man die Leibeigenen zum Korruptions-Partner schicken, damit sie dessen Reihenhaus ein bißchen aufmöbeln; so geschehen und aufgefallen beim Chef des Beschaffungs- und Vergabeamtes Frankfurt. Das bei derartigen Arbeiten notwendige Material wird zum Selbstkostenpreis überlassen. Auch beliebt: die Autoreparatur.[15]

Der »Kunde« sollte aber eine glaubwürdige Rechnung bekommen, auf der nur ein Teil der tatsächlich geleisteten Arbeiten aufgeführt ist. Sollte das irgendwann mal auffallen, hat halt die Buchhaltung geschlampt. Je geringer der unternehmerische »Gewinn« bei dem Auftrag, desto weniger Steuern kostet diese beliebte Methode des Schmiergeld-Transfers. Sofern die reale Forderung nicht die Grenzen der plausiblen Kaufkraft Ihres Kunden übersteigt, kann man ihn einen echten Rechnungsbetrag abstottern lassen – mit Geld, das man ihm ratenweise bar in die Hand drückt.

Wenn Sie nun aus Gefälligkeit Ihrem Nehmer die Anwaltskosten, seinen Zahnersatz, seine Autoreparatur oder die Neudeckung seines Reed-Hauses übernehmen und dann die entsprechenden Rechnungen in Ihre Bilanz als »Betriebsausgaben« einflechten wollen, sind Sie auf die Kooperation des beauftragten Unternehmens angewiesen und haben dort Mitwisser – sowohl für Ihren Steuerbetrug als auch für Ihre Liäson mit dem Amtsträger. Peinlich, wenn die Jaguar-Vertragswerkstatt Ihren Diesel-Lieferwagen für 2408,63 DM überholt haben soll oder Ihr Konzern die 48ste Etage eines Hochhauses in Frankfurt Centrum belegt, für dessen reedgedecktes Walmdach Sie gar nicht zuständig sind.

Unter Geschäftsleuten wird gern auch mal ein subventionierter Mitarbeiter als Bestechungs-Gabe verschoben. So ist mir ein Fall bekannt, in dem ein kleines Unternehmen für medizinische Analytik einen Teil der Summe für einen teuren Automaten beim Lieferanten damit bezahlt hat, daß sie ihn einen Ingenieur aussuchen ließ, den die Mediziner einstellten und einige Pro-

15 Spiegel 47/88

zent unter Kosten für ein halbes Jahr ausliehen – das Ingenieursgehalt zahlte natürlich das Bundesforschungsministerium aus dem Subventionstöpfchen.

Ferienhäuser, Motorjachten, Privatflugzeuge und teure Zweitwagen werden selten angemessen ausgenutzt. Da kann der Eigner seinen Bestechungs-Partner immer mal wieder großzügig mitnehmen – kostet auch nicht mehr, und die Cessna fliegt sowieso gerade zum Roten Platz. Zu kalt? Dann wird der Nehmer in der betriebseigenen Limousine zu Ihrer Datscha in Marbella chauffiert. Die Grenzen zwischen erlaubter Gefälligkeit und verbotener Vorteilsannahme sind fließend. Ein Nehmer sollte immer einen gewissen »Eigenanteil« tragen, den man gern »Nutzungsentschädigung« oder »Leihgebühr« nennt; zu zahlen gern auch nachträglich – dann muß auch der penible Prüfer aufstecken.

»Informations«-Reise

Ärzte kassieren bei den Pharmafirmen pralle »Reisekostenzuschüsse« und bekommen auf der Tagung in Las Vegas – eine Woche, ein Vortrag – nächtens neben ihrer »Sekretärin« die Vision, daß nur die »Aspirin«-Tabletten ihres Gönners überzeugende Wirkungen gegen Aids entfalten. Solcherlei Erkenntnis wird auch durch die Besichtigung von Zweigwerken befördert, die zufällig immer im touristisch attraktiven Ausland liegen.

Wo Autofirmen immer wieder schöne Bestechungs-Erfolge bei der unabhängigen Presse einfahren, weil sie ihre neuesten Modelle in geeigneten Weltgegenden[16] vollgetankt zum Test bereitstellen, da können Sie mit Ihrer Muster-Metzgerei in Kenya auch nicht deplazierter wirken, wenn Sie die Schaschlik-Experten der Tengelmann-Kette auf Ihre Leistungsstärke hinweisen wollen.

Nicht direkt als »Informationsreise« kann man die Tour nach Thailand bezeichnen, die ein Beamter des Göttinger Tiefbauamtes auf Kosten des Malermeisters unternommen hat, dessen überhöhte Rechnungen er immer wieder als »sachlich richtig« abgezeichnet hatte. Man sprach von einer »Herrenreise«.[17]

16 also vor allem weit weg
17 Liedtke 1987, S. 54

Rabatte und Verbilligungen

Rabatte, Sonderkonditionen und Verbilligungen werden erteilt auf Sachen, Dienstleistungen, Mieten etc. Zu den Sonderkonditionen zählen auch die außergewöhnlich günstigen Ratenzahlungsbedingungen oder das »Zahlungsziel«.

Unter Einkaufspreis sollte eine Sache nur verramscht werden, wenn sie – wunderbare Ausrede! – Fehler hat, sich nachweislich nicht teurer absetzen ließ oder man sich unter extremem Zeitdruck von der Sache trennen mußte (Räumungsverkauf, Umzug auf die Fidschi-Inseln, Flucht vor der Steuerfahndung etc.).

Alle Sonderkonditionen brauchen einen triftigen Grund. »Ich habe ihm das Haus zum halben Preis verkauft, weil er so nett war, mir städtischen Baugrund zum halben Preis zuzuschieben.« Das ist zwar die Wahrheit. Aber Sie sollten sich lieber ausdenken, warum der Schuppen tatsächlich so unglaublich wenig wert war, daß Sie sich selbst bei diesem Dumping-Preis noch die Händen reiben mußten. War der Schwamm drin oder Mieter, die vom Sozialamt leben?

Je besser die Beziehungen nach oben, desto gnadenloser können die Rabatte ausfallen. Der Bau- und Brauereiunternehmer Schörghuber (2 Milliarden Umsatz) bekam vom Münchner Oberbürgermeister Kiesl 60.000 qm Bauland als geringerwertiges Bauerwartungsland verkauft, zum Spottpreis von 230,- DM/qm und damit nach Meinung von Sachkennern 20 Mio. DM unter Wert. Einen Teil des Grundes hat Schörghuber schon wieder verkauft – fürs Vierfache.[18]

Abstrakte Geschenke

Am liebsten macht man die Geschenke, die einen nichts kosten und dennoch gut ankommen. Sie werden sich wundern, wieviel Bestechungs-Geld Sie sparen, indem Sie freigiebig warme Händedrücke verteilen, hängende Schultern klopfen oder das mündliche Verdienstkreuz verleihen. Alle anderen Bestechungs-Gaben übergeben Sie bevorzugt geheim und ohne Zeugen. Allein die Schmeichelei gewinnt an Wert durch Publikum.

Profilneurotiker lassen sich durch Ehrendoktorhüte bestechen. Aber nur

18 Spiegel 8/84

der Politiker kann solche Ehren besorgen, ohne bei z. B. Konsul Weyer ernsthafte Summen auf den Tisch zu zählen, wie dies die Berliner Freunde des Münchner Baulöwen und Schmiergeld-Papstes Bertram taten, die ihm den Titel eines Honorarkonsuls von Paraguay verschafften.

Besorgen Sie Ihrem Korruptions-Partner Einladungskarten zu Galas und Empfängen, auf denen er viel sucht, u.a. den Sinn des Lebens, aber nichts zu suchen hat. Lassen Sie ihn vor erlauchtem Publikum eine gähnende Rede halten (Applaus-Service nicht vergessen!). Will er Rotarier werden? Mitglied im Förderkreis der Deutschen Oper Berlin, so wie der Bundespräsident und alle wichtigen Industrieellen der Nation (Einstandsspende DM 1000,-)? Der Möglichkeiten sind Legion, wenn Ihr Nehmer ein echter Sportsmann ist: Dabeisein ist alles. Stimmt, denn auf Sieg würde keiner setzen, der ihn näher kennt.

Doch nicht allein um Ehre, Stolz, Lob und Anerkennung müht sich so mancher Korruptions-Partner. Auch Schutz und Duldung stehen hoch im Kurs, wenn Sie sich nützliche Freundschaften und Gegenleistungen erschmieren wollen. Hat Ihr Nehmer etwas ausgefressen, und nur Sie können ihn vor dem Mob bewahren? Auch für die illegalen Aktionen, die der Korruptions-Partner für die Zukunft plant, könnte manch einer jene wohlige Protektion im vorhinein bieten, für die sich der Begünstigte später mit irgendeiner Pflichtverletzung revanchieren müßte.

Eine letzte Methode soll zwar genannt werden, gilt aber als nicht stubenrein: Die Mafia bietet auch Schutz an – allerdings vor sich selbst.

PROBLEME DES BESTECHERS

Vermeidbare Fehler

Keine geheime Buchführung, aus der sich die Ausgaben und Einahmen der Korruptions-Geschäfte schlußfolgern lassen. **Konkurrenten nicht provozieren**, sonst setzen gerade korrupte und intelligente Verlierer ihren sportlichen Ehrgeiz ein, um sich bei Ihnen für die erlittene Kränkung oder den Ruin zu rächen. **Abschottung nach innen und außen**, also möglichst wenige Zeugen und Mitwisser, die aber in jedem Falle vor Ihnen Angst haben müssen. Das Fußvolk sollte die Zusammenhänge des Korruptions-Geschäftes möglichst wenig durchschauen können und nichts über die Hintermänner wissen.

Der Nehmer will aussteigen

Man kann nie sicher sein, daß der Nehmer es sich nicht plötzlich anders überlegt. Manch einer bekommt einfach Angst, andere wiederum lassen sich von ihren Frauen oder »Beratern« beeinflussen, mit denen sich der erfahrene Korruptionist deshalb immer gut zu stellen versucht. Nichts ist schlimmer als ein Schmiergeld-Nehmer, der sich plötzlich ausgebeutet fühlt.

Eine ehrliche Aussprache kann die Angelegenheit oft einrenken. Alle Punkte der Vereinbarung werden nochmal durchgegangen, die Gründe der Korruptions-Müdigkeit ausführlich besprochen.

Peinlich wird die Lage für Sie als Bestecher, wenn Sie auf die Kooperation Ihres Partners angewiesen sind. Die Rauschgift-Industrie schmierte den Panama-Boß Noriega mit ca. 50 Mio. $ pro Jahr, damit eine internationale Drogen-Aristokratie in seiner Bananenrepublik monatlich etwa 200 Mio. $ unbehelligt im Schongang waschen konnte. Als er auf Druck der mächtigen USA abzuspringen drohte, schickten ihm Kolumbianer einen Pupenstubensarg als Hinweis auf den Fall, daß er sich den Yankies beugt.

Am Ende der Sackgasse angelangt verläßt manchen Korruptionisten das poetische Gespür, den Rechtsanwalt und Bauunternehmer Schmidt-Salzmann beispielsweise. Von ihm wird vermutet, er habe dem Berliner Baustadtrat Antes 200.000 DM Schmiergeld im voraus gezahlt. Als sich aber nichts rührte, habe er seinem Freund Antes geschrieben: »Du weißt, daß ich Möglichkeiten habe, auch anders zu meinem Recht zu kommen.« Ganz so funktionssicher scheinen diese »Möglichkeiten« aber nicht gewesen zu sein. So sieht es jedenfalls die Kripo, die davon ausgeht, daß Schmidt-Salzmann einem ehemaligen Partner, dem Makler Schmid, Killer in die Tiefgarage schickte, die ihr Opfer aber nur verwundeten. Der hartnäckige Schmidt-Salzmann forderte immerhin von den Killern, so die Ermittler, »Nachbesserung«.[1]

Der Nehmer stellt trotzdem auf stur? Überlegen Sie sich genau, ob Sie wirklich riskieren können, Ihren Schmiergeld-Empfänger nun unter Druck zu setzen. Im Zweifel lieber ein paar Krokodilstränen, Schwamm mit Benzin drüber und ggf. anzünden.

Der Nehmer fällt auf

Der Schmiergeld-Empfänger hat einen Fehler gemacht, Ermittlungen beginnen. Pech, wenn Sie Ihrem Partner nicht rechtzeitig einen Selbstzerstörungsmechanismus implantiert haben oder vor lauter Aufregung die Fernbedienung nicht wiederfinden. Nun muß man abwarten, ob man selbst beschuldigt wird.

Ihnen kann es egal sein, ob Ihr Partner aus Dummheit plaudert, aus Gewissensgründen geständig ist oder mit dem Geld um sich schmeißt, ob er auf seine Ingrid hört, einer Intrige erliegt, Angst bekommt, Verfolgungswahn entwickelt, den Moralischen kriegt oder ohne klinische Ursache einfach nur so durchdreht: Der geliebte Partner wird zum »ehemaligen« Partner, man siezt sich wieder, und Sie schleifen die Schneiden Ihrer Macheten-Sammlung nach.

Jetzt bewährt es sich, daß Sie schon immer mit dem schlimmsten Fall gerechnet und vorgebaut haben. Wer seinen Partner jederzeit mit Belastungsmaterial abservieren kann, darf sich jegliche Hektigkeit[2] schenken.

Der Nehmer denkt nach Lage der Dinge nur noch an sich selbst und seine Rettung. Sollte er so sentimental sein, seinem ehemaligen Gönner so wenig Ärger einbrocken zu wollen wie möglich, so kann man das ausnutzen: Seien Sie schleimig, flehen Sie ihn an – bereiten Sie aber parallel die Vernichtung

1 Spiegel 52/85
2 So das Kanzler-Fachwort für diesen Zustand.

vor. Soll er sich doch in inneren Konflikten verschleißen und sich dabei in Lügen verstricken, die ihm den Hals brechen und Ihnen Vorteile bringen.

Schmiergeld zurückverlangen?

Kann man wenigstens das schon bezahlte Schmiergeld zurückverlangen? Nein, denn der Bundesgerichtshof findet Schmiergeld-Zahlungen und die ihnen zugrunde liegenden Vereinbarungen sittenwidrig: Eine britische Maklerfirma hatte einem deutschen Unternehmen den Auftrag vermittelt, in Nigeria eine Brauerei zu bauen. Die Briten hatten bereits 300.000 DM Schmiergeld in Nigeria investiert, als die Afrikaner wegen Geldmangels wieder ausstiegen. Die Briten versuchten von den Deutschen ihr vorgeschossenes Schmiergeld zurückzuklagen: vergebens[3].

3 BGH IVa ZR 138/83

DIE KORRUPTIONSBERUFE

Zwischen Bestecher und Bestochenem nutzen immer mehr aufstrebende Geschäftsleute eine hochinteressante, rechtliche Grauzone. Sie profitieren, abgefedert durch ein Geflecht von Gesetzeslücken und Gummiparagraphen, von dem wachsenden Bedarf an Korruptions-Beziehungen anderer: Haupt- oder nebenamtlich vermitteln sie Personen und Gelegenheiten zur Korruption, entwickeln Korruptions-Ideen, führen stellvertretend Verhandlungen für vorsichtige Korruptions-Partner oder machen sich um die Tarnung der Geschäfte und Schmiergeld-Zahlungen ihrer Auftraggeber verdient.

Wegen seiner großen Professionalität soll uns der Berliner Ruths, Baulude und Chef eines Ingenieurbüros, als Beispiel dienen. Jeder konnte Ruths für eine »Provision« von etwa 15 % buchen, denn sein Ehrentitel »Mr. zehn Prozent« rührte noch aus seinen Anfangstagen. Generalstabsmäßig hatte Ruths die öffentlichen Entscheidungsträger seines Fachgebietes im Griff. Über Jahre hat er 318 Verantwortliche des Bausektors vom blassesten Hiwi bis hinauf zu Staatssekretären und Senatoren mit Beträgen zwischen 4 und 3347 DM beglückt – Klimapflege. Er war der definitive Korruptions-Makler, wenn es um Berliner »Senatsförderung«, also die wahre Kunst am Bau ging. Am liebsten arbeitete er mit unterschätzten Entscheidungsträgern im Mittelfeld zusammen, denen er aber auch Deckung von oben beschaffte.

Im Unterholz der Berliner Subventionslandschaft ließ sich über Jahre beobachten, daß einschlägig als abgebrannt bekannte, aber mit hervorragenden Behördenkontakten ausgestattete Schlitzohren die entscheidenden Hebel bedienten. Das große Geld brachten ihre meist anonymen Auftraggeber mit, von denen auch die stattliche Honorare kamen. Im wohl schönsten Fall beauftragte der Frankfurter Spekulant Bubis den windigen Berliner Makler Oldenburg mit der »Beschaffung« des Erbbaurechts für das Objekt »Krumme Straße«. Einen Vorschuß auf das Erfolgshonorar zahlte der schlaue Bubis als Kredit: Sollte der Korruptions-Makler Oldenburg in Berlin erfolglos Senatsleute schmieren, so müßte er die vorgeschossenen 100.000 DM zurückzahlen! Doch er konnte alles und noch mehr behalten. Als nächstes schickte Bubis den Schenkungsspezialisten Ruths gegen anständiges Honorar ins Rennen durch Behördenkorridore, um Senatsförderung zu beschaffen – was der auch tat.[1]

1 Spiegel 5/88

Kaum war der Baugrund mit Erbbaurecht und Finanzspritze dokumentenecht bereitet, verkaufte Bubis das gesamte Vorhaben an eine Berliner Baugesellschaft weiter. Für die Tatsache, daß er in zwei Korruptions-Makler investiert hatte, die wiederum die richtigen Leute kannten und bestachen, konnte Bubis einen Rohgewinn von 500.000 DM einstreichen – und noch war kein Ziegelstein bewegt worden.

Voraussetzungen

Es reicht nicht aus, nur die richtigen Leute zu kennen und zu wissen, was sie machen können, was sie zu machen bereit sind und unter welchen Bedingungen. Man muß zudem in Korruptions-Dingen, gern aber auch im scherzhaft sogenannten »seriösen« Geschäftsleben hervorragend beleumundet sein, also als erfahren, kompetent, geschickt und vor allem als verschwiegen gelten.

Daher sind soviele »Ehemalige« erfolgreich als Korruptions-Kuppler tätig: Einsichten in die Feinstruktur der Organisation, in der der künftige Empfänger der Schmiergelder als Made auf den Speck wartet, gepaart mit »alten Verbindungen« sind schon immer ein Erfolgsrezept gewesen.

Der angemessene Firmenmantel

Auch die »graue Eminenz« im Hintergrund kann so grau nicht sein, daß sie nicht noch eine hieb- und stichfeste Rechtsform bräuchte, um professionell – und das heißt: juristisch unangreifbar – Korruption vermakeln zu können.

In der Verkleidung des **Rechtsanwaltes und Notars** gilt man automatisch als Ehrenmann und kann nicht gezwungen werden, Auftraggeber preiszugeben. Das beruhigt Geber wie Nehmer gleichermaßen. Auch der **Steuerberater** ist zur Verschwiegenheit berechtigt, bzw. verpflichtet und kommt nicht in Rechtfertigungsdruck, wenn er mal für einen Mandanten auf dem Amt »vorspricht«. Nicht ganz so edel – aber besser als nichts – tarnt jede andere **Beratungsfirma**, der Unternehmensberater, der Anlageberater etc., die eigentliche Mission. Im Bau-Bereich treten vielfach Immobilienmakler und Architektur- oder Ingenieurbüros auf den Plan.

Immer häufiger nennt sich der Korruptions-Makler auch »**Werbeagentur**«. Diese Unternehmensform wirkt einerseits nicht so steif wie beispielsweise die Anwaltskanzlei, ist andererseits auf die sanfte Durchsetzung der Interessen ihrer Kunden spezialisiert und für ihre Neigung zu amerikanischen Methoden bekannt. Für die »Werbung« überläßt der Kunde seiner Agentur einen Etat. Was genau die eitlen Yuppie-Strategen damit anstellen und **wie** sein Werbeziel erreicht wird, ist ihm egal, Hauptsache, **daß** es erreicht wird. Auch gegen gelegentliche Wunder erhebt der Auftraggeber keine Einwände.

Besonders günstig ist die Lage für Richter, Steuerfahnder, Polizisten, Staatsanwälte, die das Angebotsspektrum korrupter Kollegen vermarkten wollen. Treten in ihrem Amtsbereich Durchstechereien auf, die sie vermittelt haben oder an denen sie beteiligt sind, so sind sie doch dank § 61 des Beamtengesetzes weitgehend zum Schweigen verpflichtet oder können jedenfall problemlos von oben zum Mauern verdonnert werden: Sieben Siegel werden auf die Lippen geklebt – »Amtsgeheimnis«.

Welche Bindung an den Nehmer?

Der ehemalige US-Präsident Nixon z.B. hatte mit seinem Partner John Mitchell zusammen eine Rechtsberatungsfirma an der Wall Street, von der sich die wichtigsten amerikanischen Konzerne »beraten« ließen. Aktivere und noch nicht einschlägig genug bekannte Amtsträger schicken einen Makler mit Exklusivauftrag los, der für die Entscheidungen und Posten im Einflußbereich des mächtigen Beamten passende Interessenten auf dem freien Markt sucht.

Marktforschung und Kundenfang

Solange der Karteikasten eines Korruptions-Maklers noch schwach bestückt ist, muß er ohne Auftrag überall nach potentiellen Gebern und Nehmern suchen, die er verkuppeln kann. Als Klienten interessieren nicht so sehr eingesessene, eingeschlägig bekannte Korruptionisten mit blühenden Bestechungs-Geschäften, sondern vielmehr die randständigen Zögerer, denen das Risiko gerade einen Hauch zu groß ist – oder die noch nie auf Ideen kamen, wie sich auch ihr Geschäft durch Einsatz modernster Korruptions-Technik durchrationalisieren ließe.

Entwickeln Sie für diese Zielgruppe maßgeschneiderte Korruptions-Konzepte und weisen Sie sowohl den anvisierten Nehmer, als auch seinen potentiellen Geber auf die interessante Geschäftsidee hin.

Unsere Leistungspalette

Der Makler entwickelt die genaue Form der gekauften Handlung; im Lieferumfang sind die passenden Entschuldigungen, Erklärungen etc. enthalten. Er verhandelt für eine oder beide Seiten (oder als gerissener Doppelagent gleichzeitig auch gegen eine oder beide). Er wickelt den Transfer des Bestechungslohnes und dessen Tarnung ab. Dann überwacht er den Vollzug der gebuchten Pflichtverletzung und könnte u. U. als Treuhänder den Bestechungs-Lohn bis zum Abschluß der Aktion einbehalten.

Im Idealfall kennt nur der Makler die Identitäten von Geber und Nehmer – eine für alle Beteiligten nützliche Vorsichtsmaßnahme. In der Praxis werden Geber und Nehmer meist ahnen, mit wem sie es zu tun haben. Aber aus rechtlichen Gründen wollen sie es gar nicht so genau wissen.

Provision

Manche Korruptions-Makler arbeiten auf Stundenbasis, die meisten aber gegen pauschales Erfolgshonorar oder für eine Provision. Die fälligen Beträge richten sich nach dem Einzelfall. Bei kleineren Unterfangen geht es nach Verhandlungsaufwand. Verlangen Sie Stundenlöhne, die sich an den Beratungshonoraren von Anwälten und Steuerberatern ausrichten: 50 bis 120 DM pro Stunde sollten es auch bei Lapalien schon sein. Wer erstklassige Beziehungen anbieten kann, darf auch 200 DM aufschreiben und einen Sockelbetrag verlangen, der bis zu 10 % des erwarteten Profits ausmachen darf.

Je attraktiver das vertretene Monopol, desto derber kann hingelangt werden. Der Manager eines Stars diktiert die Bedingungen und duldet keine Widerreden. Stammkunden wollen allerdings trotzdem anders angefaßt sein als Touristen.

Das leuchtende Vorbild heißt Adnan Kaschoggi, genannt »Adnan Fixit[2]«. Ohne viel Startkapital hat es dieser Vermittler von West-Waffen und Nahost-Öl zum Milliardär gebracht. Er begann seine Karriere mit bescheidenen 2,5 % Vermittlungsgebühren, steigerte sich aber nach und nach bis auf traumhafte 15 % – und das bei Geschäften mit neunstelligen Dollar-Summen! Zwischen 1970 und 1975 bezog er allein von der korruptions-freudigen Kampfflugzeugfirma Lockheed 106 Mio. $ »Provisionen«.

2 von engl. »fix it« = in Ordnung bringen, regeln

Wem das Makeln nicht liegt, der kann auch andere interessante Karrieren im Korruptions-Fach einschlagen:

Klassische Korruptions-Berufe

Handelvertreter oder »Betreuer«

Er (oftmals »sie«) vertritt die Interessen und Produkte einer bestimmten Firma. Der Handelvertreter hat Einkäufer anderer Unternehmen zu bestechen, der »Betreuer« kauft durch Korruption z.B. Schleichwerbung in den Medien. Die Arbeitsgebiete von Vertretern und Betreuern gehen in manchen Branchen ineinander über (z.B. Pharma).

Lobbyist

Er wird von einem großen Unternehmen oder einer Gruppe kleinerer Unternehmen nach Bonn oder in die Landeshauptstadt geschickt, um Politiker und deren Mitarbeiterstab zu bestechen. Erforderlich sind gute Umgangsformen, Trinkfestigkeit und oft eine gewisse Sachkompetenz, weil die Einflußnahme schließlich als »Information« getarnt ist.

Am Beruf des Lobbyisten kann man viel Freude haben. Man gibt anderer Leute Geld aus und kann mit doppelt korrupten Schmiergeld-Empfängern ein Kick-Back zu eigenen Gunsten vereinbaren: Statt der angemessenen 5000 Mark schmiert man mit 7000 aus der Kasse des Auftraggebers und zahlt dem Korruptions-Partner (und Mitwisser) nur 6000 aus.

Neue, attraktive Korruptionsberufe

Haupt- und Nebenerwerbsstrohmann

Er kassiert unauffällig den Bestechungslohn des Nehmers, löst die steuerliche Seite, behält eine Provision für sich selbst ein und läßt den Löwenanteil als glaubwürdige Zahlung an den eigentlichen Schmiergeld-Adressaten weiterfließen – getarnt z.B. als »Beraterhonorar«, das sich der bestechliche Amtsträger oder seine Frau redlich verdient haben. Der Strohmann besitzt das geschenkte Haus, in dem aber nur der Bestochene wohnt. Der Strohmann hält das Bankkonto in der Schweiz. Eine besonders schöne Spezialisierung war im England des 18. Jh. bekannt: Man heiratete die Mätresse des Fürsten, damit der Chef eine gute Tarnung für sein Lotterleben hatte, oder stellte die eigene schöne Frau dem Fürsten zur Verfügung – und strich dafür Gunst und Gelder ein.

Geldwäscher

Wenn er für den Geber arbeitet, so produziert er durch allerlei Scheingeschäfte Beträge, die der Geber als Betriebsausgaben von der Steuer absetzt, in Wirklichkeit aber größtenteils (Leitwert: 90 %) zurücküberwiesen bekommt und in einer Schwarzgeldkasse für Schmierungen hortet.

Verführer

Bei der Herstellung von Druckmitteln und »Beweisen« wird der Verführer eingesetzt. Er (oft »sie«!) stiftet einen spröden Nehmer zum Mitmachen an, drängt Geschenke auf, bis es kein Zurück mehr gibt, oder produziert künstliche Druckmittel zur Erpressung eines Korruptionisten, der aussteigen oder auspacken will (egal ob jetzt oder später).

Informant

Er beschafft und verkauft Gerüchte und Einschätzungen. Bei der Beurteilung potentieller Nehmer, bei der Suche nach möglichen Kontaktleuten und bei der Beschaffung neuer Korruptions-Ideen ist er unersetzlich.

Spürhund und Bekämpfer

Beschäftigt sich mit der Verhinderung oder Aufdeckung von Korruption. Er braucht einen guten Riecher fürs Faule und sollte erkennen können, wo innerhalb einer Organisation Korruption besonders wahrscheinlich ist: »Also ich würde hier ...« Ein guter Spürhund ist selbst durch und durch schlecht – aber absolut unbestechlich (jedenfalls sehr teuer).

Der Mann fürs Grobe

Wird fallweise angeheuert und erledigt Polizei- und Geheimdienstaufgaben. Ehemalige, aber auch aktive Soldaten, Geheimdienstler und Polizisten verdingen sich hauptberuflich in der eigenen oder nach Dienstschluß (unerlaubt!) in der Detektei der Ehefrau. Bei ihnen kann man die Vorteile kaufen, die ein heimliches und eigentlich immer illegales Zusammenspiel zwischen privaten und amtlichen Fahndern bringen. (Ex-)Beamten haben Kontakt zum Amt und besorgen brisante Informationen gratis oder für Handgeld. Sie schnüffeln in Polizeiakten und Polizeicomputern, selbst wenn es nur um die Überprüfung eines Stellenbewerbers in der Wirtschaft geht. Finanzbeamten haben Zugang zu Informationen, die sehr nützlich sein können, um zur rechten Zeit an richtiger Stelle drohen zu können, auch wenn Uwe Barschel im Kampf gegen Björn Engholm Pech hatte, weil der SPD-Mann leider steuerehrlich und unschwul war.

ICH WILL BESTOCHEN WERDEN

Raimund Vidranyi: »Der Nachteil der Korruption besteht darin, daß es gar nicht so einfach ist, jemand zu finden, der einen korrumpieren möchte.«

Was habe ich zu bieten?

Legen Sie Ihr Arbeitsgebiet, Ihren Entscheidungsbereich, Ihre Zuständigkeiten unters Rastertunnelelektronenmikroskop. Schon erkennen Sie die feinen Strukturen, aus denen Ihr Ermessensspielraum gehäkelt ist. Und überall wimmeln »Betroffene« durchs Textil, manche von Person bekannt, manche nur als gesichtslose Funktionsträger, Bittsteller oder Opfer. Plastisch haben Sie hier die Menschen vor sich, die von Ihren Winkelzügen erhebliche Vor- oder Nachteile haben könnten.

»Wem nützt das, wem schadet das, wie könnte ich unbemerkt manipulieren und wer hätte dann Vor-, wer Nachteile?«, können Sie bei jedem Vorgang überlegen, mit dem Sie gerade zu tun haben. Der nächste Schritt ist nicht groß: Wieviel Geld verliert Ihr Bittsteller, wenn Sie auf stur stellen? Wieviel mehr verdient er, wenn Sie »Verständnis« für seinen besonderen Fall zeigen? Auch wenn Sie einem potentiellen Gönner – »nur« – ein paar Stunden Rennerei ersparen können, so rechnen Sie anhand seines Stundenlohnes aus, wie man Ihre Nützlichkeit in DM ausdrücken könnte.

Sollte es bisher noch keine triftigen Gründe für einen Gönner geben, sich mit seinen Sorgen und einem dezent gefüllten Kuvert vertrauensvoll an Sie zu wenden, so müssen Sie welche schaffen. Jedes zusätzliche bißchen Verantwortung, jeder Quadratzentimeter mehr Zuständigkeit vergrößert Ihre Chancen, bestochen zu werden.

Knüpfen Sie rechtzeitig Kontakte zu Kollegen, ohne deren Kooperation Sie nicht ins Korruptions-Fach einsteigen können.

Wie biete ich mich an?

Immer poetisch und prinzipiell unter vier Augen. Ganz gleich, ob man einen potentiellen Geber selbst aufsucht oder ihn zu sich bestellt, immer operiert man aus der Deckung eines halbwegs triftigen Vorwandes heraus. Im Büro, auf dem Korridor, auf Messen oder Gesellschaften kann man seine Pappenheimer darauf aufmerksam machen, daß es sich für sie lohnen könnte, mal ein paar ernste Sätze – ganz privat – zu wechseln.

Wer sich in einer gehobenen Position befindet, aber noch keine Korruptions-Erfahrungen besitzt – was nicht immer ein Widerspruch in sich ist –, kann seine Bestechlichkeit von einem tüchtigen Anwalt oder sonstigen Vertrauten von extremer Diskretion vermarkten lassen. Dieser Korruptions-Makler soll vorsichtig vortasten, wo ein Geber an der angebotenen Kooperatonsbereitschaft Interesse haben könnte.

Was soll ich fordern?

Man sollte keine Summe nennen, ohne sicher zu wissen, welche Ausgaben man bei der Beschaffung der gewünschten Bevorzugung haben wird: Müssen Dritte geschmiert werden, verlangen Makler Provisionen, sind Informanten Honorare zu zahlen? Werden Schweigegelder fällig oder stundenlange Überseegespräche am Telefon geführt werden?

Keinesfalls darf die subjektive Komponente einer Forderung übersehen werden. Die Summe, die Sie verlangen, muß in Ihr Leben passen, und zwar nicht nur, weil der Bestecher sonst Angst haben könnte, daß Sie, plötzlich reich geworden, durchdrehen. Ganz tief drinnen fragt sich jeder Geber, ob sein Nehmer die Summe – »mein sauer verdientes Geld![1]« – eigentlich verdient hat. Wenn Ihr normales Gehalt sowieso bei 30.000 DM netto im Monat liegt, wird Ihre Forderung von 52.000 DM wohlwollend geprüft. Für exakt dieselbe Leistung darf der BAFöG-Student jedoch höchstens DM 12.000 ansetzen. Verlangen Sie andererseits zu wenig, so wird Ihr erhoffter Mäzen automatisch argwöhnen, daß Sie noch zu grün sind oder eine Leistung in Korea-Qualität anbieten.

1 Was aus geheimnissenvollen Gründen Multimillionäre auch bei Beträgen unter DM 10 empfinden.

Traumkarrieren für Bestechliche

Nicht nur dem Chef winken fette Schmiergelder. Wie oft ist es gerade der unscheinbare Buchhalter mit den Ärmelschonern, der im Zwielicht von 15 Watt Neon die Hand aufhalten kann, weil ohne ihn nichts geht? Andererseits läßt sich auf so manchem Posten einfach nicht kassieren. Das Arbeitsamt bietet Umschulungen an, innerhalb von Behörden kann man sich in interessantere Abteilungen versetzen lassen.

Jeder, der entscheidende Vorteile zu vergeben hat und dabei möglichst hohe Summen bewegt, ist für die Gemeinde der Schmiergeld-Zahler interessant. Am liebsten sehen Sie als Nehmer zweifellos den völlig von Ihnen abhängigen Bittsteller mit dicker Brieftasche sein Hemd durchschwitzen, wenn er Sie und Ihr Monopol nervös umschleimt, weil er weiß, daß an Ihnen kein Weg, nicht mal der über Ihre Vorgesetzten, vorbei führt. Und wie bei allen Show-Veranstaltungen mit Gewinnmöglichkeit ist auch hier der Rechtsweg ziemlich ausgeschlossen.

Sich selbst wünschen Sie ein Höchstmaß an **Macht** zu Willkürentscheidungen im Ermessensspielraum, für die Sie sich nicht rechtfertigen müssen. Dazu brauchen Sie **Autorität** und **Einfluß** – nach oben, nach unten und zu allen Seiten. Je weniger **Kontrolle** Sie bremst, desto besser für Ihre Korruptions-Karriere. Auch **Unübersichtlichkeit** nützt nur einem[2]: Ihnen.

Hitparade interessanter Nehmer-Positionen

1) Auftragsvergabe, bei der es auf Wirtschaftlichkeit möglichst wenig ankommen darf. Daher: am liebsten bei der Öffentlichen Hand, aber auch in behördenähnlichen Großfirmen.
2) Einkauf. Besonders willkürfreundlich sind Posten, wo nach Ihrem unfehlbaren und unüberprüften »Expertenurteil« eingekauft wird (Maschinen, Computer, Pharma).

2 Hier habe ich ein bißchen übertrieben. Natürlich schafft jedes Mehr an Unübersichtlichkeit auch Arbeitsplätze in der Verwaltung. Familien bekommen ihr Brot, menschliche Existenzen gewinnen einen Sinn, wenn sie im täglichen Bürohalbschlaf die Unübersichtlichkeit zu ordnen versuchen und dabei nur die »Neue Unübersichtlichkeit« produzieren, die aber wiederum Arbeitsplätze in der Philosophieindustrie sichert.

3) Immobilien. An- und Verkauf öffentlicher, aber auch privater Immobilien zu unrealistischen Preisen, Gutachtertätigkeit, etc. Weil es um große Summen geht, sind auch die kleinsten »Provisionen« interessant.
4) Geheimnisse. Planungsunterlagen, Insider-Wissen, Kenntnisse interner Machtstrukturen, Erfindungen, Schwächen und Vergehen anderer (als Druckmittel geeignet) etc. finden regelmäßig ihre Liebhaber.
5) Postenverteilung. Wenn Sie über Einstellungen, Aufstiege, Kündigungen zu entscheiden haben, sind Sie immer eine kräftige Investition wert.
6) Kontrolle. Die Mitarbeiter von Polizei, Zoll, Steuer, Gesundheitsamt, Gewerbeamt etc. können ihrem verschüchterten Publikum teuren Ärger machen, wenn es um die Befolgung endloser Auflagen geht. Wer sitzt schon gerne nach?
7) Konzession und Auflagen, deren Erteilung, Verlängerung, Erweiterung oder Widerruf. Wenn Sie Betriebe schließen oder unrentabel werden lassen können, haben Sie wie von selbst Busenfreunde.
8) Mangelwaren und Monopole. Wohnungen, alle Billigangebote mit begrenztem Kontingent (z.B. Billig-Diesel für Bauern). Ihr Glück, wenn Sie die Vergaberichtlinien richtig zu interpretieren gelernt haben.
9) Subventionen und Kredite. Bewertung von Berechtigung und Sicherheiten, Überprüfung der Vorbedingungen. Auch hier sind Ihre genialen Fähigkeiten bei der Auslegung so gut wie Bargeld.

Unauffällig Kassieren

Weil jeder Bestechungs-Lohn sich von einem eindeutigen Absender zu einem eindeutigen Empfänger bewegt, aber niemand etwas von dem zugrundeliegenden Geheimvertrag wissen darf, muß sich der Schmiergeld-Empfänger ein Tarnkleid aussuchen: Will er die Einnahme ganz verschweigen, also schwarz kassieren, oder den Geldsegen lieber grundsätzlich zugeben und sich eine plausible Geschichte einfallen lassen mit dem ergreifenden Titel: »Ehrlich verdient«?

Der Tarnung sind keine Grenzen gesetzt. Die Firma Imhausen-Chemie hat in Hongkong eine ganze Fabrik hochgezogen, allein zur Tarnung der Lieferungen von Giftgas-Ausrüstung nach Libyen. Eine Baustelle mit einem riesigen leeren Gebäude, die als Kulisse für beweiskräftige Videofilme den Kanzler Kohl und seine Vasallen lange an der Nase herumzuführen vermochte.[3]

3 Spiegel 3/89

Ganz dreist: schwarze Einnahmen

Natürlich wechselt das Schwarzgeld unauffällig den Besitzer. Aber: Gibt es auch wirklich **keine Zeugen,** oder haben Sie beide in dieser einschlägigen Bar nur keine Zeugen bemerkt, weil Sie zu sehr damit beschäftigt waren, sich unter dem Tisch gegenseitig zwischen den Schenkeln herumzutasten, um das Kuvert auszutauschen? Dabei ist Geld noch wunderbar anonym im Vergleich zu Gegenständen, die schließlich irgendwer irgendwo gekauft haben muß, hoffentlich mit vorbildlich angeklebtem Bart, Sonnenbrille, Perücke und Schleier vor dem Gesicht.

Doch nicht nur Zeugen können die Tarnung gefährden. Zwar wird auch der haltloseste Schmiergeld-Empfänger eines Hundert-Mark-Scheins nach dem verliebten Bügeln den Note nicht über Nacht den Lebensstil eines Playboys annehmen. Aber manch ein Unterbelichteter bildet sich ein, er könne über Jahre ein **Doppelleben** führen, und nicht mal die Ehefrau werde merken, daß er einen 560 SEL, Rennpferde, Luxusjacht, echte Picassos und mehrere Fotomodelle besitzt. Oder ein Privatflugzeug, wie ein korrupter Bediensteter der Verwaltung in Hamburg.

Dabei weiß doch jeder aus unzähligen Krimis, daß auch das dezente Ausgeben zur Tarnung der Einnahme nötig ist. Daß die Naivität keine Grenzen kennt, wird durch einige Mitarbeiter der Eppendorfer-Skandal-Klinik belegt, die – und so sagen es die anonymen Steuerprüfer, die den Skandal auffliegen ließen – »auch noch dumm genug sind«, abzugsfähige Quittungen auszustellen.

Die bescheuerte Ausrede

Wenn ein Nehmer erst soweit heruntergekommen ist, daß er behaupten muß, er habe unerwartet geerbt, in der Lotterie gewonnen, einen Bausparvertrag ausgezahlt bekommen oder einen Schatz im Silbersee gefunden, hat er mindestens Untersuchungshaft verdient.

Geld waschen

Um die Herkunft von Geld zu erklären, muß man die illegalen Einnahmen waschen[4]. Die **Spielbanken** beispielsweise leben davon, daß Geschäftsleute ihre schwarzen Einnahmen der Steuerfahndung als »Glück« verkaufen wollen. Man erscheint regelmäßig zu den betriebsamsten Tagen im Casino, wechselt viel Geld in Jetons und wird registriert. Natürlich muß man auch ein bißchen spielen und wird dabei mehr verlieren als gewinnen. Nach ein paar Stunden wechselt man die Jetons zurück gegen Bares und geht wieder. Dem

4 Lustigerweise ist das meiste Schmiergeld schon vor der Zahlung einmal gewaschen worden.

Finanzamt aber wird erklärt, man habe als Stammkunde im Casino halt Gewinne gemacht – und die müssen nicht versteuert werden.

Doch andere Wäscherei-Methoden wirken weit seriöser, wenn sie auch den Nachteil haben, daß man seine schwarzen Einnahmen versteuert. Aber spätestens dem pflichtbewußten Biedermann kommt es vor allem darauf an, daß man ihn wegen der **Art** seiner Einnahmen nicht weiter behelligt. Was er zur Erklärung seines hohen Lebensstandards braucht, ist eine »**Goldgrube**«, die ganz legal und steuerehrlich z.B. von seiner Frau geführt wird. Dabei sollte es sich um ein Bargeschäft handeln, bei dem der tatsächliche Umsatz nicht ohne weiteres anhand der Lieferantenrechnungen und Wareneinkäufe hochgerechnet werden kann: z.B. ein Antiquitätenladen, ein An- und Verkauf, eine Kneipe, ein Dienstleistungsgeschäft. Wer wollte nachweisen, daß Ingrids Geschäfte nicht tatsächlich so gut laufen, wie in der Bilanz behauptet? Das Finanzamt will das auch gar nicht, es prügelt sich lieber mit Leuten, die zuwenig Steuern zahlen, als mit jenen, die unwahr hohe Gewinne anmelden.

Bei größeren Schwarzgeldmengen muß eine kompliziertere Waschanlage installiert werden. Gern werden Geschäfte zwischen einer Vielzahl von Firmen abgewickelt, hinter denen immer derselbe Kopf steht.

Wie waschen eigentlich Geber das Schmiergeld so, daß sie es als Betriebsausgabe absetzen können? Das atomare Müllunternehmen Transnuklear benutzte folgendes Vorwaschmittel für jene 10 % des Firmenumsatzes, die als Schmiergelder aus der Schwarzgeldkasse an Reaktorbedienstete gingen: Teils erfundene, teils existierende Firmen stellten fiktive Dienstleistungen in Rechnung, jeweils mit dem Vermerk: Zahlung per Scheck erbeten. Die Schecks (ohne Empfänger-Angabe!) wurden dann in der Schweiz von einem Chefbuchhalter der Nuklearfirma eingelöst. Anderen Eingeweihten wie dem Kesselproduzenten Buderus überwies die TN große Summen, ohne je eine Rechnung dafür bekommen zu haben. Über eine weitere Ecke, die reine Strohfirma GfI, floß das Geld wieder zurück.[5]

Das Problem der Glaubwürdigkeit

Mit Scheinfirmen und Scheingeschäften tarnt der Schmiergeld-Nehmer seine illegalen Einnahmen. Sein »legales« Geschäft muß sich aber noch im Rahmen des wirtschaftlich Vorstellbaren und Vernünftigen bewegen. Üblicherweise haben echte Firmen nicht nur **einen** Kunden oder nur **einen** Lieferanten. Das Einkommen des Geschäftsführers muß in einem vertretbaren Verhältnis zu Umsatz und Gewinn einer Firma stehen. In Ermittlungsverfahren fällt es den Fahndern allerdings regelmäßig schwer nachzuweisen, daß eine

5 Spiegel 30/87, S. 71

Firma nicht wie behauptet unabhängig ist, sondern ein dubioses »Beherrschungsverhältnis« vorliegt.

Stellvertretung durch Strohmänner

Wie ein gleichschenkeliges Bermuda-Dreieck werden Stellvertreter Pappkameraden und Strohmänner installiert, die die zweifelhaften Zahlungen verschlucken. Wenn es dem Juristen nach Entdeckung einer amtlichen Unregelmäßigkeit lateinisch über die Lippen kommt: »Cui bono? – Wem nützt das?«, soll er sich mit der verbindlichen Antwort möglichst schwer tun. Weder Sie noch Ihr korrupter Blutsbruder müssen die lockere Beziehung zu diesen Marionetten abstreiten. Einen Zusammenhang zwischen der amtlichen Funktion des Nehmers und den erstaunlichen Geschäften des angeblichen Strohmann gibt es jedoch selbstverständlich nicht. »Aber die Spatzen pfeifen es doch von den Dächern!« Spatzen werden vor Gericht nicht anerkannt. So ist selbst die einfallsloseste Strohmann-Konstellation – das Geld geht nicht an mich, sondern an meine Frau – rechtlich immer noch günstiger für den Schmiergeld-Empfänger als die direkte Schmierung.

Eine totale Absicherung kann es nicht geben. Aber ganz in der Nähe des Ideals bewegt man sich, wenn ein schlitzohriger Anwalt mit seinem Schutzpanzer namens Schweigepflicht die Strohmänner aussucht, instruiert und kontrolliert – oder selbst ein Strohmann ist.

Der Nachteil, mit jedem Strohmann einen wenigstens teilweise informierten Mitwisser hineinzunehmen, wird durch den Vorteil wettgemacht, daß im Zweifelsfalle der Strohmann als Sündenbock auf dem Altar des Grundgesetzes geopfert wird. Achten Sie also darauf, daß der Strohmann genügend Dreck am Stecken hat und Sie genügend Beweise eben dafür horten.

Die Biotope der Korruption

Wie wollen Sie die heikle Sache durchziehen: als Einzelkämpfer, im Team oder in einer Seilschaft?

Status Einzelkämpfer

Regieren Sie als absolutistischer Sonnenkönig in Ihrem Riesen- oder Zwergenreich? Sofern man den Paß, den Flaschenhals oder die Furt kontrolliert, kann man als Einzelkämpfer raubrittern – wenn auch nur selten ohne die Protektion des Hochadels. Doch der prächtige Patriarch fällt tief, wenn ein pedantischer Wurm aus der Ermittler-Branche ihm nachweist, daß auch die immer wieder erfrischende Dusche mit Drachenblut nicht gänzlich unverwundbar macht.

Nicht viele verfügen über feudale Macht. Ein anderer typischer Einzelkämpfer, der es zu einem schönes Bestechungs-Einkommen bringen kann, ist der eher stille Experte, der unterschätzte Fachidiot, farblos – die Nummer. Doch der muffige Prokurist hat so manches As im abgestoßenen Ärmel. Da ihm keiner zutraut, daß er bestechlich ist und Schiebung betreibt, kontrolliert ihn auch niemand.

Nach Schmiergeld-Eingang gelten Sie Ihre Pflichtverletzungspflicht hinter der Tarnung Ihrer überlasteten Abteilung ab. Niemand sollte die Zeit haben oder eine Veranlassung sehen, Ihnen über die Schulter zu schauen oder gar zu kontrollieren – wenn es denn überhaupt jemand außerhalb seines Wohnzimmers wagt, an Ihrer Integrität zu zweifeln.

Besonders erfolgreich einzelkämpfen die, die sich über Jahre als ehrlich und pflichtbewußt ausgewiesen haben und erst jetzt das Lager wechseln – ohne daß es das geringste äußerliche Anzeichen dafür gäbe, und auch keinen sichtbaren Grund, nicht mal eine einsehbare Gelegenheit.

Status geschmiertes Team

Jeder Vorgang kann von einem eingespielten Team durch Hin- und Herschieben soweit zerstückelt werden, bis er völlig unübersichtlich und nicht nachvollziehbar, also plausibel wird. Wenn jede korrupte Angelegenheit erstmal auf die stationsreiche Tournee durch sämtliche Büros der Beteiligten geht, so hat das für Sie als Team-Mitglied den Vorteil: Sie sind »es« nicht gewesen, sollte am Ende irgendetwas ruchbar werden. Um genau zu sein: Keiner war's, denn im Team trägt niemand die Verantwortung, subjektiv gesehen, und Sippenhaft ist abgeschafft. Jeder Mitmacher empfindet das so. Eine Team-Kollege ist daher weitaus risikobereiter als dieselbe Person es als Einzelkämpfer wäre. So kann man die anderen Team-Mitglieder zu hohen Risiken überreden und sich selbst im geheimen für den Fall einer Aufdeckung wappnen.

Abgesehen davon, daß man im Team leider mit Leuten teilen muß, die ihren Anteil gar nicht verdienen, und mehr Mitwisser auch weniger dicht halten, gibt es unter den Gleichberechtigten in der Räuberhöhle immer Probleme mit der Entscheidungsfindung. Wird bei allen Fragen mit einfacher Mehrheit entschieden? Oder Zweidrittel? Oder je nachdem – und wer entscheidet **das** von Fall zu Fall (mit einfacher oder mit Zweidrittelmehrheit?)? Gibt es ein Veto-Recht? Können Anträge gestellt werden? Auch mündliche? Mal kommt es zur Fraktionsbildung, mal spielt sich einer als Führer auf etc. Nur ein ordentlicher Parteitag der Grünen streßt mehr als die Mitgliedschaft in einem korrupten Team.

Kurz: Ihre größte Chance liegt darin, die anderen zu steuern, ohne daß sie es merken, und den Kollegen einen Hauptteil jeder vor Gericht erweisbaren Schuld schon in der ersten Minute des Korruptions-Geschäftes als wärmende Einlage in ihre Schuhe zu schieben: Sehen Sie das Team als ein Ballett von Marionetten, die nach Ihrer Pfeife tanzen, Sie aber duzen dürfen.

Status Seilschaft

Mit »Seilschaft« ist eine hierarchisch gegliederte Gruppe gemeint, die inmitten einer viel größeren Organisation bereits eine gewisse Macht hat und diese vergrößern möchte, also »nach oben« will. »Oben« heißt: immer wichtigere und lukrativere Posten für immer mehr der »richtigen Leute«, immer mehr Macht und damit – neben dem wollüstigen Prickeln – erweiterte Möglichkeiten zu überwiegend korrupten und krummen Geschäften (einschließlich weiterem Postenschacher).

Seilschaften kommen als sogenannte Cliquen, Fraktionen, Flügel oder Blöcke in Behörden, Parteien, Verbänden (z.B. Gewerkschaften), aber auch in allen größerer Unternehmen vor und tragen teilweise so lustige Spitznamen wie »Betonköpfe«, »Stahlhelmer«, »Stamokaps«, »Loge Licht und Wahrheit[6]« oder »Kanalarbeiter«. Sie rechtfertigen ihren Machtanspruch nicht mit ihrer Lust an der erotischen Selbsterfahrung des Führens und dem Interesse an Korruptions-Einnahmen. Sie behaupten, durch ihr besonderes Programm der Organisation, in der sie sich als Parasiten angesiedelt haben, zu größter Blüte zu verhelfen.

Sie wollen also mitmischen. Als Bewerber müssen Sie erstmal das Verbindungsmerkmal Ihres besonderen Seilschafts-Typs mitbringen. Sind Sie Angehöriger der richtigen Partei, des passenden Verbandes, der gewünschten Kirche oder einer bestimmten Familie (= »Vetternwirtschaft«[7])? Gemeinsame Herkunft (der SPIEGEL sagt immer »Stallgeruch«), gemeinsame Ideologie, gemeinsame Werte und gemeinsame Ziele (auch privater Art) produzieren den unvermeidlichen Korpsgeist der selbsternannten Elite und ersticken eventuelle Skrupel schon vor dem Keimblattstadium. Man ist sich einig, denn man ist unter sich. Die subversive Arbeit geht in Ordnung, schließlich handelt es sich um einen guten Zweck – wie immer bei Kreuzzügen. Letzte Zweifel verdampfen in der Hitze des Gefechtes, wenn Ihre Seilschaft gegen feindliche Seilschaften, gegen den (allgegenwärtigen) Kommunismus, die Untoten aus der Karibik oder Windmühlenflügel kämpft.

Doch mit der rechten Einstellung allein ist es noch nicht getan. Um aufgenommen zu werden und dann intern aufzusteigen, müssen Sie sich und Ihre Talente einem möglichst mächtigen Gönner innerhalb der Seilschaft andienen. Das kann Ihr Vorgesetzer sein, muß aber nicht. Der Schirmherr soll Sie als Schachfigur benutzen wollen, um seine eigene Machtposition auszubauen und selbst den Vorkletterern in der nächsthöheren Kommandoebene der Seilschaft nützlich sein zu können. Im Gegenzug werden Sie von ihm mit Protektion und Beförderung belohnt.

Sie müssen Ihrem Gönner also erstmal einen Grund schaffen, Sie zu fördern. Suchen Sie ein Objekt, eine Idee, eine Machtposition, die Sie Ihrem Patron zuschieben oder überlassen können. Auf totale Loyalität und Nützlichkeit kommt es an. Statt Leistungsfähigkeit ist Gegenleitungsfähigkeit

---

6 Das klingt nun wirklich wie ein Witz? Nein, so nennt sich ein Freundeskreis, zu dem angeblich Schwerkriminelle, Geheimdienstlern und hohen Polizeiführer in Niedersachsen gehörten. Auch der an solchen Dingen immer interessierte Feingeist und Chef des Bundeskriminalamtes Boge soll die Loge einmal als Gast besucht haben, nur so aus Interesse natürlich ... (Spiegel 9/89, S. 105 ff)

7 = fachsprachlich »Nepotismus«

gefragt, wenn auch jede Art klassischer Spezialkenntnisse Ihren Brauchbarkeitskoeffizienten anhebt.

Der Bedarf an seilschaftsfähigen Klettermaxen war schon immer groß. Die CDU unterhielt in den 70er Jahren eine Datenbank, in der die Karrieredaten von 35.000 bewährten Mitgliedern gespeichert waren. Wurden aus den Bundesländern irgendwelche freien Stellen von Bedeutung signalisiert, so spuckte der Computer umgehend eine Liste der geeigneten Parteisoldaten aus.

Durch verlangte oder unverlangte Liebesdienste, durch Treue und die vorbildliche Vertretung der Interessen des »Mentors« in wichtigerer Position wird man selbst immer wichtiger. Steigt er auf, zieht er seinen ergebenen und bewährten Einflußagenten in eine möglichst wichtige Position nach, um seine »Hausmacht« zu stärken. Das nennt man »Ämterpatronage« und läßt sich am Monatsgehalt ablesen.

Ist es nicht interessant, daß von 120 im Rahmen einer Studie zur Karriereforschung befragten Top-Managern kein einziger (!) angab, er habe keinen Förderer gehabt? Dieser hilfreiche Mensch wird oft »väterlicher Freund« genannt, ist aber nicht selten Freund des Vaters.

Je tiefer Sie sich für ihn und meist in seinem Auftrag in »Unrecht« verstrickt haben, desto dankbarer sollte er Ihnen sein. Man sitzt nun **»im selben Boot»** oder hat eine **»gemeinsame Leiche im Keller«**, wenn der Keller nicht schon voll ist. Der niedersächsische FDP-Minister Hirche hat über die Tätigkeit eines Untersuchungsausschusses ganz scharfsinnig bemerkt: »Wenn man auf einem Friedhof gräbt, dann findet man auch Verwandte.«

Im Ernstfall wird sich Ihr Mentor schützend vor Sie stellen –, solange es nicht unvernünftig ist. Selbst wenn er Sie scheinbar fallen läßt, zieht er doch im Hintergrund Fäden, damit Sie das Pech der Aufdeckung nicht zu teuer zu stehen kommt. Einer für alle, alle für einen? Oder hat er gar ein weiches Herz? Natürlich nicht: Aber er weiß, daß gute Nachwuchskräfte sich nur von ihm anwerben und benutzen lassen werden, wenn er im Ruf steht, fast so erstklassige Rückendeckung garantieren zu können wie die Mafia – und zwar nicht nur für »währenddessen« (= Anwalt, Druck auf Zeugen und Beziehungen zur Gefängnisverwaltung), sondern auch für »danach« (= Altersruhegeld und Sozialhilfe für die zeitweise vom Ernährer getrennt lebende Familie).

Mitunter bleibt dem Patron wohl auch nichts anderes übrig, als sich für seinen gestrauchelten Nachkletterer starkzumachen, z.B. um zu verhindern, daß ein untergeordnetes Seilschaftsmitglied »auspackt«.

Die Seilschaft setzt das Restrisko der Bestrafung durch politische und machttaktische Winkelzüge bis gegen Null herab. Jedes Mitglied kann seinen Privat-Geschäftchen im Schutze der Seilschaft sicher nachgehen, jedenfalls solange es für seinen Beschützer wichtig genug bleibt. Außenstehende können ihre Neugier nicht so leicht befriedigen, weil die Seilschaft Struktur und Aktionen gegen die Außenwelt abschottet und normalerweise auch »Beziehungen« aktivieren kann, um lästige Ermittler zu stoppen. Von innen fault es schon eher mal, aus Eifersucht, Gier oder Neid. Nicht in jeder Seilschaft ist es möglich, das Wissen um die Details der Aktivitäten auf einen ganz kleinen Führungszirkel zu begrenzen, wie dies die Mafia tut (= Abschottung nach innen).

Die **Gründung** einer Seilschaft gelingt nach dem Prinzip der Zellteilung: Wenn eine Seilschaft den Gipfel des K2 erreicht hat oder so groß wird, daß man sie schon fast als eigenständigen Filz[8] (s.u.) bezeichnen kann, setzen sich einzelne Fraktionen ab und bilden in ihren etablierten Basislagern eigene Seilschaften. Vielfach werden von einflußreicher Seite kleine, aber als schlagkräftig und wachstumsfreudig bekannte Kader-Grüppchen in ganz unterschiedliche Organisationen gepflanzt, wo sie loswuchern sollen.

Der farbigsten Seilschaft des Altertums verdanken wir übrigens den Begriff »Zote«: Nach dem Tod des römischen Kaisers Macrinus wurde der minderjährige Elagabal auf den Thron gehoben. Die eigentliche Macht ging von seiner Großmutter und seiner Mutter aus. Praefekt der Praetorianer wurde ein Tänzer, Kommandant der Leibwache ein Wagenlenker (= Rennfahrer), Praefekt der Kornversorgung der Friseur des Kaisers. Elagabal heiratete offiziell seinen Geliebten, einen im Bett angeblich einfallsreichen Bodybuilder namens Zoticus (daher das Wort »Zote«).

Status Filz

Die Seilschaft war ein Rudel gieriger Wölfe mit mehr oder weniger guten Schneidern (nicht jeder Schafspelz saß angegossen), das in einer vorgegebenen Naturlandschaft seine Beute reißen, sich vermehren und gegen anderes Raubzeug behaupten wollte. Dieses Element ungezähmter Wildheit fehlt dem Filz gänzlich. Wir haben es mit einer Kulturlandschaft zu tun, einer Mischung aus Erholungspark und industrieller Landwirtschaft – ein fruchtbares, stabiles und in sich ruhendes Biotop (mit mehreren Ernten im Jahr) jedenfalls, zu dem die Kulturgemeinschaft der Filzer das ursprüngliche Gemeinwesen (dieses Durcheinander) kultiviert hat, bis schließlich sogar die

8 In der Praxis sind die Übergänge von der vorwiegend vertikal organisierten Seilschaft zur stärker horizontalen Verflechtung des Filz fließend.

Naturgesetze außer Kraft gesetzt waren: Die Schwerkraft beispielsweise, denn nur im Filz fallen Leute die Treppe aufwärts.

Filz wirkt immer zivilisiert: Eine Seilschaft nimmt Witterung auf, pirscht sich an und wildert. Doch der Filzer hält auf Waidgerechtigkeit. Weder Zielfernrohr noch Dum-Dum-Geschosse kommen für ihn in Frage, wenn er 25 zahme Zwergkaninchen im Wohnzimmer freiläßt und zur Treibjagd bläst.

Statt Räuber und Gendarm wird freiwillige Selbstkontrolle gespielt – wenn auch gerne in den bewährten Kostümen, damit sich niemand an der Personalunion von Kontrolleuren und Kontrollierten stößt und Verwechslungen selten bleiben. Die einzig ernste Gefahr droht dem Filz durch Naturkatastrophen wie die berüchtigten »Erdrutsch-Siege« der gegnerischen Parteien. Erholung für den Boden, Ende der Monokultur? Bald schon besiedeln neue Flechten und Moose die eben noch unwirtlich sterile post-katastrophale Landschaft mit ihrem eigenen Wildwuchs und gewinnen aus dem Abfall der Vorgänger ganz schnell den Humus für Hochzüchtungen der neuen Gärtner (auch Böcke).

Die Seilschaft steigt auf, die Filzokraten sitzen schon oben in Herrenreiter-Positur. Die Kletterer reagieren auf Möglichkeiten, die Filzer produzieren sie. Wer nützlich ist und mitmacht, wird reich belohnt. Durch höfische Intrige wird kaltgestellt und ausgeschaltet, wer den Aristokraten im Wege steht. Giftmord ist in den letzten Monaten selten geworden.

Die Fadenarten des Filzes

Wenn Sie sich als Künstler fühlen und mitgestalten wollen an der monumentalen sozialen Plastik, so sollten Sie über die verwendeten Materialien Bescheid wissen:

Die **Bosse** stehen an der Spitze von Wirtschaftsunternehmen, Behörden (Ministerium, Bauamt, Gericht etc.), Verbänden oder Parteien. Dort bestimmen sie die »Politik« ihrer Organisation: strategische Entscheidungen, Pläne, Koalitionen, Kriege (auch im übertragenen Sinne). Sie führen eine Seilschaft und verfügen über eine mehr oder weniger unumschränkte Hausmacht. Um Macht zu gewinnen oder die Stellung zu halten, paktieren Bosse miteinander gegen angreifende Bosse von der Konkurrenz (z.B. die Oppositionspartei, ein Konkurrenzunternehmen etc.). In Friedenszeiten intrigieren befreundete Bosse gegeneinander – lächelnd. Letztlich geht es nur um Geld: Die Privatwirtschafter wollen möglichst profitable Aufträge, wenig Auflagen und keine Steuern; die »Öffentlichen« wollen (neben Schmiergeldern) möglichst einträgliche und sichere Posten.

Die **Unterbosse** sind Chefs oder Abteilungsleiter mittlerer Organisationseinheiten, werden aber nicht als Befehlsempfänger herumkommandiert, sondern geschickt eingesetzt, um die Position des Bosses zu festigen, oder gegeneinander ausgespielt, um bedrohliche Aufsteiger miteinander zu beschäftigen. Unterbosse setzen die Pläne der Bosse in die Tat um. Sie sind für den Apparat, für die Überwachung und die Intrige als ausführendes Organ in leitender Position zuständig.

Propaganda-Experten kümmern sich um das Bild, das die Öffentlichkeit und die übrigen Filzer von einem Boß und seinen Projekten haben soll, und ersetzen ausgeglühte Heiligenscheine. Sie saugen sich die Argumentation der Bosse aus den Fingern (Redenschreiber), entwickeln das »Programm«, beschaffen die zur Verglaubwürdigung wichtigen Wissenschaftler und lenken die Presse (was einem Chef-Redakteur oder Indendanten z.B. besonders leicht fällt).

Die **Kreativen** entwickeln neue Ideen, durch welche Geschäfte bzw. welche »Politik« der Boß sich selbst nützen kann, und liefern sowohl Plandaten als auch Hinweise auf empfehlenswerte Partner. Sie kennen sich im Geflecht der Machtverhältnisse und Ambitionen innerhalb des Filzes sowie bei den konkurrierenden Filzern im Wartestand (= Opposition) erstklassig aus, da sie das Informantennetz der Unterbosse benutzen.

Als ausführende Organe unter dem Schutz der Gruppe tragen die **Soldaten** nur ein Risiko, wenn sie sich ungeschickt anstellen. Sie verpflichten sich dem Meistbietenden zur Loyalität und können unter Umständen »umgedreht« werden. Ihr Ziel ist der Aufstieg.

Makler vermitteln diskrete Kontakte zwischen korruptions-willigen Partnern. Sie entwerfen und verkaufen korrupte Tauschgeschäfte (»Du wirst Regierungsrat, wenn du mir dafür deine Unterstützung im Ausschuß zusicherst«) oder stellen den Kontakt zwischen Geldgebern aus der Privatwirtschaft und öffentlichen Mandatsträgern her. Erinnern Sie sich an Lazlo v. Rath, den »Vermittler« zwischen spendablen Bewerbern um die Spielbank-Konzessionen in Niedersachsen und dem sympathischen Ministerpräsidenten Ernst Albrecht (und seinem Freund Hasselmann, Ex-Innenminister)?

Als **Wahrheit-Lieferanten** dienen Wissenschaftler oder Medien-Prominenz (besonders TV), deren »Unabhängigkeit« sich hartnäckig als Gerücht im Volke hält. Sie bezeugen die Notwendigkeit, Wirtschaftlichkeit und Machbarkeit der Projekte, mit denen die Bosse sich beglücken wollen.

Das **Volk** zahlt die Steuern, die dann verschüttet und der Ordnung halber vom Filz aufgesogen werden. Es wählt das Bündel Bosse ins Amt, das am geschicktesten lügen, argumentieren und Wahlgeschenke verteilen kann.

Welche dieser Positionen sind nun für Sie besonders interessant? Alle – außer natürlich der letzten.

Der innere Aufbau des Filzes erinnert manchen vielleicht an seine schönen Lehrjahre in Sizilien. Aber kann man das wirklich vergleichen, nur weil es bei der Mafia zufälllig auch den Boss, seinen Berater, darunter den Unterboss, und als Bindeglied zwischen der Führern und den einfachen Soldaten die Leutnants (Capos) mit ihren Assistenten, diverse Spezialisten für Sonderaufgaben (Enforcer = Durchsetzer, Executioner = Killer, Corrupter = Bestecher, Money-Mover = Geldwäscher, Investor) und darunter ein Fußvolk aus Soldaten gibt?

Beteiligte Branchen

Das Baugewerbe mit Architekten, Baufirmen, Handwerkern, Immobilienhändlern, Finanzmaklern versorgt sich mit billigen Rohmaterialien (Wohnungen und Grundstücke der Öffentlichen Hand), mit Aufträgen, Baugenehmigungen und so weiter. Lieferanten aus allen Branchen decken den öffentlichen Bedarf an allem und jedem vom Großcomputer fürs Finanzamt bis zum Kondom-Automaten im Klo des Oberbürgermeisters. Die Nomenklatura in den Behörden verschiebt gutbezahlte Posten an Bewerber, die jene bestimmten Bedingungen erfüllen, von denen in der Stellenanzeige nichts stand. Die Parteien sehen zu, daß sie ihre Finger überall drinhaben und keine Gelegenheit zum Machtgewinn, also Mehreinnahmen, verschlafen. Alle Branchen machen mit, und auch so manchem einschlägig Vorbestraften aus der Verbrecherszene wird im Filz eine faire Chance zur Resozialisierung gegeben.

Der in der Fachliteratur sogenannte »moderne öffentliche Sektor«[9] ist eine Verquickung von öffentlicher Verwaltung und privaten Unternehmen. Die wachsende Anzahl von Unternehmen, die ausschließlich oder fast nur für die Regierung arbeiten, und von quasi-privaten Organisationen, die Regierungsaufgaben unter »genauer Überwachung« durchführen, mündet in eine vollkommene Interessensymbiose. Unentwirrbar wird das Geflecht, wo Personalunion, Ämterkonzentration, die Identität von Kontrollierten und Kontrolleuren ihr Eigenleben entwickeln.

Filz ist, wenn eine Hand die andere so lange wäscht – und das bei 24 Beteiligten –, bis am Ende niemand mehr weiß, wem welche Hand in diesem Waschbecken gehört. Ist ja auch egal, denn alle sind gefüllt.

Wenn es erstmal läuft, dann rentiert es sich auch für alle Beteiligten. Die Spielbanken Niedersachsens zahlten von 1973 bis 1988 über 170 Mio. DM

9 Weidenbaum, M.L.: »The Modern Public Sector. The Ways of Doing the Government's Business«; New York 1969
Matzner, E.: »Der moderne öffentliche Sektor und das Phänomen Korruption« in Brünner, Ch. (Hrsg.): »Korruption und Kontrolle«; Wien 1981

steuerfrei an einen Filz von »Privatleuten« aus, die sich Spielbankanteile hatten beschaffen können, weil sie mit den einschlägigen Figuren der Regierungs- und Oppositionsszene verwachsen waren – und eine Bereitschaft zum Teilen zeigten.

Subversive Methoden

Der Berliner Ex-Innensenator Kewenig bekämpfte die Reste des »roten Filzes« durch die gezielte »Straffung« der Verwaltung – seine »Kulturrevolution« (Flurjargon): Referatsleiter aus Sozi-Jahren verloren Befugnisse, CDU-Abteilungschefs wurden funktionell aufgewertet und bekamen prächtige Gehaltserhöhungen. Wer die Zeichen der Zeit nicht verstand und muckte, dem wurde Nachdenken verordnet: so einem Revierförster, der sich über illegale Grillvergnügen der Bonzen und gegen unnötige Holzaktionen alliierter Panzer im Grunewald äußerte und folgerichtig in den Innendienst versetzt wurde.

Stört ein hohes Tier in unangreifbarer Position das Filz-Objekt, wird es systematisch entnervt. Der Polizeipräsident Hübner – leider SPD – bekam von Kewenig ein paar stramme Aufpasser vor die Nase, die ihm demonstrativ sogar die Bereifung der Streifenwagen diktierten und erreichten, daß der Oberpolizist Hübner »nicht länger der dumme August sein« wollte und aufsteckte. Eine schöne Antwort auf das, was Richard v. Weizsäcker, als er noch CDU-Bürgermeister von Berlin war, »Beutepolitik« genannt hat.[10]

Exotischer Filz

In Italien gab es die Geheimorganisation »P 2«, eine Filz-Plastik aus Industriellen, ultrarechten Politikern, Mafia und Militärs. Der Bankier Sindona bestach die Christdemokraten und deren Ministerpräsidenten, er verschob dreistelligen Millionenbeträge – Dollars, nicht Lire – durch den Vatikan ins Ausland und diente dem Plan, in Italien einen Putsch (!) durchzuziehen.

Auch in Wien, einer der Filz-Hauptstädte der Welt, wird und wurde schon immer gekungelt. Leider ist die Glanzzeit des »Club 45« nun vorbei, da der allseits beliebte Chef des Etablissements, der Unterweltler Udo Proksch, vor den Folgen seines Schiffeversenkens (»Lukona«) flüchtig ist. Die 300 Mitglieder aus der Aufsteigerszene und der SPÖ-Bonzenkaste hatten nirgendwo schönere Pläne schmieden können als beim »Herrn Udo«, wo man auch Künstler und so illustre Figuren wie den nach verbreiteter Meinung führenden Drogen-/Waffenhändler el-Kassar antreffen konnte.

---

10 Spiegel 17/87

Aufsteigen nach Plan

Gibt es dann überhaupt noch eine Grenze des Aufstieges für den schlauen Korruptionisten? Die Karriereforscher Peter und Hull[11] haben die Theorie aufgestellt, daß jeder bis zur »Stunde seiner Unfähigkeit« befördert wird. Das heißt, daß man in einer Karriere an dem Posten kleben bleiben wird, auf dem man zum ersten Mal seine Unfähigkeit bewiesen hat (= das »Peter-Prinzip«). Wenn Sie mit Ihren klassischen Leistungen die Versagensgrenze schon überschritten haben, kann es allerdings dank Korruption noch weiter aufwärts gehen – vorausgesetzt, Sie besitzen eine entsprechende Gegenleistungsfähigkeit. Wenn man das »Peter-Prinzip« weiterdenkt, muß man schlußfolgern, daß man geradezu gezwungen ist, mit Bestechungs-Methoden zu arbeiten: denn in allen interessanten Positionen sitzen die Unfähigen, am Zenit ihrer Möglichkeiten angelangt, die aber beinahe unkündbar sind. Freiwillig macht Ihnen, dem Befähigteren, niemand den Sessel frei.

11 Peter. L. undHull, R.: »Das Peter-Prinzip oder die Hierachie der Unfähigen«; Hamburg 1970

REINKOMMEN UND VITAMIN B

Beziehungen sind der Generalschlüssel zum Gebäude des Erfolges. Als Bestecher, als Schmiergeld-Empfänger oder als Korruptions-Makler sind Sie gleichermaßen auf Beziehungen angewiesen – schöne Ideen allein reichen nicht aus.

Oft kann man hören: »Ich würde ja gern mitmachen, aber leider habe ich keine Beziehungen.« Ganz falsch! Jeder besitzt Beziehungen, die vielleicht noch nie vernünftig genutzt worden sind und nur darauf warten, endlich aktiviert und in mehr Lebensqualität umgewandelt zu werden. Sie können noch weiter gehen: Produzieren Sie neue Beziehungen, die Ihnen Ihren Erfolgsweg planieren und betonieren können.

Wo auch immer Sie Beziehungen knüpfen, pflegen oder ausnutzen: Achten Sie kontinuierlich darauf, daß Ihr Aufwand in einem vernünftigen Verhältnis zum Nutzen steht. Man sollte wertvolle Zeit nicht auf langweilige Personen ohne Bedeutung und Perspektive verschwenden.

Aktivierbare Beziehungen

Jeder, der einem nahe steht oder mal nahe stand, könnte jetzt vielleicht nützlich sein. Schauen Sie sich also um. Schmeißen Sie sich klebrig an schlummernde Beziehungen heran. Sentimental werden die wie auch immer dünnen Bindungen gefeiert. Vorsichtig entwickelt sich über ein geheucheltes Interesse an der Persönlichkeit des umworbenen Gegenübers eine engere Beziehung. Geduld und Hege sind gefordert. Erst wenn die Zeit reif ist, spannt der Korruptionist sein Opfer für seine Belange ein.

Wo findet man latente Beziehungen?

Verwandtschaft

Der hartgesottene Korruptionist überlebt selbst den angeheirateten Teil auf Beerdigungen, Hochzeiten, Jubiläen oder im Rahmen einer Verwandtschaftstournee. Kein Clan besteht ausschließlich aus Versagern.

Man muß Hausmannskost und Schwatzhaftigkeit ertragen, wenn man sich beliebt machen will. Die Mühen könnten aber reich belohnt werden. Der ehemalige Chef des Bundesnachrichtendienstes (BND) Gehlen hat während seiner Amtszeit immerhin 16 Verwandte in seiner Geheimbehörde unterbringen können, darunter Bruder, Schwager, Sohn und Schwiegersohn. Insgesamt arbeiteten 130 Personen im BND, die unter den Arbeitskollegen dort Verwandte hatten. Und sicher kennen auch Sie genügend Beispiele, wo jemand nur dank Beziehungen einen Job bekam.[1] Billy Carter hat während der Amtszeit seines Bruders Jimmy, des US-Präsidenten, ca. eine Million DM pro Jahr verdient – weil er der Bruder war. Er konnte sich der Verhaftung nach Annahme von Schmiergeldern aus der Brieftasche von Gaddafi nur entziehen, als er sich offiziell als Vertreter und Agent Libyens registrieren ließ.

Freunde der Familie

Nennonkel und Nenntanten, Muttis Jugendfreundin oder Vatis Saufkumpane, die Liebhaber der Geschwister, die Familie und der Freundeskreis des eigenen Schatzis: eine riesige Fundgrube möglicher »Beziehungen«. Augen zu und durch: Auch die fadesten Personen könnten ein Trittbrett zum Erfolg sein. Man muß nur drauftreten.

Schul- und Jugendfreunde

Man hat sich zwar längst aus den Augen verloren, aber der eine oder andere der damaligen Spezis hat es bestimmt zum Regierungsdirektor gebracht. Wie froh wohl Waldemar Schreckenberger war, als er merkte, daß sein Schulkamerad Helmut Kohl nicht nur Star wurde, sondern auch sentimental genug blieb, um den Jugendfreund überall in seiner Nähe das Schreckenberger-typische »Bermuda-Dreieck« aufbauen zu lassen? Man darf allerdings keine Angst vor Klassentreffen und Korrespondenz haben.

Ehemalige Kommilitonen

Da ist die Bindung noch nicht ganz so alt, man weiß, in welcher Branche jemand tätig werden wollte und spricht dieselbe Sprache.

Ex-Kollegen

Einst litt man unter der Knute desselben Sklaventreibers. Heute kann man sich beim Bier sentimental an »damals« erinnern. Damals im Büro oder damals im Ikea-Bett? Oder auch – und solche Beziehungen können manchmal sehr wichtig sein – damals im Knast.

---

1 Bluth 1983, S. 190

Lehrer, Ausbilder und Professoren

Ewig währe das Band zum gütigen Doktorvater oder dem gestrengen, aber ach so gerechten Meister, der Ihnen seine alte Armbanduhr zur Erinnerung mit auf den Lebensweg gab. Der wohlwollende Mentor steckt Sie zu anderen ehemaligen Zöglingen, die etwas älter sind als Sie, aber schon irgendwo Fuß gefaßt haben. Oder er empfiehlt Sie an befreundete Entscheidungsträger in Verwaltung oder Wirtschaft weiter. Überall wo Frischlinge eingestellt werden, wird dem persönlichen Urteil eines Lehrers unter vier Augen mehr getraut als jedem Zeugnis oder Eignungstest. Es bewährt sich daher in jedem Falle, ein sehr gutes Verhältnis zu seinen Lehrern zu haben – kurz unter der Grenze zur Schleimigkeit, aber immer bewundernd und wißbegierig, vor allem aber dankbar.

Erpreßbare

Jeder weiß irgendetwas über andere, was diesen anderen schaden könnte. Eine zarte Andeutung »gemeinsamer Interessen« und gemeinsamer Gefährdung muß ausreichen. Genehmigungspflichtige Waffen zeigen Sie nur auf besonderen Wunsch.

Produzierbare Beziehungen

Kontakt knüpfen, Sympathie auf sich ziehen, Vertrauen gewinnen – und dann Ausnutzen, bis nur noch ein saftloser Preßrückstand verbleibt: So kann man die Produktion von Beziehungen kurz zusammenfassen.

Parteien, Interessenverbände, Kirchen

Kann es eine schönere Grundlage für lohnende Korruptions-Geschäfte geben als eine gemeinsame Gesinnung? Wir, also die Handverlesenen, gemeinsam mit dem Waigl Theo gegen den Rest der Welt. Wer für die gleichen Ideen kämpft (und sei es aus lächerlich idealistischen Gründen statt aus Berechnung!), wünscht sehnlich, daß Gesinnungsgenossen an allen wichtigen Stellen das Sagen haben oder einen Reibach machen, denn »Engagement« ist der Traum von der unbegrenzten und erfolgreichen Ich-Vermehrung ganz ohne Gentechnik.

Wer sich von einer bestimmten Person fördern lassen will, tut gut daran vorzugeben, mit diesem Förderer weitgehen übereinzustimmen, und zwar in in Weltbild, Zielen und der Frage, auf welche Weise sie zu erreichen sind. Studieren Sie daher die Eigenheiten des Patrons. Durch eine gewisse Bewunderung, beflissene Hilfsbereitschaft und Dienstbarkeit wird man in Bestzeit zur Vertrauensperson und verfügt nun über wertvolle »Beziehungen«.

Es ist immer günstig, mehrspurig zu fahren. Jede SPD-Mitgliedschaft wird durch gewerkschaftliche Aktivitäten abgerundet, Bürgerinitiativen und »Amnesty« nützen auch. Der CDU-ler sollte zugleich in einer Standesorganisation (Handwerksinnung, Bauernverband etc.), einer Kirche und mehreren traditionell gestimmten Vereinen (Jägerschaft, Oberschlesier, Veteranen der Waffen-SS etc.) vertreten sein. Es kann nicht schaden, das Netz der Mitgliedschaften eines einflußreichen und als Protektor ausgesuchten »Vorbildes« zu kopieren.

Übernehmen Sie erst Ehrenämter, wenn deren Nutzen außer Frage steht oder Engagement als Kostprobe Ihres Organisationstalentes oder Ihrer Selbstlosigkeit unumgänglich wird. Man will sich schließlich nicht für andere aufreiben.

Auch in der Funktion des Mitläufers können Sie über Beziehungen dieser Art profitieren. Dazu ein Beispiel: Der damalige CDU-Landtagspräsident von Niedersachen, Brandes, schreibt in einem Brief an seinen Kreisverband: »Es war mir nicht möglich, allen personellen Wünschen aus dem Kreisverband zu entsprechen. Ich freue mich aber z.B., daß Herr Adam Rektor ist und daß wir Herrn Tanzmann – nach zwei oder drei erfolglosen Versuchen für den Kreistag – bei der Kreisverwaltung unterbringen konnten und ich unter anderem den ihm verschwägerten Töchtern des Herrn Kirsch und seinem Sohn bei der Lehrereinstellung wirksam helfen konnte.«[2]

Vereine

Auch jeder nicht »politische« Verein vertritt eine bestimmte Gesinnung. FKK und Briefmarkensammler bringen für die meisten Karrieren wenig. Tennis hat schwer verloren. Reiten: naja. Interessanter sind allerdings Golf-Clubs, die Jägerschaft (im Vordergrund Lüsternheit auf Macht, Aggression, Konservativismus), Freimaurer (überaltert und scharf auf Nachwuchs unter 50!), Karneval-Clubs und alle anderen Hochkulturvereine (Schwätzer genießen und palavern kenntnisreich in rebus Theater, Kunst, Musik, Oper, Literatur etc.).

Je weniger »Volk« Ihnen im Verein den Mief vor der Nase wegatmet, desto interessanter sind seine erlesenen Mitglieder für Sie. Exklusive Vereine vom Zuschnitt der Rotarier oder Lions, in die man nur aufgenommen wird, wenn man zwei Mitglieder als Bürgen beibringen kann, sind ideal für alle Ambitionen.

---

2 Bluth, 1983, S. 192

Ein Herz für Kinder

Verantwortungsvolle Eltern geben ihren Kindern alle Beziehungen mit auf den Weg, über die sie selbst verfügen. Doch das reicht nicht! Wenn Ihre Kinder erwachsen sind, sind nämlich nicht nur Sie, sondern auch Ihre Beziehungen inzwischen in Rente und damit etwas zahnlos.

Daher sollten man von Anfang an alles tun, damit die Kinder sich frühzeitig eigene tragfähige und einflußreiche Beziehungen aufbauen. Es fängt ja schon mit der Auswahl der **richtigen Spielkameraden** an, auf die sich ein Kind auch im Erwachsenenalter noch beziehen können soll. Das erstklassige **Internat** entpuppt sich als eine hervorragende Investition für die Zukunft, zumal es heute in den meisten Städten keine allzu eindeutigen **Eliteschulen** mehr gibt. Wer sich Salem etc. nicht leisten kann, nimmt die Sparlösung Waldorfschule oder mutet dem Kind einen etwas längeren Weg zu einem überdurchschnittlich beleumundeten Institut in der Nähe des Wohnorts zu (evtl. ist dazu ein Scheinwohnsitz im entsprechenden Bezirk bzw. Bundesland mit dem günstigeren Umrechnungswert bei den Abitursnoten notwendig!). »Elite«-Schule heißt übrigens: Schüler von Elite-Eltern, nicht hervorragende Ausbildung!

Mit der entsprechenden Empfehlung läßt sich Ihr Nachwuchs dann an einer **Elite-Uni** bei einem gewogenen, nicht unbedingt geschmierten Professor unterbringen. Zur Abrundung sollte unbedingt die angemessene **Burschenschaft** ausgewählt werden (Mädchen haben es nicht so leicht).

Auch auf die **Auswahl des Ehepartners** können Eltern selbst heute noch – ganz vorsichtig und eher heimlich – Einfluß nehmen. Fördern Sie nützliche Partner, schneiden Sie die Liebschaften Ihres Nachwuchses, die weder Zukunft noch Mitgift noch Beziehungen noch den kavaliersdelikaten Biß des Profitneurotikers mitbringen. Leider ist die Vernunftehe etwas aus der Mode gekommen.

Party

»Hallo! Freu mich wahnsinnig, dich zu sehen. Gut schaust aus. Was machst du denn hier?« Überall dabei, mit jedem bekannt und bei allen beliebt erscheinen engagierte Aufsteiger mit einem Quast zum Bauchpinseln, weil sie wollen, daß man sie anruft, wenn man mal wieder was unter Freunden zu verteilen hat. Erfahrene Karrieristen lassen keine Vernissage aus, keinen Empfang, keinen Ball und keinen der sonstigen Anlässe des gesellschaftlichen Lebens. Sie nennen das »gesellschaftliche Verpflichtungen«.

Man muß alle kennen und sich den Rest vorstellen lassen. Der erfahrene Partylöwe mit ungenügenden Beziehungen kümmert sich um Gäste, die allein stehen. Konversationstalent und Nettigkeit kommen gut an. Zu erfolgreich und atemberaubend (hübsch, intelligent, einkommensstark) sollte man aber nicht sein: Das macht unbeliebt.

Selbstverständlich kann man als Gastgeber noch leichter Kontakte knüpfen als ein Gast – aber der Tausendkontaktpreis liegt auch wesentlich höher. Der Waffengrossist Adnan Kaschoggi hat in seiner Anfangszeit sämtliche (!) Provisionen aus seinen schmierigen Waffengeschäften in Partys investiert, um sich Anerkennung, Freunde und vor allem Beziehungen zu kaufen und dabei gleich den Eindruck zu erwecken, er sei bereits verdammt dick im Geschäft. Geld zieht Geld an – Erfolg den Erfolg. Wenn man beides noch nicht hat, muß man wenigstens so tun als ob.

Neue oder flüchtige Bekannte

Jeder lernt ständig Menschen flüchtig kennen: an der Theke, im Urlaub, auf öffentlichen Klos, auf Partys, beim Sport, auf Messen und Kongressen, im Krankenhaus, im Büro – überall.

Je fader eine Person ist, desto lieber spricht sie über sich, und das heißt: über ihren Beruf und ihre Bedeutung in der Welt. Wir fördern das und interessieren uns nun für die Details der Macht eines jeden unserer flüchtigen Bekannten, bis wir wissen, ob unser Langweiler wirklich bedeutungslos ist. Dann zahlt er sein Bier selbst.

Wer seine Zielperson bis zur Volltrunkenheit abgefüllt hat, kann ihr bei nächster Gelegenheit vorspielen, man habe sich neulich angefreundet, so sehr, daß der Schluckspecht mit Filmriß einige sehr eindeutige Gemeinheiten ausgeplaudert hat. Vornehm verzichtet man darauf, das Thema »Orgie« zu vertiefen und besteht auf der verabredeten Freundschaft mit dem wichtigen Opfer. Übrigens lassen sich alle Kampftrinker gerne ihre vergessenen Heldentaten erzählen und dafür bewundern.

Diese Empfehlung scheint weit hergeholt, nicht wahr? Ein notorisch bestechlicher Polizeihauptmeister in Hannover machte seinen vorgesetzten Kommissar betrunken und schleppte ihn dann in ein Bordell, wo er »veranlaßte, daß der Kollege entkleidet zusammen mit Prostituierten photographiert wurde«. So gibt es nun ein aussagekräftiges Polaroid[3] vom Kommissar, dessen primäres Geschlechtsorgan im Mund eines Thaimädchen verschwunden war. Als der Kommissar einige Zeit später zwei Zuhälter festnehmen wollte, erfuhr er von dem Schnappschuß mit ihm selbst als Modell.[4]

---

3 Der geübte Erpresser wählt immer Sofortbildkameras, weil an deren Schnappschüssen nicht manipuliert worden sein kann, wie dies bei normalen Fotos oder Dias durchaus möglich ist.

4 Spiegel 16/89, S. 75 ff

Liebe

Sie spielen den verliebten Verehrer, den Tröster, das zögernde Opfer oder den Seitensprung. Heirat und vor allem Kinder vertiefen die Bindung Ihres Opfers an Sie – falls nicht inzwischen **Sie** sich als Opfer fühlen müssen.

Beziehungen kaufen

Sympathie oder sogar Dankbarkeit schlägt dem Edlen entgegen, dem man einen Vorteil verdankt. Man muß ja nicht gleich die 4jährige Tochter der Zielperson in den reißenden Strom werfen, um sich als Lebensretter profilieren zu können. Wer aber einem vorgesehen Gönner einen attraktiven Auftrag verschafft oder ein überwältigendes Sex-Abenteuer vermittelt, hat automatisch wertvolle Beziehungen. Sie haben Ihr Ziel erreicht, wenn Ihr Partner Ihnen einen Gefallen schuldet. Allerdings: Es reicht nicht, wenn nur Sie das so sehen!

Jede Art von Großzügigkeit schafft Freunde. Aber: Ihr Opfer darf die Verbindung zwischen Ihrem Geschenk und der dafür erwarteten Gegenleistung nur als sachte Hoffnung spüren. Die professionellste Professionelle ist die, die ihren Kunden vergessen läßt, daß er sie gerade bezahlt hat.

Wo es sich nicht vermeiden läßt, kann man einen Makler dafür bezahlen, daß man in die Nähe des Gönners vermittelt wird.

Beziehungen erschleichen oder erpressen

Als besonders hilfreiche Beziehungen erweisen sich Leute, die wissen, daß Sie über den entscheidenden Fehler in der Vergangenheit unterrichtet sind. Größte Dankbarkeit erzeugen Sie, wenn Sie von dem schlimmen Problem »zufällig« erfahren haben und sofort rettend eingreifen, mindestens jedoch eine Kostprobe Ihrer Verschwiegenheit liefern. Man hat auch denjenigen für sich gewonnen, dessen gesellschaftliches Überleben man gesichert hat. Nicht ganz so ungetrübt genießen Sie die Sympathie Ihres Gönners, wenn Sie es waren, der den Gestrauchelten zu seinem Fehltritt verleitet hatte.

WAS IST ZU TUN, WENN WIR AUFFLIEGEN?

Haben Sie einen Fehler gemacht, hat Ihr Partner versagt oder ließ sich die Pechsträhne auch mit Wet-Gel nicht in die Frisur integrieren? Egal – der Ärger ist da, sobald auch nur ein Verdacht gegen Sie existiert. Hoffentlich wächst er sich nicht zur Katastrophe aus. Sie müssen mit Ermittlungen gegen sich und Ihren Partner rechnen.

Wenn Sie diesen GAU schon seit Beginn Ihrer Planung berücksichtigt und die Gestaltung des Korruptions-Reaktors soweit möglich danach ausgerichtet haben, können Sie trotz kritischer Masse so relativ ruhig schlafen wie die Nadel im Misthaufen, anstatt am Tag nach der Haussuchung an einem Herzinfarkt zu sterben wie ein Baurat in Hamburg.

Kurzschlüsse mit langer Nachwirkung

Besonders die Korruptionisten in Atombranche entpuppen sich gern als lebensmüde: Transnuklear-Manager Holtz, der wohl an die 15 Mio. DM durch Scheingeschäfte mit Belgien für die Schmiergeld-Schwarzkasse gewaschen hatte, saß kurz vor Weihnachten in U-Haft. Als er den Christkind-Trubel nicht länger ertrug, schnitt er sich mit einem Rasiermesser die Pulsadern auf. Ein Kollege von der PreußenElektra, der Schmiergeld kassiert hatte, entschied sich für den Sprung vor den Zug.

Zollhauptsekretär Albrecht Wild von »Schicht drei« hielt am Autobahnkontrollpunkt Kiefersfelden-Kufstein die Hand auf. Eben erst erwischt und gerade wieder aus der kurzen U-Haft frei, erschlug er auf dem Gnadenwege seine 19jährige Tochter mit dem Hackebeil, um sich dann gemeinsam mit seiner verständnisvollen Gattin die Pulsadern aufzuschneiden. Sie verbluteten erfolgreich.

Diese Fälle taugen als Vorbild nicht, auch nicht Uwe Barschel, obwohl er wenigstens vorschriftsmäßig gekleidet war.

Sofortmaßnahmen

Notbremse, Nothalt, Erste Hilfe. Aufhören – und zwar sofort. Der Bundesverband des Kürschnerhandwerkes vergibt keinen Sonderpreis für Dickfelligkeit, sondern zieht gerade diesen Hauttyp gern seinem Träger über die Ohren. Klotzen kann man ja ein andermal. Jetzt heißt es abtauchen. Die Spuren werden verwischt, die Akten neu geordnet – wobei auch welche verloren gehen dürfen. Es muß ja nicht gleich nach dem Hamburger Modell gearbeitet werden, wo im Rahmen einer Einbruchsserie in Büros der Bauverwaltung, der Senatskanzlei und der GAL Beweismittel eines schwebenden Bauskandals aus Aktenschränken und Schreibtischen gestohlen wurden. Auch die in diesem Zusammenhang beliebte Brandstiftung ist selten wirklich unumgänglich. Der Reißwolf aber wird bis an die Grenzen des Tierschutzgesetzes gemästet. Wenn Sie selbst ihm sein Futter nicht bringen können, sollte das ein Ihnen ergebener Naturfreund übernehmen.

Nach getaner Spurenbehandlung sollte möglichst die Stellung gewechselt werden. Das erhöht die Chancen, daß die Sache intern unter den Teppich gekehrt wird. Nur wenn ein offensichtlich korrupter Mitarbeiter frech weiter auf dem hohen Roß Dressurreiter spielt, ist die Öffentlichkeit provoziert. Der Rücktritt mit eingezogenem Schwanz pazifiziert hingegen selbst die Erzfeinde in der eigenen Abteilung.

Und dann kommt die wichtige Frage nach der Protektion. Wer deckt einen wie weit? Man hört zu diesem Thema gern launige Beschwichtigungen seitens anderer Mitmacher – uninteressant. Sie wollen wissen, von welchem Moment – also Erkenntnisstand der Ermittlung – an man Sie fallenzulassen gedenkt!

Das Verfahren beeinflussen

Wenn Sie Ihren Vorgesetzten glauben machen können, daß Sie imstande sind, ihm einen Teil (oder mehrere) der Verantwortung in die Schuhe zu schieben, weil er es im besten Falle versäumt hat, Ihnen vernünftig auf die Finger zu sehen, kommen Sie auch bei groben Verfehlungen mit einem Eintrag ins Klassenbuch davon. Man leitet im äußersten Fall ein **Disziplinarverfahren** ein, weil man sich keine Vertuschungsabsicht nachsagen lassen will. Wo dieses Unterfangen nicht versanden kann, wird eine kleine Abmahnung ausgeteilt – fertig. Einziges mögliches Problem: der überambitionierte Ermittler. Aber auch der hat irgendwo Handbremse und Rückwärtsgang – zu bedienen meist von oben.

Daß der Chef der Hochbauabteilung eines Hamburger Bezirksamtes (61) und sein Bauleiter (37), beide SPD, Teilhaber der Bordelle »Sudfaß« in Hamburg und Lübeck waren und sich damit in der illustren Gesellschaft von St.Pauli-Größen befanden, war behördenintern schon drei Jahre bekannt, bevor die beiden wegen noch größerer Dreistigkeiten ins Schlingern gerieten.

Auch gegen den vielzitierten Berliner Baustadtrat Antes gab es interne Vorwürfe lange bevor der Bauskandal in Berlin hohe Wellen schlug. Aber Eberhart Diepgen schützte seinen Kumpanen, der trotz 8000 DM brutto eine schicke Mühle in Oberfranken besaß (Wert 1,5 Mio. DM). Der Regierende Bürgermeister unternahm auch nichts gegen Antes, als ein interner Bericht ausführlich über dessen Beziehungen zu dem Wupptertaler Autohändler Putsch, einem Korruptions-Makler, berichtete. Intern hieß es: Ein einfacher Verweis muß reichen, wir stehen zwei Monate vor der Wahl.

Sie erinnern sich auch an den Regierungsdirektor im Beschaffungsamt des Bonner Innenministeriums, der den gesamten Ausrüstungsbedarf für den Grenz- und Zivilschutz unter sich hatte? Auch er war als amtlicher Sonnenkönig und Schmiergeld-Empfänger überall bekannt. Es gab endlose Beweise und etliche Dienstaufsichtsbeschwerden, von benachteiligten Unternehmen und behördenintern. Trotzdem: Es tat sich nichts.

Großzügig bekam die Baufirma Kunz auch dann praktisch alle Millionenaufträge vom Abteilungspräsidenten für den Hochbau der Post in München zugeschoben, wenn sie nicht der billigste Bieter war. Manches wies auf massive Bestechung hin. Der Postpräsident Meier (SPD) beschwerte sich über diese Praxis und wurde von Postminister Schwarz-Schilling willkürlich versetzt. Warum bekam der Saubermann Ärger? Die Baufirma Kunz, eine der größten in Bayern, hatte Strauß-Vorgänger Goppel im Aufsichtsrat und ist ein bewährter Großspender der CSU. Da kommt Protektion wie von selbst. 1986 wurde die Firma vom Bundeskartellamt wegen Preisabsprachen zu 3 Mio. DM Bußgeld verdonnert. Diese Summe wurde dann von Rupert Scholz, einst Berliner Justizsenator und zwischendurch Verteidigungsminister, vor Gericht in Berlin auf ein Fünftel (!) reduziert.

Immer unangehm wird es, wenn die **Staatsanwaltschaft** ermittelt. Neben potenten Komplizen und Seilschafts-Mitgliedern können Sie mit etwas Geschick auch Ihre neutralen Vorgesetzten gewinnen. Seiner Wiederwahl und seinem Aufstieg bringt das Image des Saubermanns mit dem Stahlbesen viel weniger als Mauern und Verniedlichung. Auch wäre das Arbeitsklima im an Schmiergelder gewöhnten Herrschaftsgebiet des harten Durchgreifers ruiniert und in der Folge Sabotage nicht auszuschließen. Wie breit Ihr Fehler – also **sein** Fehler – öffentlich ausgewalzt wird, hängt von Ihnen ab; das sollte er wissen.

Sollen Ermittlungen versanden, wird vor allem geschwiegen. Das schönste Schweigen ist dabei das **verordnete Schweigen**, wenn der Dienstherr nämlich meint, die Interessen der Öffentlichkeit (also seine Stellung) könnten durch die Aussage eines anderen Untergebenen Nachteile erleiden. Es geht dann regelmäßig um die Wahrung von Dienstgeheimnissen, auch wenn die Sicherheit von Geheimagenten oder andere, mit der Rettung der Welt eng verwandte Belange, mal nicht im Spiel sind. Der Befehl dazu kommt manchmal auf Umwegen aus dem Olymp, ohne allerdings, daß sich der Gott oder Halbgott nennen ließe, dessen Schöpfung er war. Die Beamten auf Erden sind ganz froh, wenn sie nach § 61 des Beamtengesetzes (= Pflicht zur Verschwiegenheit in ihm »amtlich bekanntgewordenen Angelegenheiten« auch nach Ende des Dienstverhältnisses) die Lippen versiegelt lassen müssen dürfen: Sie zeigen ihre Loyalität zum Führer und sind auch kein Kameradenschwein. Schweigen ist Gold – die Förderquote können Sie beeinflussen.

Zu einer **gütlichen Einigung** können Sie vor allem ein Wirtschaftsunternehmen überreden. Besonders Banken und Versicherungen fürchten den Imageverlust durch einen aufgeflogenen Korruptions-Skandal mehr als die paar Mark, die verloren wurden. Wer vertraut seine Schwarzgeld-Guthaben schon gern einer Bank an, die korrupte Mitarbeiter beschäftigt?

Den Job sind Sie wohl los, aber wie sieht es mit einer Abschlagszahlung und einem vernünftigen Zeugnis aus? Gut, sehr gut sogar, wenn sich so verhindern läßt, daß Sie im Blitzlichtgewitter die firmentypische Schmutz- als Reizwäsche auf dem Laufsteg selbst vorführen – dem Publikum zur schadenfrohen Unterhaltung, den Mitarbeitern als Anleitung zum Selbstversuch.

Auch im Amt wird nichts so sehr vom Dienstherrn gefürchtet wie die Strudelbildung. Wenn Ihre Vorgesetzten sicher sein wollen, daß der Sog nicht auch sie erfaßt – und die Konkurrenz hilft rühren –, dann ist Kooperation mit dem schwarzen Schaf angezeigt, mit Ihnen also. Aber natürlich unsichtbar. Schalten Sie bewährte Makler ein, und denken Sie über ein Opfer nach, das Sie nicht weiter schmerzen, den Lynch-Instinkt des Mobs aber stillen würde.

Gegen den Chef des Garten- und Friedhofsamtes in Frankfurt wurden schwere Korruptions-Vorwürfe erhoben. Der Familienbetrieb Grzanna hatte behauptet, man habe unter Druck neben etlichen Geschenken auch wöchentlich DM 850 (insgesamt DM 300.000) an den Amtsleiter zahlen, den Grabschmuck zur Beerdigung seiner Mutter übernehmen und privat auch noch Schreibarbeiten für ihn erledigen müssen. Der spätere Frankfurter Oberbürgermeister Brück war zu der Zeit als Personaldezernent unter OB Wallmann mit der Sache befaßt. Er sagte, es sei ihm »wenig sinnvoll« erschienen, diese Sache weiterzuleiten, und ließ sie weitgehend auf sich beruhen, nachdem der beschuldigte Beamte fingierte Quittungen vorgelegt hatte. Die Sache wurde intern ignoriert, und am Ende ließen sich sogar die Grzannas überreden, ihre Vorwürfe zurückzunehmen. Ganz bestimmt ohne Gegenleistung ... [1]

Verteidigungslinien

Beweisnot

Wo sich keine Beweise ermitteln lassen, wo die angebliche Rechtsbeugung ein weder durch Zeugenaussagen noch Indizien ernstlich gestütztes Gerücht bliebt, wird das Ermittlungsverfahren eingestellt oder die Eröffnung eines Gerichtsverfahrens verweigert, weil »Mangel an Beweisen« besteht.

Leugnen, möglichst ohne zu lügen

Jede Schuld wird abgestritten, wobei man möglichst nahe an der Wahrheit bleiben und nicht durch Detailliebe auffallen sollte. Wer sich an die Farbe des Schnürsenkels seines Geschäftspartners bei einem brisanten Treffen erinnert, kann nicht auf Gedächtnislücken pochen, wenn gefragt wird, ob bei jenem Treffen 20.000 DM in bar den Besitzer wechselten.

Die hohe Kunst des Genscherns besteht darin, auf konkrete Fragen langatmige Antworten zu geben, die mit der Frage nichts zu tun haben. Geschwätzigkeit ist sättigend, aber nur in einer von jeder Aussage entgräteten Zubereitung.

Geben Sie mit zeitlicher Verzögerung nur die Dinge zu, die sich überhaupt nicht mehr leugnen lassen, und behaupten Sie dann, das immer schon gesagt zu haben, aber (absichtlich?) mißverstanden worden zu sein. Machen Sie im Höchstfall sukzessive Teilgeständnisse.

Vorsicht vor einem zwar verbotenen, aber üblichen Trick der Ermittler: Der verständnisvolle Beamte erklärt Ihnen beim Verhör, daß sowieso schon alles bewiesen ist – Aktenlage, Zeugen, Komplizen – und Sie nur noch durch ein Geständnis die sonst unumgängliche Höchststrafe mindern können. Das ist natürlich Unsinn. Mit dem Strafmaß hat die Ermittlungsbehörde nichts zu tun, schon gar nicht irgendein subalterner Fragensteller der Polizei. Über Strafen entscheidet allein der Richter.

Erinnerungslücken

Selbst das Kanzleramt kann den natürlichen Alterungsprozeß nicht verhindern. Das merkt man am Gedächtnis. Auch wenn jeder im Saale sich einbil-

1 Spiegel 41 und 47/88

det zu wissen, warum Sie sich nicht erinnern können: nachweisen, daß Sie die fragliche Antwort ganz präzise geben könnten, nachweisen kann man Ihnen Ihr »daran kann ich mich nicht erinnern« als Lüge erst, wenn Sie gleich nach der Sitzung des Untersuchungsausschusses vor staunendem Publikum mit Ihrem schlauen Trick von der Erinnerungslücke herumprahlen. Ernst Albrecht gebe uns ein Vorbild durch seinen Antwortstil vor dem Untersuchungsausschuß »Celler Loch«: »Da ist meine Erinnerung verschwommen.« – »Meine Erinnerung ist nicht unfehlbar in diesen Dingen.« – »Dafür würde ich meine Hand nicht ins Feuer legen.« – »Ich sehe das heute nicht so klar.«[2]

Ein Black-out kann umso glaubwürdiger vorgeschützt werden, je länger die belegbare Krankheitsgeschichte ist. Friedrich Zimmermann hatte anläßlich der Münchner Spielbankenaffäre einen Meineid geleistet. Kaum war er dieses schweren Deliktes überführt und verurteilt, brachte er ein Attest bei, in dem ein Gutachter behauptet, daß Zimmermann zur Zeit der Lüge unter »Überfunktion« der Schilddrüse litt, die zu einer »Unterzuckerung des Blutes und deshalb verminderter geistiger Leistungsfähigkeit« geführt habe. Er wurde wegen § 51 (verminderte Zurechnungsfähigkeit) freigesprochen (1961).

Vorsichtige Korruptionisten befinden sich regelmäßig in Behandlung – prophylayktisch[3]. Und jetzt fragen Sie bitte nicht, ob der Arzt geschmiert ist.

»Zu kompliziert für mich«

Vor Untersuchungsausschüssen kann man sich mit der Schwierigkeit der Rechtsmaterie herausreden: Wer wollte von einem Laien verlangen, daß er weiß, wo der Unterscheid zwischen Dolus eventualis und grober Fahrlässigkeit liegt? Nun haben Sie bei den Fragen zur Person schon zugegeben, daß Sie dem Staat als Rechtsprofessor auf der Tasche liegen. Auch kein Beinbruch, denn in diesem Falle werden Sie ja wohl besser verstehen, worum es sich hier handelt als irgendein fachlicher Hänfling von Staatsanwalt. Die Schwierigkeit der Materie eignet sich immer wieder als Ausrede und Einstieg in endlose Diskussionen über Definition und verbindliche Bedeutung, aber auch über Verfahrensfragen und Kompetenzen.

»Alles ist relativ«

Ob eine Handlung noch im Ermessensspielraum stattfand oder jenseits der Grenzen des guten Geschmacks, ob die Sorgfalt gewahrt und übergeordnete Rechtsgüter die ungwöhnliche Entscheidung trugen, ob es sich um ein priva-

2 Spiegel 26/88, S. 69
3 Vereinbaren Sie umgehend einen Termin!

tes Geschenk oder eine rechtlich relevante Vorteilsannahme handelte: alles eine Frage der Sichtweise. Sie fühlten sich nach angemessener Prüfung natürlich voll im Recht, ob als Geber oder Nehmer. Ernst Albrecht sagte einmal über seinen Innenminister Hasselmann, er habe, als er objektiv log, **subjektiv** die Wahrheit gesagt. Wichtiger als die Schwere der Tat ist die Abwesenheit jedes Unrechtsbewußtseins.

Ausreden

Leider kommt man nicht immer darum herum, eine gewisse Teilschuld einzugestehen. Aber die ist klein, weil die Ausrede stimmt. Tatbestands- und Verbotsirrtum funktionieren nur gelegentlich. Aber Fahrlässigkeit aufgrund von Zeitdruck, Überlastung, Mangel an Erfahrung oder weil man selbst das Opfer eines gerissenen Verbrechers wurde?

Das Holzfaserwerk Renitex im Saarland mußte sich mit lästigen Umweltschutzauflagen herumplagen. Der Prokurist schrieb von Hand eine Notiz an den Rand eines Aktenvermerkes: »Das heißt, wir müssen die richtigen Abgeordneten bestechen.« Als dieses Dokument in die Hände der Ermittler gerät, lautet die Erklärung, das sei »ironisch gemeint« gewesen.[4] Der Könner schreibt alle belastende Sätze in Anführungszeichen, damit ihm der Jenninger-mäßige Abstieg erspart bleibt.

Auskunft verweigern

Jeder Beschuldigte hat das Recht zu schweigen. Wo sich der Verdacht nicht durch ein Minimum an Beweismaterial untermauern läßt, wird ein Gerichtsverfahren gar nicht erst eröffnet. Etliche Male wäre es nie zur Verhandlung gekommen, wenn der Beschuldigte im Ermittlungsverfahren sein Mitteilungsbedürfnis gezügelt hätte, statt in der Rolle des Lügners oder wahrheitsgemäß zu plaudern.

Zeugen sind zur Aussage verpflichtet und werden empfindlich bestraft, wenn man ihnen das Lügen oder absichtliche Auslassungen vor Gericht nachweisen kann. Kein Zeuge kann allerdings gezwungen werden, sich mit seiner Aussage selbst zu belasten, sich also als Rechtsbrecher zu präsentieren.

Wenn gegen einen Zeugen zeitgleich ein Verfahren in ähnlicher Sache läuft, kann er mit Hinweis auf diesen Umstand praktisch jede Zeugenaussage ablehnen. Ist er allerdings wegen dieser Sache schon verurteilt oder freigesprochen worden, so ist der Zeuge nun verpflichtet, in diesem Zuammenhang auch dann gegen andere auszusagen, wenn er sich dadurch nachträglich noch mehr belasten muß. Hier greift das Recht auf Selbstschutz als Ausrede nicht,

4 Spiegel 50/88

denn wegen derselben Sache kann niemand zweimal vor Gericht gestellt werden.

Neben Personen mit Schweigepflichten und engen Familienmitgliedern dürfen auch Verlobte die Lippen geschlossen halten. Einen Satz Verlobungsringe sollte man immer im Handschuhfach mitführen.

Der Gegenangriff

Lästigen Verfolgern kann man die Hölle heiß machen, besonders wenn man über einen guten Draht nach ganz oben verfügt. Der Vorgesetzte des Ermittlers umschreibt leise das gewünschte Resultat, z.B.: »Nichts, was der Partei schadet« oder der Seilschaft oder dem Ruf des Instituts etc. Er stellt dem zu eifrigen Ermittler einen ergebenen Referendar als Aufpasser vor die Nase. Sollten dennoch mißliebige Zwischenergebnisse vorgelegt werden, so muß der zu wackeren Spürnase mit Versetzung und Karriereknick gedroht werden.

Um einen hartnäckigen Fahnder anderweitig zu beschäftigen, deckt man ihn mit Dienstaufsichtsbeschwerden ein. Sie können ihm vorwerfen, er habe Ihnen vorgelogen, es lägen Geständnisse und andere Beweise für Ihre Schuld vor, er habe Sie eingeschüchtert oder Sie mit unrechtmäßigen Sanktionen bedroht (U-Haft für Jahre, gewalttätige Zellengenossen etc.). Er habe angeboten, die Sache pflichtwidrig niederzuschlagen, wenn Sie kooperierten oder fein den Wunsch nach Schmiergeld angedeutet. Außerdem hatte er eine Fahne und versuchte Sie dazu zu bewegen, ungelesene Protokolle zu unterschreiben. Hat er Prügel angeboten, Foltermethoden beschrieben, obwohl auf Ihrer Seite kein wissenschaftliches Interesse bestand, oder gedroht, dank seiner Beziehungen Ihrer Frau oder den Kindern das Leben schwer zu machen, Geheimdaten an die Steuer durchzureichen etc. etc.?

Natürlich wehrt sich der rechtschaffene Ermittler gegen ein solches Sperrfeuer von Vorwürfen. Aber seine Gegenanzeigen wegen Verleumdung kosten ihn nur Mühe und Geld und werden dann doch eingestellt. Das Verfahren schleppt sich schon ewig hin, Möbelwagen voller Ordner werden bewegt.

Auch die eigentliche Arbeit kommt nicht voran. Zeugen widerrufen Aussagen oder können sich nicht mehr erinnern. Angeforderte Akten bleiben verschollen.

Der Ermittlungsbeamte wird weiter diffamiert – was ihm als homosexuellen DDR-Spion mit Alkoholproblem ganz recht geschieht. Auch die krankhaften Züge seiner Karriere-Geilheit, seine Hörigkeit bestimmten Einflußgruppen gegenüber und seine dunkle Vergangenheit (trotz Gnade der späten

Geburt) können Sie enthüllen, denn Zeugen und Beweise sind dafür da, daß man sie hat oder produziert. Und immer wieder Disziplinarverfahren, auch wegen solcher Kleinigkeiten wie: »Er hat das Diensttelefon zu Privatgesprächen benutzt.« Und am Schluß: Versetzung in die fensterlose Schreibstube gleich neben dem Klo, in einer exotischen Gegend wie Köln-Ost, ans Ende der Welt – Verbannungsinsel. So geschehen bei dem Bonner Steuerfahnder Förster, dem Mann, der durch Zufall eine Spendenwaschanlage der CDU in Liechtenstein entdeckte und damit die Flick-Skandal-Lawine lostrat. Schon 1976, vor der Bundestagswahl, wies man ihn von oben an, »in dieser Angelegenheit vorläufig keine Fahndungsmaßnahmen zu ergreifen«. Förster ließ aber nicht locker. So wurde er versetzt, ins Finanzamt Köln-Ost »hinwegbefördert«. Anfang 1984 quittierte er frustriert den Staatsdienst und ist seither Rechtsanwalt.

Das Bauernopfer

Ein Verlierer wird ans Kreuz gedübelt. Pech gehabt, kleines Rädchen im Getriebe. Wußte das Opfer über sein Risiko bescheid? Dann darf sich Ihr schlechtes Gewissen auch in Grenzen halten. Wer z. B. in einer Seilschaft aufsteigen will, muß seine Lehrjahre in Positionen ableisten, die nur den eigenen Kopf in Gefahr bringen. Er muß sich »weit aus dem Fenster hängen«. Warum sollte ein Patron sonst Interesse daran haben, die neue Figur aufzunehmen und mit hochzuziehen? Der Chef sagt am Ende der Korruptions-Konferenz: »Sie wissen ganz genau: Wenn das nicht klappt – **ich** habe von nichts gewußt. Und ich wollte auch von nichts wissen.«

Kriminelle Methoden

Wer sich in Notwehr befindet[5], wird zu Mitteln greifen, die sich sonst verböten. Da werden **Beweise erfunden** und falsche Spuren gelegt, mit denen man sich selbst entlastet und vielleicht einen anderen belastet: einen Komplizen, einen Unbeteiligten oder doch wenigstens den Großen Unbekannten.

Die eine oder andere Banknote reißt schwere Lücken ins Gedächtnis des

5 Und mancher fühlt sich immer in Notwehr ...

Zeugen, der alles gesehen und gehört hat, oder läßt gestern noch klare Zusammenhänge in einem ganz anderen Licht erscheinen.

Sie ruinieren Ihre Position mit einem Zeugen, der vor Gericht zusammenbricht – plötzlich war alles doch ganz anders, und dann beichtet er auch noch unter Tränen, daß Sie ihn mit ein paar Scheinen bestochen haben, das und das zu sagen, ansonsten blühe ihm so allerlei[6].

Zeugen sollen die Version der Geschichte bestätigen, die Sie zu Ihrer Verteidigung vorgetragen haben. Leider können nur gelernte Schauspieler seitenlange Dialoge in wenigen Stunden auswendig lernen. Überschätzen Sie Ihre Zeugen nicht. Es gehört einiger Aufwand an Gehirnwäsche und Durchspielen dazu, bis den Ehrenmännern die gewünschte Lügengeschichte in Fleisch und Blut übergegangen ist und sie nun vor Fangfragen sicher sind.

Immer wieder begehen Anfänger denselben Fehler: Sie treffen sich mit ihren Zeugen und leugnen dann, sich in den letzten Wochen gesehen zu haben. Falsch! Natürlich haben Sie sich gesehen, bevorzugt zufällig – aber Sie haben sich nur über das Wetter unterhalten! Natürlich haben Sie ein privates Verhältnis – aber es ist oberflächlich, obwohl Sie seit Jahren im gemeinsamen Ferienhaus in Ost-Tirol Partnertausch betreiben[7].

Der Erwerb eines Zeugen ist schnell getätigt. Aber **wie glaubwürdig** wirkt er? Einem von Ihrer Macht abhängigen ehemaligen Knastologen glaubt ein Richter so wenig wie Ihrer Frau (aus ähnlichen Gründen). Auch Liebhaber(innen) gelten in der Praxis als parteiisch. Mit Ihren Angestellten können Sie weniger Staat machen als mit Unabhängigen. Ein Beamter ist ein besserer Zeuge als der Staubsaugervertreter. Doch Vorsicht: Allein der Richter entscheidet über die Bedeutung eines Zeugen. Ein solider Zeuge sticht leicht fünf halbseidene mit Neigung zum inneren Widerspruch aus.

Wenn Sie genug bieten, findet sich vielleicht sogar jemand, der die **Schuld übernimmt**. Es ist immer noch besser, man trennt sich von der Hälfte des durch Korruption erwirtschafteten Vermögens, als es in einem Gerichtsverfahren vollständig zu riskieren. Der **gekaufte Sündenbock** bekommt eine Strafe, die er mit links absitzt oder nicht bezahlen kann, weil er sowieso nichts hat. Wer hat den schicken Mercedes finanziert, mit dem er seine schicke Freundin herumkutschiert? Beides Sie.

Es ist zwar nicht ganz die feine Art, aber manchmal bleibt Ihnen nicht anderes übrig als Ihren **Partner reinzureißen**. Die Hauptschuld wird ihm aufgeladen. Bleibt zu hoffen, daß Ihr Partner Ihnen irgendwann im Laufe des

6 Natürlich kann man der Gegenpartei einen unfähigen Zeugen kaufen und ihn vor Gericht als Lügner entlarven. Der Zeuge sollte glauben, die Gegenpartei bezahle ihn.

7 Die materielle Ebene hat immer was Oberflächliches. Und diese Art von Sex wird von den Moralisten doch ständig als Inbegriff von Eiseskälte hingestellt.

nach-korrupten Ärgers mal untreu wird, dann tut es Ihnen im Herzen nicht so weh, wenn Sie ihn opfern. Der Verrat am Partner darf aber nicht die Züge der Rache tragen. Das würde Sie vor Gericht unglaubwürdiger machen. **Bedrohung, Nötigung, Attentate** und **Mord** zur Beeinflussung von Ermittlungs- oder Gerichtsverfahren lehnt der Autor als unwürdig ab.

Rückzugsgefechte

Selbst wenn die gußeiserne Beweiskette um Sie herum gelegt ist und einschüchternd rasselt, haben Sie noch Chancen. Verschleppen Sie den Beginn des Gerichtsverfahrens bis zur **Verjährung.** Ein Stadtrat aus Fürth ließ sich von einer Baufirma schmieren. Den Prozeß wegen schwerer Bestechlichkeit, Betrug und Untreue verscheppte er immer wieder. Neue Termine wurden ausgehebelt, bis endlich wegen des angeschlagenen Gesundheitszustandes das Verfahren nach sieben (!) Jahren eingestellt wurde. Auch Pleite-Bankier Ivan Herstatt, der Herzkranke, hat diese Möglichkeit fast sieben Jahre lang auf vorbildliche Art demonstriert. Herstatt war andauernd verhandlungsunfähig dank ebenso unzähliger wie dubioser ärztlicher Gutachten. Kurz vor der Verjährung kam es doch zu Verhandlung und Verurteilung (4,5 Jahre), weil der übermütige Herstatt trotz angeblicher Krankheit ständig in der Weltgeschichte herumgereist war und sehr gesund zu sein schien.

Oder nehmen wir Dany Dattel, den Oberdevisenschieber in Herstatts Pleite-Bank: Er wurde für **verhandlungsunfähig** erklärt, wegen seiner KZ-Psychose: Im Gerichtssaal hätte er keinen klaren Gedanken fassen können, im Knast müßte er durchdrehen.

Für solche Pirouetten muß man natürlich ein paar Spezialisten in der Hinterhand haben, von denen man schon seit Jahren behandelt wird und an deren hoher Qualifikation und Objektivität niemand zu zweifeln wagt. Mit einem Wort: Gegen die Stimme des international anerkannten Professors muckt der Amtsarzt von Ingolstadt nicht auf.

Bei entsprechendem Vermögen und Mangel an Heimatliebe sei auch die **Flucht ins Ausland** empfohlen, wie sie gerade bei Steuerdelikten immer wieder vorkommt (Schweiz), weil diese im Gegensatz zu Straftaten im Ausland nicht verfolgt werden. Aber selbst dem ernsthaften Verbrecher bieten einige Länder der Dritten Welt Schutz. Es haben schon ganz andere in Paraguay gewartet, bis ihre Sache verjährt war. Eher untypisch verhielt sich Herr Schotte-Natscheff, der Metro-Manager von Düsseldorf. Er hatte das Unternehmen um 36 Mio. DM erleichtert und sich mit seinem Freund nach Paraguay abgesetzt. Das Geld wurde in einem Dutzend Metallkoffern bar mitgeschleppt. Die Polizei der Bananenrepublik deckte den Millionär einstweilen, natürlich nicht umsonst. Also kümmerte sich die Metro-Führung selbst um die Sache. Zwei Privatdetektive und dubiose Gestalten aus der Halbwelt stöberten Schotte-Natscheff in Paraguay auf und »redeten[8]« ihm ein, die Mafia sei hinter den 36 Mio. her und wolle ihn umlegen. Da ging er lieber wieder mit nach Düsseldorf zurück.

Natürlich können Sie die Selbstrettung auch mit einem **Geständnis** versuchen. Der Staatsanwalt hat seinen Erfolg, die Führung einen Skandal weniger in der Presse (kurz vor der Wahl besonders wichtig). Das ist denen vielleicht viel wert. Einigen Sie sich ohne Rechtsgrundlage (»Plea Bargaining«) auf eine Bewährungsstrafe. Ihr Anwalt, der Staatsanwalt und der Richter plauschen auf dem Flur.

Wenn Sie aber dichthalten und damit riskieren, die volle Wucht des Gesetzes abzubekommen, so sollte sich das auf alle Fälle für Sie lohnen. Wen Sie durch Ihr Mauern auch hinter Gefängnismauern schützen, den wünschen Sie sich als künftigen Gönner. Stellen Sie sicher, daß man während Ihres Aufenthaltes in der Justizvollzugsanstalt Ihre Familie vernünftig versorgt, sich für Erleichterungen im Gefängnis einsetzt und Sie nach Minimalzeit Freigänger und dann auch vorzeitig entlassen werden.

Niemandem fällt die gute Führung leichter als dem Korruptionisten. Bestechen Sie das Gefängnispersonal, damit Sie mit interessanten Leuten zusammengelegt werden, von denen Sie was lernen und mit denen Sie nach der Haft in lukrative Geschäftsbeziehungen treten können.

Materielle Absicherung für »danach«

Von verurteilten Korruptionisten verlangt das Gericht saftige Strafen und den »Verfall« des Schmiergeldes – Sie sollen blechen. Einem nackten Mann kann man nicht in die Taschen greifen: Ihr Vermögen, wenn Sie überhaupt so unklug waren, je offiziell eines gehabt zu haben, ist leider wundersam dahingeschmolzen. Und jetzt hat Sie auch noch Ihr Strohmann reingelegt – Konto geplündert und ab durch die Mitte! Oh Elend. Zur Erklärung unerklärlicher Verluste eignet sich wiederum Ihre Geldwaschanlage: Die »Goldgrube« fährt in letzter Zeit nur Verluste. Komisch.

---

8 Leider wurde nicht untersucht, ob neben Mündern auch Mündungen eine beredte Sprache gesprochen haben.

KORRUPTION DO-IF-YOURSELF

Karrierefrauen bestechen

Die Bestechung von Frauen steckt noch in den Anfängen. Dem männlichen Korruptionisten scheinen die wenigen »wichtigen« Frauen zu unbestechlich, der große Rest der eher machtlosen Damen zu unwichtig.

In beiden Fällen haben wir es mit einem alten Vorurteil zu tun. Den Beweis, daß auch Erfolgsfrauen vor lauter Emanzipations-Pathos und menschlichem Bessersein nicht zu weltfremd zum Handaufhalten sind, lieferte Bess Myerson, die Miss America von 1945. In den 70er Jahren unterstützte sie händchenhaltend den in Schwulitätsverdacht stehenden Herrn Koch in dessen Wahlkampf um das Amt des Bürgermeisters von New York. Zum Dank war sie seit 1983 Kulturbeauftragte der Stadt und in Nehmerlaune. Der Bauunternehmer Capasso zahlte seiner Freundin aus Nettigkeit eine Mio. $ alter Wahlkampfschulden und freute sich über städtische Aufträge in Höhe von 53,6 Mio. $. Bess nahm sich die psychisch kranke Tochter jener Richterin, die Capassos Scheidungsangelegenheit bearbeitete, als persönliche Assistentin, und schon reduzierte die dankbare Justiziarin Capassos Alimente von 1850 $ auf 680 $ pro Woche.[1]

Auch die kürzlich zurückgetretene Schweizer Justizministerin Kopp darf als Pionierin gelten, sagt man ihr doch nach, in ein korruptes Netz von Strafvereitelungen verwickelt zu sein, bei denen u.a. Geldwäscher internationaler Drogenringe begünstigt wurden.

Die Frau hinter dem wichtigen Mann

Schlüsselfigurinen in Machtpositionen besticht man in gleicher Weise wie deren männliche Kollegen. Uns sollen nun aber die unterschätzten Frauen auf den niederen Rängen interessieren, die zu gewinnen sich für manches Geschäft sehr wohl lohnt: die untergeordnete Frau, die den (unbestechlichen) Entscheidungsmann als Sekretärin, Gattin, Geliebte, Mutter etc. umflattert.

---

1 Spiegel 52/88

Wenn Sie Frauen für Ihre korrupten Zwecke einspannen oder direkt bestechen wollen, so rollen Sie bitte über folgende Argumentationsschienen:

Mutterliebe
Die Frau übernimmt, ein bißchen mütterlich empfindend, hinter dem Rücken des geliebten und gelegentlich verblendeten Mannes die Entscheidungen zu seinem Besten, weil er selbst zu wenig Mumm dazu hat. Nach Vollendung der Aktion wird es dem Mann wie eine glückliche Fügung des Schicksals vorkommen, was »ihm« da geglückt ist. Dann stellt sich heraus, daß Ingrid es gefingert hat. Groß ist seine dankbare Liebe . . .

Frust-Argumentation
»Das ist die Rache für die Mißhandlungen, die du durch den Entscheidungsträger hinnehmen mußtest.« All die Zudringlichkeit, die Frauenverachtung, die Schlüpfrigkeit, die Mißachtung der Leistung, die Unterbezahlung, die Bevorzugung anderer Frauen (nur weil sie hübscher und jünger sind und williger) wollen bestraft sein.

Sie können Frauen mit verschiedenen Aufgaben betrauen, die sie auch halbtags oder nebenberuflich ausüben können:

Die Sekretärin
Die Frau macht beim männlichen Entscheidungsträger **Stimmung** für Sie oder Ihre Interessen. Um die gewünschte Atmosphäre durch »Fakten« zu unterstützen, können Sie die Frau dazu anstiften, für Sie günstige »Informationen« in den Vordergrund seiner Wahrnehmung zu schieben und zusätzlich die notwendigen **Fehlinformationen** zu plazieren.

Als Einflußagentin soll die Sekretärin auf Sie oder Ihr Anliegen hinweisen, Ihr Thema durch harmloses Fragen zur Sprache bringen oder auch **die mystische Tour** bemühen: durch Erzählung angeblicher Visionen, Vorahnungen oder Träume der letzten Nacht. Lachen Sie bitte nicht! Aberglaube, Astrologie, verschwommene Ideen von übergeordneten Mächten (die man als einzige nicht kaufen kann) sind auch unter scheinbar rational denkenden Managern sehr verbreitet (Die unvergessene Nancy Reagan ließ die Politik der USA von Astrologen entwerfen und flüsterte sie dann dem Präsidenten ein.).

Die schönste Wirkung entfaltet die bestochene Frau durch die **Wiederholung**. Ihr Anliegen muß aktuell bleiben, der Entscheidungsträger muß ständig daran erinnert werden, eine Sekretärin z.B. soll Ihren Vorgang deutlich sichtbar oben auf dem Schreibtisch plazieren. Bei vielbeschäftigten Bonzen entscheidet der **Zugang zum Chef** über den Erfolg. Sie bekommen immer einen Termin, wenn Sie die Sekretärin auf Ihre Seite gekauft haben. Echte Untreue dem Chef gegenüber können Sie leider nur von einer ungerecht behandelten Sekretärin erwarten: Bleibt nur zu hoffen, daß sich Ihr anvisierter männlicher Entscheidungsträger als Schwein aufspielt und seine Sekretärin unterbezahlt ist.

Leicht lassen sich Einsicht in die Planung, in den Stand der Diskussion, in die Schwächen, Wünsche und Machtverhältnisse um den männlichen Entscheidungsträger herum kaufen. Oder, ebenso sorgfältig auf der IBM getippt: Insider-Informationen für den Aktienspekulanten im großen oder beim Kauf eines Autos im Kleinen, wenn die hochattraktive, weil allmächtige Tippse die Kleinanzeigen des nächsten Wochenendes im Henkelmann aus dem Verlagshaus schmuggelt.

Die Ehefrau

Sie kann den Gatten in Ihrem Sinne führen und unter Druck setzen, weil niemand so gut wie sie seine Schwächen kennt.

Die »Freundin«

»Freundin« oder »meine Bekannte« heißt heutzutage die gepflegte Dame, der man eine Wohnung einrichtet, Dessous schenkt, ein Cabrio zur Verfügung stellt und gelegentlich mit Geld aushilft, das sie zurückzuzahlen verspricht.

Schön, wenn man eine so süße Freundin hat wie der niedersächsische Ex-Minister Lehners, SPD, der von Aspiranten um die Spielbank-Konzession in Niedersachsen wissen wollte, ob man der Geliebten ein »Darlehen« von 180.000 DM besorgen könne. Ein andermal verlangte der verheiratete Galan eine Eigentumswohnung für die Dame (DM 100.000). Der Besitzer der »Flughafengaststätten« hat die Freundin drei Jahre lang beschäftigt – die begnadete Büffetthilfe bekam 55.000 DM im Jahr, das ist doppelt so viel wie üblich. Hoffentlich hat sich die Freundin bei Lehners erkenntlich genug gezeigt – in Naturalien, und damit meine ich nicht nur das beliebte »Zuhören«. Die Grenzen zwischen Strohfrau und Mätresse sind fließend.[2]

Die Mätresse oder Konkubine, ohne große Chancen auf Güter- oder Zugewinngemeinschaft, ohne Rechtsschutz und Pensionsanspruch wie sie nun mal ist, wird immer versuchen, **jetzt** so viel wie möglich beiseite zu schaffen.

Freundinnen interessieren sich übrigens ausschließlich für Geld, Sachen lassen sie kalt. Der Grund: Ihr Liebhaber möchte nicht das Gefühl haben, sie sei eine Nutte. Daher bezahlt er ihre Dienste nicht mit Geld, sondern mit

2 Spiegel 40/88

»Großzügigkeit« – Unterwäsche, die **ihm** gefällt, Schmuck, den sie »verlieren« müßte, um ihn zu Geld zu machen, und Reisen, nach deren Ende sie jedesmal weiß, warum die Ehe mit ihm eine Strafe wäre.

Spionin, Verführerin
In diesem Fall prostituiert sich eine Frau in Ihrem Auftrag. Sie schmeißt sich an den männlichen Entscheidungsträger heran, quetscht ihn aus, beeinflußt ihn oder verwickelt ihn in Straftaten oder andere Handlungen, die ihn erpreßbar machen (also vor allem Sex).

Die Angebetete
Männer lassen sich zu den absurdesten Kunststücken verführen, wenn sie sich einbilden, daß sie damit einer Frau imponieren, die sie anbeten. Wenn es im Leben Ihres Entscheidungsträgers noch keine Frau gibt, die er anbetet und über die Sie ihm einreden lassen, nur so und so gelte er ihr als ganzer Kerl, so beschaffen Sie ihm eine.

Wenn wir nun zu den einzelnen Berufsgruppen und den Besonderheiten ihres Korruptionsverhaltens kommen, denken Sie bitte immer an das weibliche Umfeld der Männer, um die es geht.

Politiker

Ein Politiker will Politiker bleiben – ihm macht die Macht Spaß, die eigene »Bedeutung« und das hervorragende Einkommen (ab ca. 120.000 DM netto jährlich). An seiner zwanghaften Neigung zum Am-Sessel-Kleben ändert auch eine so spezielle Arbeitslosenregelung mit »Übergangsgeld« von bis zu 160.000 DM nichts, wie sie sich die besonders unverfrorenen Hessen ausgedacht haben. Warum auch mit der Fälschung zufrieden sein, wenn man das Original noch haben kann: hohe Diäten, unübersichtliche Aufwandspauschalen und üppige »Amtsausstattung« (Dienstwagen, Büro etc.). Zudem genießt der Politiker eine erstklassige Altersversorgung, auch ohne daß er nach seiner »aktiven« Zeit einen ruhigen, aber hoch dotierten Vorstandsposten bezieht (mit dem man ihn vorher bestochen hatte).

Wo die fette Pension nicht hinreicht, läßt er entsprechende Versorgungsgesetze verabschieden: Früher mal war es ein »Lex Wehner«, mit dem der bewährte SPD-Soldat weich gebettet werden sollte, unserer Tage fiel das »Lex Voscherau« gleichermaßen auf: Schmeißt der sympathische Hamburger Bürgermeister und Ex-Notar sein Amt hin, bekommt er ab sofort, ohne die lästige Altersgrenze abwarten zu müssen, DM 9000 Pension monatlich. Wird er dabei 71 Jahre alt, so ist der Deal auf 2,5 Mio. aufgelaufen.

Man bedenke auch, in welche Jobs man wieder absteigen würde, müßte man den Abgeordneten-Stuhl räumen: 40 % der Bundestagsmitglieder haben vorher im öffentlichen Dienst gearbeitet.

Der Politiker mit **Wahlkreis** erbetttelt propagandistische Unterstützung und Spendengeld für seine Eigen-Reklame. Im dankbaren Gegenzug kann er seinem Mäzen auf lokaler Ebene Aufträge oder Privilegien beschaffen. Der Politiker, der auf einen **Listenplatz** angewiesen ist, braucht Geld, um sich die Sympathien der oberen Partei-Ränge zu kaufen. Hierin ähnelt er dem **Parteifunktionär**. Beide eignen sich als Einflußagent in der Partei und diversen Ausschüssen. Der **ehrenamtliche** Politiker kann besonders leicht bestochen werden. Er hat das Gefühl, sich aufzureiben, ohne recht anerkannt zu werden und möchte für seine Parteiarbeit endlich entlohnt werden – so oder so.

Geschmierte Politiker sind für alle Zwecke nützlich, vom hilfreichen Telefonat nach unten bis zum maßgeschneiderten Gesetz ganz oben. Wenn er nicht selbst unterschreiben kann, so ist sein Einfluß regelmäßig so groß, daß der entscheidende Amtsträger sofort kuscht. Politiker befinden über Karrieren und Kaltstellungen im Verwaltungsapparat, sie können Druck ausüben, Ihren Geschäftsideen Gehör und Sympathie verschaffen, wichtige Informationen besorgen und alle anderen Wunder bewirken. Gleichzeitig sind sie aber keine Amtsträger, dürfen also geschmiert werden.

Flick verkauft Mercedes-Anteile für 1,5 Milliarden. Fällige Steuer 800 Mio. Trick: Er kauft US-Aktien und nennt das »volkswirtschaftlich besonders förderungswürdig«, so daß § 6 b des Einkommenssteuergesetzes greift und er keine Steuer zahlen muß. Über die Förderungswürdigkeit entscheiden die Wirtschaftsminister Friedrichs (»Spende«: DM 375.000) und Lambsdorff (DM 135.000), ein bißchen auch Finanzminister Matthöfer (DM 40.000). Alle Zahlungen werden intern in der »Diehl«-Liste des Oberbuchhalters vermerkt.

Selbst branchenintern kann man als Politiker abkassieren, wenn die Stimmverhältnisse knapp genug sind. Hätte es je einen Minsterpräsidenten Albrecht gegeben ohne die Stimme des FDP-Abgeordneten Brennecke, dem man für sein geheimes Kreuzchen an der richtigen Stelle eine richtige Stelle als Regierungspräsident versprochen hatte? Besonders seine Frau (aha!) soll ja sehr sauer gewesen sein, daß sich Albrecht nachträglich nicht daran erinnern wollte.

50 Tausendmarkscheine soll der damalige Geschäftsführer der SPD-Fraktion, Karl Wienand, dem CDU-Abgeordneten Steiner in die Hand gedrückt haben. Dank zweier CDU-Enthaltungen jedenfalls blieb Willy Brandt Kanzler, obwohl das Mißtrauen gegen ihn konstruktiver nicht hätte sein können als Rainer Barzel.

Der Bäckermeister Geldner, FDP-MdB, wollte es genau wissen und trat 1970, als das unter Liberalen gerade Mode[3] war, zum Schein zur CSU über. Er präsentierte hernach eine schriftliche Zusicherung der CSU-Führer F. J. Strauß und R. Stücklen auf einen sicheren Stimmbezirk bzw. die Absicherung auf der Landesliste. Dazu kam das Angebot eines vierjährigen Beratervertrages (insgesamt angeblich 400.000 DM) vom Papierfabrikanten Beyer, Schatzmeister der »Nationalliberalen Aktion«, der schon zuvor den Transfer von Abgeordneten ins Unionslager gefingert hatte. Ich kann Ihnen auch nicht beantworten, aus welchem Teig ein Bäckermeister geformt sein muß, der trotz einer greifbaren fast halben Million lieber weiterhin kleine Brötchen backt, um irgendwas zu »beweisen«. Vielleicht wäre es klüger gewesen, seinen Freunden von dem Plan vorher nichts zu erzählen und sich dann, je nach Angebot, für »Freiheit oder Sozialismus« zu entscheiden.[4]

Der Kontakt zu einem Politiker besonders aus den unteren Rängen ist schnell hergestellt. Besuchen Sie den Ortsverein, werden Sie Parteimitglied. Auch auf regionaler Ebene gibt es Freundeskreise und Ausschüsse, die nicht Hinz und Kunz nehmen. Sehen Sie die Partei nicht als Organisation, sondern konzentrieren Sie sich auf ein paar besonders schlitzohrige Mitmacher, die Sie für sich gewinnen wollen. Bei Sprechstunden und Tagen der offenen Tür kommt man nicht ins Gespräch, wohl aber, wenn man dem Politiker Gelegenheit gibt, irgendwo eine schicke Rede zu schwingen, publikumswirksam ein Band durchzuschneiden oder Kindsköpfe zu streicheln.

CDU/CSU

Die Union setzt der Bestechung die geringsten ethischen Probleme entgegen, denn auch Gottes Gerechtigkeit, Maßstab und Vorbild des Christdemokraten, ist nicht immer durchschaubar. Höchste Ziele heiligen höchste Mittel – und dies ist immerhin ein Kreuzzug. Man läßt sich nur aus Notwehr bestechen – im Kampf gegen das rot-grüne Chaos etc. etc. Das erfordert wohlge-

3 Weil man den Kommunisten die »deutschen Ostgebiete« des eigentlich einig Vaterlandes nicht durch Brandts Ostverträge schenken wollte.
4 Bluth 1983, S. 167 und Roth S. 151 (in Fleck 1985)

nährte Kämpfer. Natürlich geht es auch um Deutschland an sich, das im internationalen Wettbewerb zurückfällt, wenn nicht die richtigen Leute mit den richtigen Ideen nach vorn drängen und Arbeitsplätze sichern.

FDPler

Hier haben sich Selbständige und Freiberufler zusammenrottet, deren Finanzmittel für eine entsprechende Schmierung der Volksparteien nicht ausreichen würden. FPD-Politiker bringen den höchsten Einfluß pro Bestechungs-Mark.

Da bei der FDP das »Volk« nicht mitmischt, geht nichts der wertvollen kriminellen Energie für das Bauerntheater verloren.

Berücksichtigen Sie den hohen Bildungsstandard und die feinen Umgangsformen innerhalb der F.D.P. Nutzen Sie das dichte soziale Netz der Pünktchenpartei, die ihren bewährten Mitmachern noch immer einen netten Posten für danach versprechen konnte (»Versorgungspatronage«).

SPDler

Das sind die Volkstribunen, die zornigen Abgesandten der ausgebeuteten Massen. Doch dieses selbstlose Pathos ist eine hauchdünne Schicht, die schnell durch die Erkenntnis abgewaschen wird, daß Korruption schließlich ein Naturgesetz ist, gegen das ein alberner Märtyrer nichts ausrichten kann.

»Wenn schon Schmierung, dann lieber an uns«, soll der Sozi denken. Und das tut er willig, oft mit vorauseilendem Gehorsam. Lange genug befand man sich im Wartestand und mußte zusehen, wie sich der Gegner schamlos bereicherte. Jetzt ist Zeit für ausgleichende Gerechtigkeit.

Für Sie arbeitet die Ernüchterung, die SPDler regelmäßig erleben, wenn sie mal irgendwo regieren müssen. Statt reiner Lehre nur »Sachzwänge«, Interessenkollision und Intrige. Wenn man soweiso nichts erreichen kann, obwohl man sich erstmal uneigennützig bemüht hat, so sollte man in der zweiten Hälfte der Legislaturperiode wenn schon nicht Deutschland, so doch wenigstens das eigene Konto sanieren.

SPDler können nicht mit Geld umgehen, weil sie nie welches hatten. Kaum ein SPDler kennt sich aus mit Geldwaschen, Scheingeschäften und Scheinfirmen. Er macht als Korruptionist gern grobe Fehler. Auch deswegen besticht die Industrie lieber CDU und FDP.

Nun werden die Roten ja wahrscheinlich demnächst wieder regieren. Aber keine Angst, das muß nicht schaden. Neue Heimat, Coop, der Filz in den Wohlfahrtsverbänden und Städtenamen wie Berlin, Hamburg, Bremen, Frankfurt sowie diverse Ortschaften im Ruhrgebiet traten über Jahre den Beweis an, daß auch Sozialdemokraten nicht immer zu dumm für die Kunst der Korruption sind.

GRÜNE

Noch immer schwer zu bestechen, weil korrupte Kader sich lieber aus der Parteikasse als bei Ihnen bedienen. An der Unbestechlichkeit der Grünen wird sich nicht viel ändern, solange man sich und Freunden Barschecks ohne Belege ausschreiben, sich selbst »Überstunden« aus einer Baukasse vergüten und »Vorschüsse« oder »Darlehen« ohne umständliche Begründung oder Rückzahlung einstreichen kann – vorausgesetzt man habe als Ehrenmann und Ex-Bundesvorstand wie der Fundi Ulrich Trost »sozusagen eidesstattlich versichert«, es handele sich bei den ohne Beleg entnommenen DM 6000 um »Reisekosten«. Im Dickicht der »Eigenbelege« und »Abfindungen« (bis 17.000 DM) fehlen bei Buchprüfung und Kassensturz schon mal 30.000 DM, wie z.B. in Nordrhein-Westfalen, dem Land, in dem sich die »wilden Zahlungen« auf 300.000 DM summierten.[5]

Außerdem widerspricht es dem spontanen Naturell des aufgeschlossenen Grünen-Funktionärs, seinen Verpflichtungen ordnungsgemäß nachzukommen, auch wenn sie aus einem verbindlichen Korruptions-Vertrag stammen.

Vielleicht wird die Bestechung von Grünen zum Wachstumsmarkt der Zukunft. Man sollte schon heute darüber nachdenken, Partner im Apparat aufzubauen, die dann 50 % ihrer Schmiergeld-Einnahmen an Greenpeace spenden können, falls sich das Gewissen rührt.

---

5 Spiegel 25/88

Beamte

Beamte lassen sich am liebsten von Leuten bestechen, die dies von Berufs wegen tun – müssen. Privatleuten und ihren selten lukrativen Einmalgeschäften tritt der Beamte mißtrauisch gegenüber.

In vielen Zweigen der öffentlichen Verwaltung hat sich Korruption als feste Institution so sehr etabliert, daß innerhalb der behördlichen Abteilung Verteilungsschlüssel, nicht selten sogar Verteilungskämpfe vorkommen. Ein ähnlicher Tiefstand der Bemtenmoral ließ sich zuvor nur während der Regierungszeit des Großen Kurfürsten (1640–88) beobachten. Nur ein Neuling, sowohl im Amt als auch auf Seiten des Publikums, versucht einige Zeit ohne Bestechung zu arbeiten – und lernt meistens schnell.

Doch Vorsicht: Trotz Wertewandel und »Dallas« gibt es ihn immer noch, den mehr als preußischen Idealbeamten wilhelminischer Zucht, im Volksmund »Sesselpuper«, »Tintenpisser« oder »Korinthenkacker« geheißen, der mit jedem öffentlichen Pfennig so verfährt als sei er sein eigener Hundertmarkschein.

Nebenverdienst

Aber der Realismus macht auch vor den Behörden nicht halt. Immer wieder berichten die Rechnungshöfe der Länder und des Bundes von Beamten, die nicht nur Beamte sind: Bedienstete der Tierzuchtbehörden arbeiteten in erheblichem Umfang für privaten Tierzuchtverbände (Schaden für Baden-Würtemberg 1980: 1 Mio. DM). Ein voll bezahlter Dozent in Karlsruhe kam in den 18 Jahren seiner Anstellung kaum zum Dozieren, weil an seinem privaten Institut zu beschäftigt war. Auf allen Ebenen werden Überstunden falsch abgerechnet, es wird an nicht existierenden Tagen »gearbeitet«, man schiebt sich gegenseitig Prämien zu.

In Schleswig-Holstein arbeiten allein 25 Landes- und 126 Kommunalbeamte im Nebenberuf als Architekt. Ein Professor aus dem Rheinland kassierte für Entwurf und Bauaufsicht eines 120-Mio.-Projektes 7 Mio. DM Honorar[6].

Gummiparagraph 65 des Beamtengesetzes erlaubt Nebentätigkeiten,

6 Wirtschaftswoche 43/82

sofern die Gefahr der Parteilichkeit nicht besteht oder die Beamtentätigkeit zu leiden droht.

Entscheidungsträger

Genehmigungen und Konzessionen

Wer ist zuständig, wer muß gegenzeichnen, wo verlaufen die Richtlinien des Ermessensspielraums? Das kann man selbst herausfinden oder jemanden herausfinden lassen. Wen? Die besten Statiker sitzen im Amt selbst und freuen sich über jeden »Auftrag«. Arbeiten Sie eine eigene Interpretation der Sachlage aus, die der Entscheidungsträger als amtliche Argumentation dann ins reine schreiben kann.

Kontrollen und Abnahmen

Konnte der Amtsträger bei Genehmigungen und Konzessionen noch sozusagen politisch entscheiden, so ist spätestens jetzt ein technisches Urteil gefragt. Kontrollen müssen sich meist auf Stichproben beschränken. Da ist es gut, wenn man wegen Schmiergeld- und Vertrauensvorschuß gar nicht oder doch höchstens zu einer Zeit kontrolliert wird, zu der das Amt sowieso vollkommen überlastet ist. Wenn früh genug bestochen wurde, kann man Ihnen noch rechtzeitig mitteilen, auf wann die nächste »überraschende« Kontrolle Ihres Musterbetriebes angesetzt ist. Der Zeitpunkt muß hinausgeschoben werden, wenn man noch Korrekturen anbringen will.

Natürlich ist es schön zu wissen, welche Teilaspekte bei der Stichprobe begutachtet werden sollen. Sorgen Sie dafür, daß die vorbildlichen Teile Ihres Schweinestalls nicht übergangen werden. Bei der Gelegenheit können Sie auch gleich darauf hinweisen, wo sich Ihr Kontrolleur die »Inaugenscheinnahme« ruhig schenken kann und wo Sie Makel eingebaut haben, damit das Gesamtergebnis nicht so verdächtig glänzend ausfällt, daß der bisher nicht geschmierte Vorgesetzte am Ende auch noch bedacht werden muß.

Die besten Kontrollergebnisse werden übrigens regelmäßig da erzielt, wo der Kontrolleur etwas kontrolliert, an dem er selbst beteiligt ist – als Berater, als Planer, als Teilhaber. Ein zuständiger Mitarbeiter des Gesundheitsamtes Frankfurt beispielsweise verzichtete auf Kontrollen von Prostituierten, die er für sich selbst auf den Strich schickte.

Oft erscheint der Kontrolleur nicht allein, sondern mit seinem Kontrolleur. In diesem Fall verbietet sich jede offene Rede. Evtl. spielt der Beamte sich auf, um seine Bestechlichkeit vor dem Kollegen zu verstecken.

Sachbearbeiter

Der Sachbearbeiter schlägt sich überwiegend mit Routineaufgaben herum, für die sich niemand interessiert. Werden Sie schon hellhörig? Er erledigt eine Unzahl gleichförmiger Vorgänge, die Kontrolle ist gering, solange sich niemand beschwert. Aber was sollte es auszusetzen geben, wenn der Bursche sich sein Schmiergeld redlich verdient?

Wie wäre es mit einer Karriere als Mediziner? 1982 hagelte es massenhaft Anzeigen gegen Beamte verschiedener Unis, die Abiturienten mit schlechten Noten zu einem Studienplatz verholfen hatten – gegen Geld.

Auch wegen einer schönen Wohnung wendet man sich an den zuständigen Sachbearbeiter. 1986 gestand ein Mitarbeiter des Wohnungsamtes in Stuttgart, bei der Wohnungsvergabe 15mal Schmiergeld angenommen zu haben. Seit 10 Jahren sei im Wohnungs- bzw. Ausländeramt gegen Bakschisch an Ausländer vermakelt worden.

Ein Oberstadtinspektor verkaufte Aufenthaltsgenehmigungen für 500–1500 DM. Daß er nicht gegen einen Glückspielbetrieb einschritt, ließ er sich mit 3000 DM vergüten.

Leider spielen sich Sachbearbeiter gern auf und verlangen unrealistische Summen für ihre nur mittelwichtigen Dienste. Da nützt es, wenn man die Preise der echten Fälscher kennt. Die jüngst aufgeflogene Kölner Werkstatt »Hobbydruck« hatte 300 Stempelnachbildungen für Bescheinigungen und Ausweise von Ausländergehörden, Arbeits- und Zollämtern, Grenzdienststellen, karitativen Verbänden sowie Notaren und Konsulaten im Angebot. Auch Abiturszeugnisse und Studentenausweise konnte man kaufen. Die »Hobbydrucker« verlangten für einen Führerschein 3500 DM (Klasse II DM 5000), für einen Reisepaß 6000 DM. Einen »fälschungssicheren Ausweis« hätte Ihnen ein Sachbearbeiter des Einwohnermeldeamtes Bergkamen, Kreis Unna, für nur 3000 DM ausgestellt.

Wenn sich der Behördenmann schon nicht getrauen will, Ihnen direkt zu helfen, so kann er doch Ihrer Konkurrenz Scherereien bis an die Grenze der Schikane machen, weil er »einen Tip bekommen hat« – von Ihnen, und ein Trinkgeld obendrein. Der Sachbearbeiter kann übrigens auch dafür sorgen, daß Ihre Sache in die richtigen Hände kommt oder Ihr Name aus dem Computer verschwindet: Ab heute nicht mehr vorbestraft, und auch die Bundeswehr interessiert sich plötzlich nicht mehr für Sie: Ein Regierungssekretär des Kreiswehrersatzamtes in Essen änderte die Daten im Computer und machte so mindestens 50 Wehrpflichtige »untauglich« – für 100–1000 DM pro Mann.

Gerichtsvollzieher

Entgegen einer verbreiteten Volksmeinung werden Gerichtsvollzieher praktisch nie geschmiert, weil der moderne, gut informierte Schuldner ohnehin kein pfändbares Eigentum hat. Alles gehört der gütergetrennten Frau, dem Bruder oder ist an Freunde sicherungsübereignet. Wer so blöd ist, daß man ihm den einen oder anderen Kuckuck als Haustier dalassen kann, der besitzt weder das Geld noch die Fähigkeit zur Schmiergeldzahlung. Von Leuten, die unter ihrem Schleiflack-Schlafzimmer auf Stotter zusammenbrechen, nimmt ein Beamter nichts an – Verlierertum könnte ansteckend sein.

Verkehrspolizisten

Kein Geld der Welt, und schon gar nicht das schmale Wachtmeister-Gehalt, kann einen dafür entschädigen, daß man als Schutzpolizist in Polyester gehüllt durch die Republik patroulliert, unbeliebt und nicht ernst genommen trotz Oberlippenbart und nicht minder dekorativer Faustfeuerwaffe. Das lernt der Häscher im Grünrock schon als grüner Revierneuling, wenn ihm die Stammesälteren erstmal einweisen, »wo es was umsonst gibt, wo Prozente, wo man abstauben kann.« Und lernt gleichzeitig, daß man im Gegenzug »natürlich polizeilich großzügiger, insbesondere im Straßenverkehr« zu verfahren habe[7].

Erstaunlich viele kleine Beamten sind bestechlich, sofern kein Zeuge stört. Nur in einem Fall sollten Sie ganz vorsichtig sein: Wenn sich die beiden Polizisten, mit denen Sie zu tun haben, offensichtlich nicht riechen können. Da mag der akribische Schutzmann ältesten Semesters mit dem lockeren Schimanski-Typ zusammengesteckt worden sein oder der gutmütige Vati-Typ mit Übergewicht und Verständnis einen Heißsporn dabei haben, dessen Dienstbeflissenheit an die Volkspolizei im Osten erinnert. Wenn sich die Kollegen siezen heißt es jedenfalls: aufpassen.

Ansonsten können Sie bei einer Verkehrskontrolle ungeniert einen Schein in die Papiere legen oder ihn auf dem Boden neben dem Wagen »finden«. Auch wenn einer der Beamten den Schein schon längst angenommen hat, sollte man zäh um die Strafhöhe weiterfeilschen. Vielleicht muß der bestochene Beamte ein bißchen Theater spielen, um vor seinem Kollegen das

---

7 Such, M.: »Bürger statt Bullen«; Essen 1988

Gesicht nicht zu verlieren oder ihm die Zahlung verheimlichen zu können, also nicht teilen zu müssen.

Während ein Beamter zum Streifenwagen geht, fragt man seinen zurückgebliebenen Kollege, wie teuer die Sache nach Bußgeldkatalog wohl sein wird. Nennt der Beamte nun einen »Von-bis«-Wert oder hält er einen Kurzvortrag über die diversen Möglichkeiten, die Tat als diesen oder jenen Verstoß einzuordnen, ist man an der richtigen Adresse.

Man muß nicht mehr als die Hälfte eines genannten Betrages als Bestechung anbieten und spricht von einem »Bußgeld ohne Quittung«.

Sollte das **Punktekonto** des Sünders überquellen, so ist die Schmierung natürlich wichtiger. Der Druck auf die Tränendrüse – die Familie ist auf den Führerschein des Ernährers angewiesen – erleichtert dem Polizisten das Verständnis für das gebotene Schmiergeld.

Vor **Alkoholfahrten** sollte man sich vernünftig vorbereiten, wenn man nicht zufällig in Kronberg im Taunus wohnt. Als dort ein beliebter Bauunternehmer seinen Slalom auf gerade Strecke vorfuhr, ersparten ihm Beamten das Blasen – man erinnerte sich zu gut an das von ihm finanzierte Weihnachtsfest der Polizei.

Hoffentlich sind Sie nicht zu blau, um den Beamten noch davon überzeugen zu können, daß er durchaus auf Blasen oder Blutprobe verzichten darf, ohne seine Sorgfaltspflicht zu verletzen. Und so wird's gemacht:

Wer blau ins Auto steigt, sollte zur Sicherheit schon jetzt einen Blauen (oder zwei, je nach Füllstand des Magens) in den Führerschein legen. Man übergibt im Falle des Falles das Geld nicht so, daß beide Beamten es sehen können. Sie geben vor, noch nach dem Führerschein suchen zu müssen. Während der eine Beamte mit den schon gefundenen Papieren zum Funkwagen geht, können Sie mit dem anderen Brüderschaft trinken.

Alle Polizisten, die noch kein Familienmitglied als Blutzoll an Deutschlands fahrende Trinkerschaft verloren haben, zeigen Verständnis für Ihre lebensbejahende Weinlaune. Man trinkt ja selbst ganz gern, würde allerdings nicht so häufig blau fahren, wenn man nicht erstens mit 1,7 Promille noch genausogut führe wie nüchtern, und zweitens kein »Kollege« wäre. Eigentlich ungerecht, soll der Beamte denken, daß gerade Sie armer Teufel jener statistisch eine von 500 (!) fahrenden Schluckspechten sein sollen, der wehrlos in der Reuse zappelt.

Nach **Unfällen** schreibt die Polizei ein Protokoll, in dem die entscheidenden Fakten für die spätere gerichtliche Beurteilung der Schuld festgehalten werden. Sie wollen keinesfalls in der Haftpflichversicherungsprämie steigen, denn nicht umsonst heißt es in den Schriftsätzen der Kfz-Versicherung, daß es günstiger wäre, einen Schaden bis ca. 700 DM (!) aus eigener Tasche zu zahlen. Bei derartigen Beträgen ist ein Hunderter zum Frisieren der Sachlage evtl. gut investiert. Besonders natürlich, wenn die Beamten dann auf eine Blutprobe verzichten, die Ihnen als Weinkenner auch im ansonsten klarsten Unschuldsfalle eine sichere Teilschuld einbringen würde.

Bestechung wie üblich möglichst gleich nach Eintreffen der Polizei, aber niemals auch nur in der Nähe des Unfallgegners (der hoffentlich nicht höher schmiert als Sie). Am besten sieht die Sachlage übrigens aus, wenn der Unfallgegner wegen eines Verstoßes gegen die Straßenverkehrsordnung schon am Unfallort von den Beamten zu einem Bußgeld vergattert wird und dieses auch zahlt, also seine Schuld anerkennt. Das kann er nicht widerrufen! Auf diese schöne Möglichkeit sollte man die Beamten gleich zu Beginn ihres Einsatzes »hinweisen«.

Bei **Berufsfahrern** läßt sich besonders bequem kassieren, das wissen vor allem die Autobahnpolizisten. Fast jeder LKW-Fahrer verstößt gegen irgendeine Auflage. Er hat zuviel geladen, ist zu schnell gefahren (»Elefantenrennen«) oder hat die Pflichtpausen »vergessen«, weil er sich vor lauter Aufputschmitteln nicht ruhig hinlegen konnte. Anders kann man in der gnadenlosen Konkurrenz des Transportgewerbes nicht bestehen. Die fällige, deftige Strafe müßte der Trucker aus eigener Tasche zahlen. Auch das Flensburger Konto will kleingehalten sein, wenn man nicht stempeln gehen möchte.

Da spendiert man doch lieber, wie inzwischen üblich, einen entbehrlichen Teil seiner Ladung: Video, Schnaps, Zigaretten, Enten, Gänse, Obst, Käse, Butter – die billigeren Sachen mitunter gleich palettenweise. Der eine Brummi-Kapitän wirft den Beamten – wahre Begebenheit – ein geschnürtes Zeitungspaket mit Pornoheftchen obenauf zum Fraße vor, der andere trennt sich auf die Frage der Highway-Sheriffs: »Habt ihr was Schönes zu beißen?« von diversen Leckerien aus dem Kühlwagen. Wer zahlt die Zeche? Weder der Fahrer noch die Spedition. Das Transportgut ist mit bis zu DM 80 pro Kilo versichert. Die angefallenen Schmiergelder werden als Verlade- und Wegeschäden geltend gemacht.

Wo verdienen Polizisten sonst noch ein Handgeld? Nach Unfällen verkauft so mancher Ordnungshüter den Tip an ein Abschleppunternehmen oder eine Werkstatt, die auf Unfaller scharf ist.

Kriminalpolizei

Noch sind die Verhältnisse bei uns nicht so wie in der amerikanischen Verbrechenshauptstadt Miami, wo jeder 10. Drogenpolizist auf der Gehaltsliste der

Rauschgift-Mafia steht[8]. Glaubt man den Prognosen von Dagobert Lindlau (»Der Mob«), so steht uns das aber noch ins Haus. Schon heute jedenfalls stellen sich **Berufsverbrecher** wie Zuhälter, Hehler etc. durch Bewirtungen, Sex und andere Geschenke gut mit dem Gegner – oder lassen dies zwielichtige Geschäftsleute oder Anwälte aus der Halbwelt übernehmen (Korruptions-Makler). Die Schmierung ist als Dauerverhältnis angelegt.

Polizeihauptmeister »Money Mike« (Hannover) schnorrte Geschenke, verriet Dienstgeheimnisse, hackte im Polizeicomputer nach Auskünften für seine Halbwelt-Freunde und warnte vor anstehenden Razzien. Damit seine Gratis-Besuche in einschlägigen Puffs (z.B. »Thai-Inter«) nicht störend auffielen, ließ er sich vorher immer Bares zustecken, um damit dann ordentlich zu bezahlen.

Schon die einfache Schutzpolizei konnte sich in Kronberg im Taunus gratis mit Drinks und Prostituierten vergnügen, weil sie die Wirte über die Sperrstunde hinaus zapfen ließ. Wen wundert es da, daß der Boß zweier Spielhöllen in Wuppertal einen echten Kriminalobermeister (28) großzügig behandelte, der ihn schließlich regelmäßig vor Razzien warnte: schicke Urlaubsreise mit Frau und Kind.

Wo die Uniform den Allmächtigen vertritt, flammt gelegentlich auch der Gedanke auf, Geschenke zu verlangen, statt nur auf sie zu warten. Ein Kripobeamter der Sitte verschonte eine Bordell-Besitzerin von Kontrollen und kassierte Schutzgeld dafür. In einem zweiten Fall riet er einer begriffsstutzigen Dame, sich bei ihrer Kollegin nach den ortsüblichen Gepflogenheiten zu erkundigen. In Fall Nummer drei bekam der Polizist einen Korb. Beleidigt verhaftete er das sture »Modell« und veranstaltete eine Haussuchung. Das zog, denn danach durfte der Beamte »kostenlosen Geschlechtsverkehr« bei ihr genießen und obendrein kassieren. Nicht nur mit Amtshandlungen drohte der einfallsreiche Beamte. Auch eine amtliche »Kundenbefragung« werde den Geschäftsgang sicher nicht verbessern. Zudem malte er die Möglichkeit aus, die Eltern und Freude der Liebesverkäuferin über deren unehrenhaften Gelderwerb zu informieren.

Der auf frischer Tat ertappte **Gelegenheitsverbrecher** möchte mit unauffällig übergebenen Scheinen die Polizei davon überzeugen, daß er sich hier nur zufällig aufhält und jeder freie Bürger das Recht hat, auch nachts im Villenvorort mit seinem Schweißbrenner Gassi zu gehen. Chancen: sehr gering, weil der Beamte sich nachher nur schlecht rausreden kann. Allenfalls der Kauf einer Fluchtmöglichkeit ist noch drin, wenn Sie auch meist mit weniger als

8 Ich habe mich auch immer gefragt, wie Crocket und Tubbs von Miami Vice ihre Autos und all die fesche Garderobe bezahlen.

den 300.000 $ werden auskommen müssen, mit denen sich der Killer eines amerikanischen Drogenpolizisten von dem ihn festnehmenden Kriminaler in Mexiko freikaufte. Gegen angemessene Kaution (allerdings ohne Quittung) dürfen Sie sicher auch aufs Klo gehen – **mit** Ihrem Drogenvorrat.

Der **Normalbürger** bekommt mit der Kripo erst zu tun, wenn er selbst Opfer eines Verbrechens geworden ist – und es also die Versicherung zu betrügen gilt. Da soll die Kripo festhalten, daß Sie Ihre wertvollen Sachen nicht fahrlässig herumliegen ließen und es somit keinen Grund gibt, sie Ihnen nicht zu ersetzen. Nein, es wurde tatsächlich in einen vernünftig gesicherten Raum eingebrochen (auch wenn die Scherben nicht im Zimmer, sondern vor dem Fenster liegen, ganz so, also hätte man die Scheibe von innen eingeschlagen).

Kriminalbeamte können auch zu privaten Ermittlungstätigkeiten gekauft werden, auch wenn es Schimanski streng verboten ist, nebenberuflich oder gar im Amt Magnum zu spielen. Auch die Kripo- oder MAD-Leute, die großen Detekteien nebenberuflich durch Auskünfte zur Hand gehen oder Firmen mit einem polizeilichen Spickzettel aus geheimen Dateien versorgen, wenn die einen Bewerber durchleuchten wollen, dürfen wir hier nicht vergessen.

Ein netter Autohändler drückt einem Beamten des BKA mal 2000 Mark »Weihnachtsgratifikation« in die Hand, mal leiht er ihm einen schicken Wagen für den Urlaub, mal repariert er das Amtsträger-Auto gratis. Nett. »Klimapflege«, sagt der Autohändler. Auch der Kriminaler tut seinem Freunde gelegentlich mal einen Gefallen: Er versucht, eine Aufenthaltserlaubnis für einen Ausländer zu erschleichen, indem er der entsprechenden Behörde gegenüber das Märchen erfindet, der Bursche sei ein wichtiger V-Mann. Ein andermal fragt er am BKA-Computer ab, ob gegen drei Personen etwas vorliegt, für die sich der Autohändler stellvertretend für einen unbekannten »Freund« interessiert. Übrigens haben wir es nicht mit Bestechung oder Vorteilsannahme zu tun! Es ließ sich kein Zusammenhang zum Geschäft des Autohändlers nachweisen – er hatte **keinen ersichtlichen Vorteil** von den pflichtwidrigen Dienstleistungen des Beamten.

Zollbeamte

Im Mittelalter bekamen Zöllner kein Gehalt. Für etliche Zollbeamten ist das Mittelalter noch nicht zuende, wenn z.B. die schlaueren der rund 150 Beamten am Autobahnzoll Kiefersfelden jene Elite der täglich 2000 Lastwagen raubritterlich durchwinkten, die für eine Fahrtgenehmigung 10 – 20 DM Schmiergeld durchreichten. Jahrelang wurde bei Fernfahrern für bevorzugte und manipulierte Zollabfertigungen kassiert. Ladungen wurden nur zum Schein geprüft, und hundertfach wurde der Trick mit dem Treibstoffausweis praktiziert: Der Liter Diesel war in Italien 50 Pfennige billiger als in deutschen Landen. Bei Ausreise aus der Bundesrepublik gaben die Trucker an, sie hätten vollgetankt (= 800 l). In Wirklichkeit reichte der Sprit gerade bis Italien. Der Zöllner stempelte auf den sogenannten Treibstoffausweis mit der Angabe der 800 l: »nicht geprüft« und winkte den Laster durch. Bei der Rückkehr darf derselbe LKW nicht nur die zollfreien 50 l, sondern die kurz vorher angeblich exportierten 800 l einführen. Gewinn: DM 400, dem Stempelkosten von nur 100 DM gegenüberstanden. Manch ein Zöllner stempelte gleich 10 blanco für die anderen Fahrer der Spedition – ein Aufwasch und weniger Gesamtpeinlichkeit bei den Korruptions-Verhandlungen.[9]

Als Privatmann besticht man Zöllner mit denselben Methoden, die man auch Polizeibeamten gegenüber anwenden würde. Argumentieren Sie über den Tatbestandsirrtum: »Ich dachte, man dürfte 1,5 Kilo zollfrei als Geschenk einführen.« Bei Heroin verfängt dieser Trick nicht, auch wenn Sie eine Quittung des Fachhändlers in Bangkok vorlegen können.

Im professionellen Bereich wird 10 % des Warenwertes gegeben. Dafür beschränken sich die Stichproben auf die vom Geber markierten Kisten. Zollbeamte lassen sich gern in Naturalien bezahlen, die der Spediteur als Bruch abschreibt oder der Versicherung aufbürdet. Manche Zöllner können als Kuriere für heiße Ware gewonnen werden – was allerdings nicht einfach ist. Besonders guten Zugang zu Zöllnern haben die Angestellten der Speditionen, die ein Büro am Übergang, im Hafen oder Flughafen unterhalten.

In Kiefersfelden war auch für Gerechtigkeit gesorgt. Die Bestechungseinnahmen wurden in einer Gemeinschaftskasse gesammelt und täglich aufgeteilt.

Finanzbeamte

Besonders schwer zu bestechen. Das ganze Amt beschäftigt sich nur mit Schweinereien. Man weiß, wie leicht auch kluge Konstruktionen auffliegen können und riskiert selbst nur ungern etwas. Zugang zu Finanzbeamten bekommt man als Nicht-Großverdiener gelegentlich über Arbeitskollegen des

9 Spiegel 19/80

widerborstigen Steuerforschers, die ihn um einen Gefallen – »Amtshilfe« – bitten und dafür vom Bestecher ein Erfolgshonorar verlangen.

Bei größeren Sachen, wo im kleinen Kreise über die Bewertung verschiedener Positionen in der Steuererklärung verhandelt wird, geht schon eher was. Es soll sogar Betriebsprüfer geben, die sich einer geschickt begründeten Argumentation bezüglich der Einordnung bestimmter Belege und Bilanzpositionen durchaus nicht vollständig verschließen, wenn man ihnen an anderer Stelle einen Grund zum bescheideneren Kassieren gibt – in der Bilanz und in der Intimität des Feierabends. Der Inhaber einer Metallhandelsgesellschaft in Duisburg bestach drei Finanzbeamte, die die Bilanzen und Bücher prüften. Zuerst amüsierte man sich in einer Nachtbar, dann auf der Privatjacht des zupackenden Arbeitsplätzesicherers.

Staatsanwälte und Richter

Besonders schwer zu beeinflussen, es sei denn, man kann Druck von weit oben mobilisieren, um die sprichwörtlichen »byzantinischen Verhältnisse« zu erzeugen[10]. Selbst sehr schräge Winkeladvokaten oder Anwälte aus einer anderen Stadt versuchen nur selten die direkte Bestechung im Büro. Wenn man nicht über Beziehungen zu engen und einflußreichen Freunden von Staatsanwalt oder Richter verfügt, steht es um die Chancen schlecht.

Der Staatsanwalt kann die Akte vorzeitig schließen. Das tut er gern, weil sich Aktengebirge auf seinem Schreibtisch türmen, die fast ausschließlich aus Routine-Sedimenten bestehen. Mit viel Glück kann man an einen Staatsanwalt wie den geraten, der in Mannheim gegen Schmiergeld Verkehrsverfahren im Dutzend einstellte.

Kommt es zur Verhandlung, so werden die Chancen noch geringer. Trotzdem sollte man mit dem Kadi auch dann noch verhandeln, wenn man die Schuld zugeben will. Es geht um die Strafe, die er am untersten Rand des Ermessensspielraumes plazieren soll, zum Dank dafür, daß das Verfahren so wenig Arbeit macht. »Ja, ich gestehe, aber es war nicht böse gemeint« bringt Ihnen in etlichen Fällen einen Strafbefehl ein. Sie bezahlen halt das Lehr-, das Schmier- und das Bußgeld, und damit ist die Sache erledigt, ohne daß Sie umziehen und Ihre Eltern Freßpakete an eine Resozialisierungsadresse schicken müßten.

10 In Byzanz wurde ein besonders schwunghafter Handel mit Richterstimmen, fingierten Anklagen und unfairen Urteilen getrieben.

Um sich selbst Arbeit zu sparen und seiner Karriere zu nützen, freut sich der Richter bei gewichtigeren Prozessen über eine Form der Naturalien-Korruption, die – und das beruhigt sein Gewissen – in den USA völlig legal ist: die Kronzeugenschaft. Wenn Sie möglichst viele und möglichst wichtige Komplizen verpfeifen, zur höheren Ehre des Rechtsstaates, erwartet Sie eine gewisse Milde. Wie sich Ihre ehemaligen Busenfreunde später einmal bei Ihnen für die Gelegenheit zu jahrelanger Meditation bedanken werden, müssen Sie selbst abwägen. Sollten Sie mit Michael Jackson bekannt sein, ist ihr Problem klein – er weiß, wo man sich ein völlig neues Gesicht machen lassen kann[11].

Vor dem Versuch einer Richterbestechung sollte man wirklich sicher sein, daß der Richter tatsächlich bestechlich ist, denn es drohen 12 Monate Mindeststrafe, also meist mehr, als das eigentliche Delikt bei Geständigkeit kosten würde.

Bei den Deals, die von Ihrem Verteidiger mit der Justiz außerhalb des Gerichtssaales ausgekungelt werden, sind selten Zahlungen im Spiel. Hier wäscht eine Hand die andere, korrumpiert wird mit abstrakten Naturalien wie Strafen, dem Gewinnen oder dem Verlieren in Prozessen. Prima! Soll Ihr Anwalt doch Ihren Freispruch eintauschen gegen das Versprechen, die nächsten drei Übertreter, die er verteidigt, über die Klinge des brillianten Staatsanwaltes springen zu lassen!

Könnte er, könnte er. Und nach Lage der Dinge würde er sogar damit durchkommen. Aber warum sollte er wollen? Bedenken Sie, daß Ihr Anwalt nicht so sehr Ihre, sondern erstmal eigene Interessen verfolgt. Er muß noch jahrelang mit denselben Gegenspielern im Gericht zusammenarbeiten, die er teilweise schon vom Studium her kennt. Ihr Fall kann gar nicht so wichtig sein, daß er dafür das gute Verhältnis zu den Kollegen der Gegenseite aufs Spiel setzen würde. Schon gar nicht, wenn Ihr Verteidiger nicht der Chef einer eigenen Kanzlei ist. Besonders schlechte Karten haben Sie natürlich, wenn Ihr Verteidiger nicht an Ihre Unschuld glaubt – z.B. weil Sie den Kardinalfehler begangen haben, ihm die Wahrheit zu sagen, obwohl Sie weder jahrelang befreundet sind noch ihn in der Hand haben.

11 Trotzdem wäre es übertrieben, wollte man jedem, der Diana Ross verblüffend ähnlich sieht, unterstellen, er sei mal Kronzeuge gewesen und jetzt auf der Flucht.

Justizvollzug

Schöneres Zimmer, Schutz, Verpflegung, Sondergenehmigungen, Erleichterungen, vorzeitige Entlassung: all das **kann** nicht nur, es **muß** gekauft werden. Bestechung in der Resozialisierungsbranche ist **so** üblich, daß nur selten mal ein Fall so publik wird wie 1974 in Mannheim: Ein reicher Bauunternehmer sitzt ein und läßt sich 50.000 DM in die Zelle schmuggeln. Er kauft die Zustellung seiner Briefe an die »Verlobte« (DM 200), nächtliche Telefonate nach draußen (viermal DM 100), Alkohol und TV (DM 5000). Der Löwenanteil von DM 42.000 mußte in positive Aktenvermerke und Telefonauskünfte investiert werden, die seine vorzeitige Freilassung bewirkten. Mir erscheint das ein bißchen teuer. Der Könner hätte das Gesamtpaket für 20–30.000 bekommen.

Wenn mal einer erwischt wird, so wie 1976 der Justiz-Oberinspektor des Gefängnisses Berlin-Tegel, der für viel Geld Vollzugsvergünstigungen an Häftlinge verkauft hatte, so ist das die Ausnahme. Der betreffende Bursche hatte keine Klasse, von ihm kursierten sogar eindeutige Schnappschüsse mit der Sonja im »Regina«: 2,5 Jahre, nicht unverdient.[12]

Die schlechtbezahlten Schließer, im Dienst zu knallharten Typen gestählt, lassen sich als Kuriere für Drogen, als Postboten und sonstwas kaufen. Sie liefern Ihnen außer Heroin auch »Mars«, den leckeren Hungerstreikunterbrecher für zwischendurch (bringt verbrauchte Energie sofort zurück).

Jeder Knast hat seine Schmiergeld-Gebührenordnung. Bei exotischen Wünschen wenden Sie sich an einen Knastbruder mit besonders guten Beziehungen zum Personal. Bosse nehmen von draußen Einfluß auf die Gefängnisverwaltung.

Hoffen wir, daß Sie nie reinkommen, schon um der Gefängnisverwaltung Ärger zu ersparen: Der Anlagebetrüger Jochem Erlemann war wegen seines arroganten und selbstherrlichen Auftretens im Knast nicht beliebt. Richard Bickler von der Strafvollzugsanstalt in Darmstadt sagte über ihn: »35 Zuhälter sind mir lieber als ein Herr Erlemann«. Wollte Erlemann nicht schmieren? Bestand er auf seinen Rechten? Irgendwas hat er falsch gemacht.[13]

---

12 Spiegel 36/88
13 Liedtke 1987, S. 146

Lehrer

Daß die Schulnoten nicht viel über die tatsächliche Befähigung eines Schülers aussagen, weiß jeder Lehrer. Der Vergleich über die Krücke der Zensur ist mangelhaft bis ungenügend, und manch einer, der einen vergleichsweise schlechten Notendurchschnitt hat, würde die Möglichkeiten viel eher verdienen, die systembedingt leider nur der Streber bekommt, und wäre sicherlich auch der Gesellschaft wesentlich nützlicher. So hilft manch ein Lehrer der übergeordneten Gerechtigkeit gern nach, ohne Gewissensbisse und sofern es sich lohnt.

Der Pädagogenkauf erfordert einige Mittel, da Lehrer an Überbezahlung gewöhnt sind und auch davon ausgehen, ziemlich wenig für ihr Geld tun zu müssen. Aber spätestens Junglehrer mit halber oder Viertelstelle oder jene mittelalterlichen Mitglieder des Kollegiums, die sich gerade beim Hausbau übernommen haben, sind dankbar und kooperativ.

Das Bestechungs-Geschäft schlägt man während der Sprechstunde vor. Der Philologe wird für fürstlich bezahlte »Nachhilfestunden« engagiert, die nicht länger als je 43 Minuten (zu je 50 Sekunden plus 10 Sekunden Pause) dauern sollten. In diesen Stunden wird bevorzugt das gepaukt, was tatsächlich bei der nächsten Klassenarbeit drankommt.

Wenn es Ihnen oder dem gemieteten Lehrkörper zu auffällig ist, daß er Ihrem Kind Nachhilfeunterricht gibt, welches dann so überraschend besser in der Schule wird, so schicken Sie ihn einem unschuldigen Kind aus dem Bekanntenkreis auf den Hals. Dieses Kind muß in 70 % der Fälle die Stunden kurz vorher absagen – bezahlt wird trotzdem.

Manche Lehrer überlassen dem Interessierten Prüfungsunterlagen. Das kann in Form von Fehlkopien geschehen, die im Mülleimer neben dem Kopiergerät vergessen werden. Leicht geht auch Durchschlagpapier verloren, gleich nach der ersten Benutzung, so daß sich die Daten darauf erkennen lassen (wenn auch spiegelverkehrt).

Der Schüler als Unsicherheitsfaktor ist ausgeschaltet, wenn er gar nicht in die Korruptions-Vereinbarungen zu seinen Gunsten eingeweiht ist und sich nur wundert, wieso sein Spickzettel während der Prüfung übersehen wird und er ungestört abschreiben kann.

Bei der Benotung der mündlichen Leistung ist der Lehrer noch freier als bei der Zensur im Deutschaufsatz – das ist sein Ermessensspielraum.

Besonders leicht läßt sich der Lehrkörper der Privatschulen schmieren.

TÜV

Einen Termin hat jeder, der einen Zwanziger im Büro abgibt. Dem TÜV-Prüfer in der Grube nähert man sich je nach Kaputtheit des Autos mit 50 bis 100 DM, die den Unterlagen beigeheftet werden. Bei manchen Prüfstellen wird von regelmäßigen Kunden, den Autofirmen und Werkstätten, immer wieder mal geschmiert. Aber auch der Laie hat eine faire Chance, wenn der Schaden am Auto nicht allzu offensichtlich ist (also plausibel übersehen werden kann). Besonders im Falle exotischer Autos läßt sich der TÜV-Gutachter bestechen – ein Herz für Oldies senkt den Skrupel-Pegel.

Führerschein

Wer seine geliebte Pappe verlieren soll[14], weil er gleich nach seinem Fahrfehler kein passendes Schmiergeld für den Polizisten zur Hand hatte, kann erstmal den Sachbearbeiter bei der Führerscheinstelle zu beschwatzen und schmieren versuchen. Bis zu einem bestimmten Maße liegt es nämlich in seinem Ermessen, ob er von Ihnen als Raser einen Idiotentest verlangt oder Ihnen den Führerschein noch ein letztes Mal läßt, trotz Punkten – Gnade vor Recht, weil Sie ihm doch zum Führen eines Kraftfahrzeuges geeignet erschienen. Bei derben Promille-Werten haben Sie aber keine Chance.

Der TÜV führt den »Idiotentest« durch, die »medizinisch-psychologische Untersuchung« (= MPU). Neben allerlei Reaktionstests, an denen nicht viel zu drehen ist, entscheidet vor allem die Einschätzung des Psychologen darüber, ob man sein Lieblingsdokument behalten bzw. früh wiederkommen kann. Wenn der Seelenkundler den Eindruck hat, Sie werden aus seinem Büro schreiten und überall lauthals damit prahlen, daß Sie ihn gerade erfolgreich geschmiert haben, gelten Sie als ungeeignet zum Führen eines Kraftfahrzeuges.

Fallen Sie beim TÜV-Gutachter durch, weil er Sie offenbar nicht richtig verstanden hat, so müssen Sie ein Obergutachten mit einem günstigeren Bild beschaffen. Man beschäftigt sich hier, zu deutlichen höheren Gebühren, eingehender mit Ihrem Fall – und Ihrem Angebot.

14 Sämtliche Informationen, die der Verkehrssünder braucht, der seinen Kopf aus der Schlinge ziehen will, sind nachzulesen in meinem Ratgeber: Achim Schwarze: »Die Bibel für Verkehrssünder«, Eichborn Verlag, DM 16,80

Freie Berufe

»Wissenschaftler«

Wo Meinungsverschiedenheiten gar nicht mehr zu schlichten sind muß der Wissenschaftler antreten. Er spricht das letzte Fach-Wort im Gerichtssaal und in der Politik. Wo auch immer größere Mengen öffentlicher Gelder verpulvert werden sollen, muß der Wissenschaftler begründen, warum es höchste Zeit ist.

Gern bestellt der Schmiergeld-Zahler eine handliche »wissenschaftliche« Prognose. Mindestens »sieben Weise« aus den »führenden Forschungsinstituten« erfreuen sich nach »Saisonbereinigung« über die »nominal positive Tendenz« beim »Negativ-Wachstum«. Aber bitte wegen größerer Glaubwürdigkeit mit Kommastelle. Wenn Allensbach oder Infratest die richtigen Fragen stellen, bekommt der Auftraggeber auch die gewünschten Antworten: Die Massen brauchen und wollen, was er immer schon propagiert hat.

Die Großmeister der Vorhersage blicken auf eine lange Tradition der Bestechlichkeit zurück. Schon das Orakel von Delphi[15] war massiv von den Persern bestochen, damit es in der kritischen Schwächezeit (ca. 490 v. Chr.) der Mullah-Urväter den griechischen Staaten davon abriet, gegen die Perser in den Krieg zu ziehen.

Im Gegenzug für eine nützliche Stellungnahme darf man als Wissenschaftler auf die unbürokratische Unterstützung seiner wertvollen Erkenntnisarbeit rechnen. Man wird als Berater engagiert, bekommt Gutachteraufträge und Forschungsgelder von öffentlicher und privater Seite, gern auch gleichzeitig, man erhält bessere Forschungmöglichkeiten in jeder Hinsicht, mehr Assistenstellen, eine bessere Ausstattung und und und. Erwies sich der Wissenschaftler schon mehrfach als nützlich, wird er in wichtige Gremien berufen oder bekommt eine noch besser bezahlte Prestige-Professur an einer Elite-Uni.

Alle Wissenschaftler entscheiden sich früh für eine bestimmte Meinungsrichtung, die sie vertreten wollen. Meist ist das diesselbe, die ihr akademischer Mentor (erst Professor, dann Doktorvater etc.) schon in den hochbezahlten Gutachten vertrat, mit deren Abfassung er den Jungswissenschaftler betraut hatte, als der noch sein Helfer war. Über Einkommen und Aufstiegs-

15 Dempsey, T.: »The Delphi Oracle, its Early History and Fall«; N.J. 1972

chancen entscheidet, ob man früh genug den Riecher dafür hatte, welche Meinungen in den nächsten Jahrzehnten von zahlungskräftigen Interessengruppen besonders nachgefragt werden. Auch interdisziplinäre Ausstattung ist gefragt: Der telegene Fernsehprofessor muß ein ansprechendes Gebiß und das dazugehörige Lächeln im Lieferumfang haben. Auch auf die Fachrichtung kommt es an: Archäologen[16] werden seltener geschmiert als Atomphysiker.

Künstler

Kömodiendichter waren in der Griechischen Antike die Superstars der Medien (bis 30.000 Zuschauer im Theater!). Da kam es vor, daß Autoren von reaktionären Kreisen bestochen wurden, um gegen den Reformer Perikles zu schreiben. Heutzutage können Sie sich als Madonna oder Maffey mit Boss-T-Shirts, Castrol-Emblemen oder Pepsi zeigen und dafür kassieren. Verletzt das die Vorbilds-Pflichten?

Redakteure und Moderatoren

Woher weiß die Plebs, was sie kaufen und meinen soll? Aus Zeitungen und Magazinen, aus dem Radio und vor allem aus dem Fernsehen, wobei sich die drei Alt-Kanäle unausrottbar des Rufes absolut verbindlicher Objektivität, Parteilosigkeit und Wahrheitsliebe erfreuen.

Gerade wegen dieses Gerüchtes bekämpfen sich die Interessengruppen und Parteien in den öffentlich-rechtlichen Aufsichtsgremien bis aufs Messer, um durch Korruption und ganz nach »Proporz« ihre Soldaten in die Redaktionen zu drücken und immer wirksamere Filter zwischen Schreibtisch und Antenne einzubauen. Direkte, fallweise Einflußnahme durch Schmiergeld ist selten auf diesem filzbelegten Exerzierfeld unzähliger Seilschaften.

Auch die Presseagenturen gelten nur als unbestechlich: Ein ehemaliger Prokurist der »dpa« bekam eine Mio. DM von einem südafrikanischen Propaganda-Fonds, um positive Berichte über das Land der Apartheid zu lancieren und jährlich einmal einen »Informationsbesuch« 15 wichtiger

16 Nämlich nur für Expertisen zu Fragen von Wert, Echtheit und vor allem Unbedenklichkeit der Ausfuhr von Antiquitäten, die sich nahtlos in die Wohnzimmerausstattung des Millionärshaushaltes einfügen ließen.

Journalisten ans Kap zu organisieren. Ein spezieller Presseagent des Fonds hat wichtige Politiker aller Parteien zu Südafrikabesuchen gekauft (1978 kostete das 500.000 DM).[17]

Jede Erwähnung in den Medien, jede »Publicity« bedeutet Verkauf. Wer nirgends »gebracht« wird, der existiert nicht. Die »Mediatoren« wissen das und verkaufen **Schleichwerbung**: besonders lange, besonders exklusive, besonders positive Erwähnungen, die die Überlegenheit gegenüber allen Konkurrenten »beweisen«.

Am wichtigsten ist der Einfluß aufs **Fernsehen**, egal ob es sich um Reklame für das beste Auto handelt (z.B. in »Derrick«, dem BMW-Werbefilm), bestimmte Schallplatten (Shows, Video-Hitparaden) oder für die beste Einstellung (»Panorama« für die SPD, ZDF für die CDU), die man kauft. Redakteure werden bestochen, um das Anliegen ihrer Gönner euphorisch ins Programm zu heben und seine Gegner niederzumachen. Zur Belohnung steigen sie auf.

Auch bei den ach so unabhängigen **Publikumszeitschriften und Zeitungen** läßt sich allerlei drehen. Großzügige Anzeigenkunden regen einen gediegenen Bericht über das eigene Unternehmen an – zeitversetzt, damit es nicht so ins Auge springt. Besonders gnadenlos geht es bei **Fachzeitschriften** zu. Sie bestehen zur Hälfte bis zwei Dritteln aus Anzeigen, sind also dringend auf Werbekunden angewiesen, deren Produkte die Leserschaft gern von der objektiven Redaktion getestet sehen möchte.

Als Chef von »Bild« und »Bild am Sonntag« machte Peter Boenisch aggressive Propaganda gegen vernünftige Ideen wie Benzinsparen und Umweltschutz in der Verkehrspolitik der 70er Jahre und vertrat vehement den Standpunkt der Autoindustrie. Warum? Von 1972 bis 1982 (da wurde er Kanzler Kohls Regierungssprecher) war er, wie übrigens auch der objektive ZDF-Autotester Rainer Günzler – geheimes! – Gründungmitglied einer Firma für Auto-PR in der Schweiz. Einnahmen insgesamt: über 1.000.000 DM von Mercedes-Benz.

Wegen Steuerhinterziehung mußte Boenisch dem Postboten eine Nachforderung von DM 500.000 und einen Strafbefehl über DM 508.000 quittieren. Er zahlte innerhalb von 14 Tagen. Schön, wenn man einen Sparstrumpf unter der Matratze hat.[18]

Die Bestechung von Journalisten ist straff durchorganisiert und wird von »Pressereferenten« und den »Presseabteilungen« der Parteien, Firmen, Star-Politiker, Verbände, Kirchen oder interessierten »Institute« abgewickelt.

---

17 Sturminger 1980, S. 383
18 Liedtke 1987, S. 49

Gern wird mit Reisen geschmiert. Der Kamerahersteller Rollei veranstaltete für 10 ausgesuchte Journalisten eine »Informations«-Tour zum Werk Singapur. Mit Hilfe der 75.000 DM Kosten pro Nase handelte man sich 500 positive Veröffentlichungen und 85 % mehr Umsatz ein. BASF liebt Betriebsbesichtigungen in Brasilien. Der »Babier von Bagdad« wird als Schallplatte in – Bagdad abgespielt. Immer inbegriffen: Luxushotel, Essen und Trinken frei, gegen die Einsamkeit eine gratis mitreisende Begleitung.[19]

Besonders die Journalisten der Fachgebiete »Reise« und »Motor« hängen am Tropf der Industrie. Die Redaktion hält sie kurz, die Anbieter stellen Reisen, Autos und versteckte Spesen zur Verfügung, wenn's dann wiedermal in exotische Gegenden geht. Kleingeld und Porsche-Brille im Handschuhfach darf man behalten. Nur daß es einem gefällt, ist irgendwie Bedingung, wenn man beim nächsten Mal wieder dabei sein will. Außerdem: Welcher Verlag hält Redakteure, wegen denen wichtige Anzeigenkunden immer wieder anrufen und mit Entzug von Liebe und Annoncen drohen?

Die Hersteller von Schallplatten, Büchern, Filmen etc. haben hübsche Damen angestellt, die sich nur um das Treibhausklima bei den Medien kümmern. Sie »betreuen« mit Hilfe von Geschenken, Probeexemplaren, Rabatten, standesgemäß üppigen Bewirtungen und stellen das beworbenen Produkt zum »Testen« zur Verfügung – mitunter lebenslang. Bestechungs-Verhandlungen werden grundsätzlich »Information« genannt.

Den Redakteuren wird die gewünschte Leistung einfach gemacht. In der Pressemappe voller verwertbarer Fotos schreibt der Bestecher schon ganz genau auf, welche Begeisterung der Journalist zu äußern hat – »zum honorarfreien Abdruck« aus der Feder eines freiberuflichen Kollegen. Der Redakteur, weil er Ehrgeiz hat, schreibt das nicht zu 100 % ab, sondern nur zu 98,4 – er mußte also kürzen. Und er erspart sich das Ansehen des Filmes, den er gerade lobt – nur allzu verständlich, wenn schon in der Presse-Mappe Wim Wenders angedroht wurde.

Das Product Placement, früher korrupte Einnahmequelle diverser Medien-Füchse, ist inzwischen zu einem seriösen Geschäft umgebaut worden, dem sich selbst die öffentlich-rechtlichen Fernsehanstalten nicht mehr verschließen. Schleichwerbung ist inzwischen ein seriöses Gewerbe.

19 Bluth 1983, S. 98

Gutachter

Vereidigt und staatlich anerkannt ist er und darf sagen, wieviel etwas wert ist. Da sich sein Honorar nach der Höhe seiner Schätzung richtet, schätzt der freiberufliche Gutachter sowieso hoch – außer man schmiert ihn zum Gegenteil.

Es gibt kein objektives Gutachten. Selbst drei wirklich unparteiische Gutachter werden dasselbe Objekt ganz unterschiedlich taxieren. Je nach Einschätzung des Erhaltungszustandes und vermuteter Nachfrage auf dem Markt, je nach Gewichtung der möglichst vielen Einzelaspekte und Unterkriterien, wird mal hoch, mal durchschnittlich, mal niedrig geschätzt, ohne daß jemand daran Anstoß nehmen könnte. Sogar die Schätzlisten für so verbreitete, standardisierte und vergleichbare Produkte wie Gebrauchtautos enthalten einen schönen »Von-bis«-Ermessensspielraum für den speziellen Fall.

Wer für windige Spekulationsgeschäfte hohe Summen braucht, aber nicht hat, der kauft ein Grundstück, läßt es auf den doppelten Wert schätzen und besichert einen neuen Kredit mit der angeblich so wertvollen Immobilie. Von dem gepumpten Geld kauft er die nächste Liegenschaft, läßt sie überschätzen und leiht sich neues Geld und so weiter. Mit diesem Trick verschaffte sich der Kölner Immobilienhai Kaußen einen Besitz von rund 100.000 Wohnungen. Er hatte mit einer Doppelhaushälfte angefangen und beging am Ende Selbstmord.

Der freie Gutachter wird bestochen, bevor er den Auftrag überhaupt erteilt bekommt, also bei der Beschreibung seiner »Aufgabe«. Ein gewisser Anteil jeder Mark, die er über Durchschnitt schätzt, gehört ihm. Bei Immobilien, großen Versicherungsschäden oder der Einschätzung des Wertes eines Geschäftes kann jeder Prozentbruchteil viel Geld bedeuten.

Wie sich Insider-Informationen und gekaufte Gutachten koppeln lassen, konnte man in Berlin beobachten: Der selbst nicht finanzstarke Wuppertaler Autohändler Putsch hat, wohl als Strohmann, mit dem bestechlichen Baustadtrat Antes über ein Bestechungsgeschäft verhandelt, bei dem 2000 städtische Wohnungen 40 Mio. DM unter Wert verschoben werden sollten. Geplantes Schmiergeld: wahrscheinlich 5 Mio. DM! Ein 189 Seiten dickes Gutachten über den geringen Wert der Objekte lag schon vor – keiner weiß, woher die Unterlagen dazu stammten.

Wenn Sie nicht gerade vor der ausglühenden Ruine Ihres Wohnhauses stehen, fassungslos und händereibend, so sollten Sie womöglich vermeiden, daß ein angestellter Gutachter der Versicherung den Schaden besichtigen will, mit dem Sie sich die geschmacklos überhöhten Prämien vom Blutsauger zurückholen. Beulen oder Wasserschäden sollte man von einem Gutachter beurteilen lassen, den man selbst bestellt. Was das kostet? Nichts, denn die Versicherung muß Ihnen Ihre Gutachterauslagen erstatten[20]. Ihr Gutachter wird wissen, wie hoch er höchstens schätzen darf, ohne den Argwohn der Versicherung zu wecken.

Sollte die Versicherung dennoch einen eigenen Mann vorbeischicken, um das wunderliche Ergebnis nochmal prüfen zu lassen, so können Sie diesen Burschen durch Schmierung in die Nähe der ursprünglichen, astronomischen Summe bringen. Ohne das kernige Vorgutachten hätten Sie kaum Chancen, sich bei dem Versicherungsfall gesundzustoßen.

Niemand kann gezwungen werden, es bei nur einem Gutachten zu belassen. Es könnte nützlich erscheinen, einen zweiten oder gar dritten Gutachter antreten zu lassen – mal sehen, wer die beste Schätzung abliefert. Doch Vorsicht: Gutachter halten zusammen und tauschen, trotz Verbotes und in blumiger Sprache, Informationen untereinander aus.

Mitunter läßt sich der Schätzwert erhöhen, indem man die geschätzte Sache in Einzelteile zerlegt, die getrennt eingestuft werden.

Wenn Sie einen Gutachter Sonder-Summen schätzen lassen wollen, so müssen Sie ihm neben seinem Schmiergeld auch noch ein paar Argumentationshilfen verschaffen. Besonders eignen sich natürlich Kaufanfragen aus der letzten Zeit und Verkaufsannoncen für vergleichbare Projekte. Beides kann fingiert werden. Versicherungsbetrüger lassen sich gerne kurz vor Eintritt des »unerwarteten« Schadens (angeblich wegen Verkaufsabsicht) ihr Objekt hoch schätzen und vernichten dann die Bewertungsgrundlage durch z.B. eine Feuersbrunst. Nun macht sich auch die schmeichelhafte Aufnahme bezahlt, die der Industriefotograf letzte Woche angefertigt und im Labor retuschiert hat.

Wenn irgend möglich vernichtet man die Kleinigkeit nach dem Besuch des vereidigten Experten – dann kann niemand sie nachträglich herabwürdigen. Der Gutachter kann sagen, in welchen Fällen man verpflichtet ist, eine Sache z.B. für die mißtrauische Versicherung aufzubewahren.

Zusammengefaßt: Sie wünschen sich eine hohe Schätzung, um beim Verkauf einen besseren Preis zu bekommen, Ihr Objekt extrem hoch beleihen zu können, mehr Zuschüsse zu kassieren, die Miete erhöhen zu dürfen, um bei der Versicherung einen besonders schönen Schadensersatz zu ergattern (vor allem: »warmer Abriß«). Sie wünschen sich eine niedrige Schätzung, um einen Kaufpreis damit zu drücken, weniger Steuern dafür zahlen zu müssen, eine günstigere Versicherungsprämie eingeräumt zu bekommen (Vorsicht, nicht unterversichern!).

20 Das ist natürlich nicht in jedem Falle so eindeutig geregelt wie bei der Autohaftpflicht. Ihr Lieblingsgutachter sagt Ihnen aber gern am Telefon, ob man in Ihrem aktuellen Schadensfall . . .

Wirtschaftsprüfer

Wie können die Aktionäre einer Firma sicher sein, daß die Manager sich nicht selbst bedienen? Regelmäßig werden die Bücher von einem unabhängigen und natürlich überaus vereidigten Wirtschaftsprüfer durchgecheckt, der alle Unregelmäßigkeiten finden würde – wenn er nicht zufällig für eine Wirtschaftsprüfungsfirma arbeitet, die wie die Treuhand OHG in Oldenburg zu ihrem Prüfling stand, zu der Bürotechnik-Firma »Olympia-Werke«: Die Prüfungsfirma (Treuhand OHG Oldenburg) war zu 100 % eine Tochter der Oldenburgischen Landesbank, die eine Tochter der Dresdner Bank war, die der Hauptgläubiger der AEG war, die der Hauptbesitzer der Olympiawerke war[21]. Um eine zutrauliche Wirtschaftsprüfungsfirma kommt niemand herum, dessen Jahresumsätze mehr als ca. 120 Mio. DM ausmachen.

Steuerberater, Unternehmensberater

Auch in den Büros der Profi-Berater weht die laue Brise der Berufsehre, mit der es sich nicht vereinbaren läßt, daß man den Mandanten bei krummen Geschäften unterstützt – vorausgesetzt, man weiß, daß es nicht mit rechten Dingen zugeht. Dieses schlafstörernde Wissen läßt sich leicht vermeiden, wenn man sich der pflichtschonenden Poesie der Umschreibung bedient und dem Berater zudem einen überdurchschnittlichen Abrechnungssatz aufdrängt – als Schmutzzulage. Aber keine Illusion: Es ist schon schwer, einen guten **aufrichtigen** Berater zu finden.

Bei der Konstruktion von Geldwaschautomaten, Scheinfirmen und Strohunternehmungen geht ohne windige Berater nichts. Aber nicht jeder, der die vorgeschriebenen Prüfungen bestanden hat, ist imstande, Sie ausreichend zu unterstützen, selbst wenn er wollte. Am besten sind empfohlene Berater mit entsprechender Erfahrung.

Wie man allerdings eine Bilanz frisiert, weiß wohl jeder vom Fach und läßt sich leicht dazu überreden. Er freut sich über die Mehreinnahmen, wenn er eine Bilanz fürs Finanzamt zaubert (z.B. Warenlager niedrig bewertet, daher kleine Gewinne und wenig Steuern), eine weitere für die Bank (z.B. das gleiche Warenlager wird hoch bewertet, daher tiefschwarze Zahlen und noch kreditwürdiger) und eine dritte Bilanz für Sie, den Unternehmer und Realisten.

Steuer- und Unternehmensberater verfügen über interessante Insider-In-

---

21 Handlögten, G. und Venske, H.: »Dreckiger Sumpf«; Hamburg 1983, S. 118

formationen, die sie Ihnen aber nur dann verkaufen, wenn Sie der beste Kunde des Hauses sind und sichergestellt ist, daß niemand je die Verbindung schlußfolgern könnte.

Der Anwalt des Prozessgegners

Wenn zwei sich vor Gericht über Geld streiten, so lassen sie sich von ihren Anwälten vertreten. Der Advokat ist der Dritte, der sich freut. Natürlich arbeitet gerade ein junger Anwalt, dem es noch an Klienten fehlt, gern für den Meistbietenden – also Sie –, auch wenn er Ihren Gegner vertritt. Wunder können Sie nicht erwarten, denn der »Kompromiß«, der für Ihren Gegner nicht ganz so günstig ausfällt, wie der sich eingebildet hatte, muß sich noch innerhalb der üblichen Denkbarkeiten bewegen. Den Lieblingsanwalt eines prozessierfreudigen Unternehmens wird man nur selten milde stimmen können, wohl aber den Advokaten, den sich ein unerfahrener Privatier nimmt.

Ein von Ihnen beeinflußter gegnerischer Anwalt kann dem Richter beim üblichen und entscheidenden (!) Plausch auf dem Flur einflüstern, ganz vertraulich und privat natürlich, daß ihm selbst »nicht ganz wohl« bei seinem Mandanten sei, was der Richter als Hinweis auf dessen Schuld interpretiert. Dem Klienten kann ein Anwalt mittendrin raten, die Strategie zu ändern, weil er sonst angeblich geringere Chancen vor Gericht habe – hat der Rechtsvertreter angeblich läuten hören.

Es kommt glücklicherweise sehr selten vor, daß Privatpersonen bestimmte juristische Schlachtpläne von ihren Advokaten abarbeiten lassen, auf bestimmten »Schritten« bestehen oder sich von mehreren Fachleuten unabhängig beraten lassen. Meist bestimmt der Anwalt selbst die ganze Linie. Der Laie hat einen großen Respekt vor dem ehemaligen Jurastudenten, was man auch daran sieht, wie selten von Verbraucherseite gegen den Pfusch geklagt wird, den inkompetente oder nur scheinbar unfähige, in Wirklichkeit aber vielleicht bestochene Anwälte ihrer Kundschaft antun.

Ärzte

Jeder Arzt hat Ihnen als »Patienten« ein Bündel interessanter Leistungen anzubieten: z.B. Atteste, Krankschreibungen, Drogen, Kuren. Wenn Sie sich Frührente oder andere soziale Vergünstigungen erschleichen wollen, führt der erste Weg ins Wartezimmer – außer wenn Sie dafür zahlen, daß Sie gar nicht erst warten müssen (DM 20–50 an die Schwester oder als Privatpatient mit Termin kommen).

Die Bestechung des Doktors erfolgt in bar, oder Sie leisten sich, trotz AOK, die eine oder andere Privat-Behandlung (zu der Sie ja nicht unbedingt erscheinen müssen, solange Sie trotzdem zahlen). Die gewünschte Krankschreibung läßt sich beim dafür bekannten Spezialisten schnell erreichen, für knifflige Atteste sollten Sie aber erst Stammkunde werden, damit der Arzt sich im Streitfalle auf Ihre lange Krankengeschichte bei ihm berufen kann. Bedenken Sie, daß so manches Wartezimmer, gerade in den teuren Gegenden der Großstädte, nicht voll genug ist, um die gnadenlosen Praxiskredite und Wuchermieten abzustottern. Und zusätzlich die Gesundheitsreform ...

Für größere Gaunereien braucht man die Unterschrift eines angestellten Doktors. Der **Amtsarzt** oder ein **Vertrauensarzt** wird dafür bezahlt, daß er Schlaumeier und Simulanten ausfiltert. Einem solchen »**Kontrollarzt**« fällt sein Entgegenkommen leichter, wenn Sie gleich eine pralle und dokumentenreiche Krankengeschichte vor ihm ausbreiten können, die Gutachten und Atteste von möglichst vielen Ärzten über einen möglichst langen Zeitraum enthält. Ein – teurer – Professor als Meinungsführer auf dem Schreibtisch des Kontrollarztes macht sich immer gut, und noch besser, wenn der Star mit den bekannt erstklassigen Verbindungen zur Spitze der Standesorganisation den niederrangigen Kollegen bereits fernmündlich mit dem Fall vertraut gemacht hat, der nur auf den ersten Blick nach hoher Schauspielkunst aussieht. Der Vertrauensarzt braucht immer eine fachlich wasserdichte Begründung, wenn er Sie in Frührente schicken oder untauglich, vernehmungs- oder haftunfähig schreiben soll. Nervenärzte und Zuckerspezialisten bestätigen Ihnen nachträglich eine zeitweise Unzurechnungsfähigkeit (»Black-out«) oder Schuldunfähigkeit.

Für den Traumjob oder die Lebensversicherung macht der Arzt aus Ihnen das gesunde Kerlchen, als das Sie sich einst fühlten: nie einen Infarkt gehabt, HIV mit Valium geheilt. Gerade vom Schlußlicht unter den Fachärzten, dem Spezialisten für Häute und Geschlechter, wird in letzter Zeit immer häufiger der Aids-Test mit negativem Ausgang gekauft.

Am einfachsten gelingt die Bestechung in Privatkliniken (Schweiz, Südafrika), deren Koryphäen Sie bei einem Kuraufenthalt – leider auf eigene Kosten – die Gelegenheit gegeben hatten, Ihre medizinisch einmalige Schädigung zu beobachten, die unsichtbar ist und nur anfallsweise auftritt, leider nie, wenn gerade Zeugen dabei stehen.

Ein letztes Wort unter Patienten: Sprechen Sie unter keinen Umständen offen mit einem Arzt, auch nicht, wenn es nur um die tierärztliche Unbedenklichkeitsbescheinigung für Ihren maul- und klauenverseuchten Bestand geht, der einfach zu schade zum Wegwerfen ist...

Die Bestechung seitens des Patienten bringt den Medizinern derzeit keine nennenswerten Einnahmen. Als Arzt kann man aber schon heute schöne Schmiergelder aus den Schatullen jener Industrie einstreichen, die für die Forschung 10 % ihrer Umsätze ausgibt, für die »Verkaufsförderung« aber 25–40%.

Der **selbständige Arzt** läßt sich von den »Pharmaberatern« der großen Pillenfirmen dafür bezahlen, daß er nur noch deren Produkte verschreibt – und zwar in rauhen Mengen, denn viel hilft viel.

Ganze Hundertschaften von Ärzten werden von Pharmafirmen auf »Informationsreisen« in attraktive Weltgegenden geschleppt. Luxushotel, Sightseeing und Champagner gehen auf Kosten der Firma. Drei Tage ist man z.B. in New York, um in einem neunstündigen »Kolleg«, dem Alibi, der Firmenpropaganda zum Thema Hochdruckmittel »Capozide« lauschen zu können und dann dazu beizutragen, daß der Verkauf dieses Mittels von einem Jahr aufs nächste um 38 % hochschnellt.[22]

Auch Naturalien werden gern genommen. Beliebte Geschenke, die sich der niedergelassene Arzt von seinem Pharmavertreter wünscht, sind kleinere Möbel und Geräte für die Praxis und die ausgesprochen teuren Fachbücher, die er zur Dekoration braucht.

In den Hospitälern geht es besonders hoch her. Man muß sich einmal klarmachen, welche Summen schon in einem mittleren Krankenhaus pro Jahr ausgegeben werden: Lebensmittel 1,6 Mio. DM, medizinischer Bedarf 8,4 Mio., Wirtschaftsbedarf 1,7 Mio. und so fort. Pro Bett darf mit 130.000 DM Umsatz im Jahr gerechnet werden. Für die Anschaffung sind die verantwortlichen Wirtschaftleiter (techn. Leiter, Wäschereileiter, Lebensmitteleinkäufer etc.) zuständig. Doch gerade im medizinischen Bereich können vorgesetzte Verwaltungsstellen die Notwendigkeit einer Ausgabe nur sehr schwer beurteilen.

Oberärzte oder **Professoren** müssen natürlich besonders umworben werden. Sie entscheiden in Krankenhäusern und Unikliniken über den Einkauf medizinischer Geräte und Medikamente in Millionenhöhe. Um diese Menschen kümmert man sich gern. Die Pharmahersteller halten für die beliebten Kongreßreisen Beihilfen bereit, genannt »Spenden« oder »Grants«, die der entscheidungstragende Verwaltungsarzt dezent erbetteln muß. Zu den üblichen »Unterstützungszahlungen« zählen aber auch »Forschungsbeihilfen«. Gern werden die Dienste der gehobenen Krankenhaus-Hippokraten auch zu

---

22 Spiegel 48/87, S. 72ff

sogenannten »Feldstudien[23]« in Anspruch genommen. Für die Wissenschaft muß während der Menschenversuche mit z.T. nicht im Handel befindlichen Medikamenten ein Prüfbogen ausgefüllt werden, in dem die Wirksamkeit der Medizin mit »ausgezeichnet – sehr gut – gut – ungenügend« qualifiziert werden kann. Pro Bogen gibt es 30–50 DM für Dr. Mengele (und gern auch ein Handdiktiergerät oder eine Sofortbildkamera dazu – um die Wunderheilung der Patienten authentisch für die Nachwelt festzuhalten?)[24].

Die wichtigen Ärzte werden in ihrer Klinik und auf Kongressen, ja sogar auf »Besichtigungsreisen« massiv von den Herstellern umworben. Außer den üblichen Bestechungs-Methoden wendet die Industrie hier den Testgeräte-Trick an: Man stellt dem Arzt ein teures Gerät in seine Station und läßt ihn den Zauberkasten kostenlos »testen« – z.B. an seinen Privatpatienten, denen er die hochmoderne Apparatemedizin natürlich auf die gesalzene Rechnung setzt. Kritzelt er nun noch einen Zettel mit schwammigen Verbesserungsvorschlägen voll, wird ein Forschungs- oder Beraterhonorar fällig: Der Chef-Anästhesist des Bremer Zentralkrankenhauses arbeitete nebenher als »Gutachter« für den Hersteller eines teuren Narkoseapparates und bekam obendrein 5 % von jedem Verkauf des Gerätetyps außerhalb der Klinik.

Gern wendet man auch den Trick mit der »Kommissionszuwendung« an: Der Hersteller überläßt dem wichtigen Klinik-Arzt ein Sortiment (z.B. Prothesen) in Kommission. Werden Stücke verbraucht, also verkauft, schickt die Firma eine Rechnung. Für seine »Mühe« bei der Abwicklung des umständlichen Kommissionsgeschäftes wird dem Arzt eine deftige »Aufwandsentschädigung« gezahlt.

Apotheken

Als Apotheker interessieren Sie sich in erster Linie für Naturalrabatt. Feilschen Sie um die Abgabekonditionen mit der Lieferfirma, jedenfalls wenn Sie in einer ländlichen Gegend Heilmittel verkaufen und es von Ihrer Lagerpolitik abhängt, was die Ärzte in ihrem Kaff verschreiben, wenn sie ihren Patienten lästige Bestellungen und Wartereien ersparen wollen. Von den Ärzten wird der Monopol-Apotheker natürlich gar nicht geliebt. Die Vertreter zahlen nun ihre Schmiergelder an den Apotheker. Nur die Vertreter der vom Apothe-

23 Auf den gleichen Namen hören auch die seriösen Doppelblind-Versuchsreihen zur Erkundung der Brauchbarkeit von Medikamenten.

24 Langbein, K. et al.: »Gesunde Geschäfte. Die Praktiken der Pharma-Industrie«; Köln: Kiepenheuer und Witsch 1981

ker bevorzugten Pharmafirmen schauen lustlos bei den Ärzten vorbei und versuchen gerade noch, den Kiloumsatz zu erhöhen. Die sonst so spendierwillige Konkurrenz kommt gar nicht erst.

Architekten

Wie auf Ärzte und Anwälte, so hört der hypnotisierte Laie auch auf die Donnerworte des Architekten allzu bereitwillig: Der private Bauherr brauche für die Handwerksarbeiten keine Angebote einzuholen, nicht der Mühe wert – der Architekt hat ohnehin traumhaft zuverlässige und billige Handwerksfirmen an der Hand. Mit denen ist er nämlich »verheiratet«, wie man auf dem Bau sagt. Zu wessen Nachteil wohl? Preisabsprachen zwischen Architekten und ausführenden Firmen kommen immer vor. Gibt es mal Ärger, weil der Bauherr aus dem Tiefschlaf schreckt, so wird nachträglich ein »berichtigtes Angebot« eingereicht.

In den Betrieben

Je größer und behördenähnlicher das Unternehmen, desto prächtiger gedeiht die Korruption in seinen Eingeweiden. Ab 500 Mitarbeitern stehen alle Signale auf Grün, in kleineren Firmen sollte man gelegentlich auf Gegenverkehr achten. Unübersichtlichkeit und Ungerechtigkeit in den Darmzotten des privatwirtschaftlichen Kolosses sichern die Verdauung auch unverdaulichster Vorgänge, immer vorausgesetzt, diese sind ausreichend mit den notwendigen Enzymen eingespeichelt – also vor allem jenen Katalysator, den die Wissenschaft mit »DM« abkürzt.

Alle Branchen bieten Korruptions-Möglichkeiten, daher wollen wir uns hier erstmal die üblichen Abteilungen ansehen.

Einkauf

Egal, was eingekauft werden soll: Eine geheime Provision fließt immer. Bei **Investitionsgütern** entscheidet ein »Experte«, welche Maschine dem Unternehmen mehr nützen würde als die Konkurrenzmaschine. Und die vernünftigste Lösung muß nicht immer die billigste sein. Wer wollte das Experten-Urteil anzweifeln, das sich außerdem mit der allgemeinen Lebenserfahrung deckt, daß teurer besser ist?

Auch bei **Handelsware** kommt es nicht immer nur auf Preis und Qualität an. Erstens beweist die Erfahrung, daß der Konsument jeden Müll kauft – zu beinahe jedem Preis. Zweitens: Wer wollte sicher sagen können, daß das Konkurrenzprodukt erfolgreicher gewesen **wäre**, wenn man es doch nicht ausprobiert hat? Und außerdem unterscheiden sich die meisten Artikel nur in der Verpackung.

Verbrauchsgüter des Unternehmens werden verbraucht. Weg sind sie. Wen interessiert, vom wem die leckeren Bleistifte bezogen wurden, an denen das gesamte Verwaltungshochhaus seine Zähne stählt? Nur den örtlichen Schwan-Stabilo-Stützpunkt-Partner, der die geschmackvolleren Faber-Castell aus(be)stach, die bekannte Lieblingsmarke aller Buntstiftlecker (und inzwischen auch bei Thomas Gottschalk zum Dessert gereicht).

Natürlich besticht manch ein Vertreter den gewogenen Einkäufer, damit der die Vertreter der Konkurrenz lange warten läßt oder zufällig immer gerade keine Zeit hat, sich deren Tinnef anzusehen.

Vertreter

Der Vertreter kennt seine Opfer genau. Immer wieder umschmeichelt er sie mit seinem Musterkoffer und allerlei Geschenken in der Hand und läßt sein Mundwerk keinen Augenblick lang stillstehen. Einwände gegen das Produkt wollen ausgeräumt sein, mehr noch gegen die »Provision«, die der Vertreter dem Einkäufer für dessen Unterschrift zahlt. Und so schaut die Argumentation aus:

Jeder Vertreter darf einem Dritten, der ein Geschäft angebahnt hat, eine »Provision« zahlen, das sogenannte »Tip-Geber-Honorar«. Und nun kommt der Trick mit den Skrupeln: »Wenn du die ›ZEIT‹ abonnierst[25], füllst du die

25 Kein schwerer Fehler, wenn man pensioniert ist und die Zeit besitzt, die langen und weiligen Artikel zu lesen. Oder Freunde besitzt, die man mit sowas beeindrucken kann. Tip für Angeber: mit Filzstift beliebige Sätze und Artikel anstreichen und das »durchgearbeitete« Blatt finden lassen.

Formularkarte aus und zahlst 120 Mark, fertig. Wenn jedoch Paul dich ›wirbt‹, zahlst du auch 120 Mark, aber Paul bekommt einen Staubsauger. Ist es ungerecht, wenn du den Staubsauger selber nimmst, da es keinen Paul in deinem Leben gibt?« Nicht weinen, vielleicht läuft Ihnen ja morgen ein Paul über den Weg, oder Ingrid. Einstweilen trösten Sie sich mit dem Staubsauger.

Vorsichtige »Provisions«-Empfänger lassen den Staubsauger, der eigentlich für sie gedacht ist, an Paul schicken und holen ihn sich dort ab.

Auftragsvergabe

Wer einen Auftrag zu vergeben hat, schreibt seine Wünsche detailliert in ein Pflichtenheft und läßt sich Angebote machen. Allerdings dürfen nur die mitbieten, die unterderhand ein paar Mark . . . Der zuständige Mitarbeiter einer Firma hat noch mehr Manipulationsmöglichkeiten als der beamtete Auftragsverteiler: Kein Gesetz schreibt vor, daß der Billigste das Rennen machen muß, die Angebotsunterlagen unterliegen keinem Geheimhaltungszwang, es gibt keine öffentliche »Verdingungsverhandlung«.

Für Schadenfreudige nun ein Beispiel aus **dem** deutschen Musterunternehmen, aufgeflogen 1988: Der Pressesprecher der Firma Nixdorf, Herr Prey, zwei Mitarbeiter und der Vertriebsprokurist kassierten schöne Schmiergelder: Die Chefetage sagt, Prey habe 3,5 Mio. eingeschoben, Prey selbst gibt 4 Mio. zu, es wird aber von bis zu 40 (!) Mio. geredet. Vertuschung ist eben doch weniger schmerzhaft als große Schmutzwäsche vor Gericht. Geschmiert wurde Prey (Einkommen 150.000 DM/ Jahr) von zwei Druckereien und einer Werbeagentur in Westphalen, die aus überhöhten Rechnungen ein paar »Rückvergütungen« für den Auftragsvergeber locker machten (»Kick-Back«). Zur Tarnung hatte man Scheinfirmen gegründet, die Namen der Gattinnen eingesetzt und mit Schweizer Nummernkonten operiert. Die Sache lief laut interner Revision mindestens acht Jahre, Prey gab drei Jahre zu.[26]

Geheimnisse

Es ist immer nützlich zu wissen, was die Konkurrenz gerade plant oder tut. Unternehmensstrategien, Angebote oder der Stand der Verhandlungen mit

26 Spiegel 8/88, S. 105

dem umkämpften Kunden, jede Art von Zahlen und Kalkulationen – das hätte oder wüßte man gern. Auch Schaltpläne, technischen Problemlösungen oder die klassische Erfindung können Sie beim Korruptions-Fachmann kaufen. Man kann sich an den Hiwi am Fotokopierer, an Sekretärinnen, Datentypistinnen, alle anderen Computerbenutzer, an Techniker, Konstrukteure, Zeichner und sämtliche Mitarbeiter der kaufmännischen Abteilungen wenden. Jeder hat ein süßes Geheimnis zu verraten, manche wissen nur noch nicht, daß Sie gerade darauf sparen sich kostenpflichtig einweihen zu lassen.

Besonders zugänglich erweisen sich in dieser Hinsicht Mitarbeiter, die sich mißachtet und unterschätzt fühlen. Beißen Sie in den sauren Apfel und heucheln Sie Verständnis für den blassen Computerspezialisten mit dem krummen Rücken, ohne den Siemens morgen zumachen müßte – so sieht er es selbst, und Sie schließen sich ihm an, bis er die wesentlichen Disketten kopiert hat. Solidaritäts-Kitsch senkt die Schmiergeld-Forderung. Gerade der Fachidiot läßt sich durch Interesse an seiner Tätigkeit und staunende Bewunderung ansprechen. Der Könner spielt sein eigenes Fachwissen herunter, um im Rahmen der nun unvermeidlichen, umständlichen Erklärungen des Experten mehrere Informationen extra abzustauben, für die normalerweise gezahlt werden müßte.

Insider-Informationen

Sie zählen auch zu den Geheimnissen, beziehen sich aber mehr auf Plandaten. Ansprechpartner sind die Abteilungen für Planung und Management-Strategien, repräsentiert durch ihre verkannten Genies oder die geschundene Sekretärin. Audi geleast. Geheimnisträger gekauft.

Bürohengste unter sich

Auch unter Kollegen innerhalb der Firma läßt sich so manches zum Nachteil des anonymen Konzernes kungeln. Da werden Prämien hin und her geschoben, die eigentlich gar nicht fließen dürften, da wird »organisiert« und Gefallen gegen Gefallen getauscht. Leider reicht der Platz nicht, um auch nur einen Bruchteil der üblichen oder denkbaren Joint-Ventures darzustellen.

Geschickt wurde bei den Olympia-Werken (Büromaschinen) das Verkaufssoll erfüllt und damit automatisch auch Erfolgs-Prämien fällig, weil die Verkäufer kurz vor Jahresende Blindaufträge schrieben. Die damit befaßten Sachbearbeiter wußten genau Bescheid, sie legten gegen Bakschisch aus Kollegenhand »Blindenordner« (Bürojargon) an. Ab Februar wurden die Scheinaufträge der Reihe nach storniert[27].

Trinkgeld-Forschung

Ein Dienstleister kann heutzutage nicht mehr davon ausgehen, daß er von seinem Kunden Trinkgeld bekommen wird, selbst wenn er sich noch so zuvorkommend und tadellos verhält. In alten Zeiten, als sich ohnehin nur gehobene Stände Dienstleistungen kauften, war das anders.

Dem Trinkgeld-Geber bleibt heute nur zweierlei: Entweder er etabliert sich durch mehrere regelmäßige Besuche mit jeweils großzügigen Aufrundungen als »Stammgast«, der in Erwartung der üblichen Nettigkeiten auch zuvorkommend behandelt wird. Oder – die derzeit modernste Methode – er gibt das Trinkgeld schon, bevor er seine Bestellung äußert: »Ich gebe Ihnen Ihr Trinkgeld gleich, damit Sie schon jetzt wissen, daß ich für Ihr Zuvorkommen dankbar bin.«

Das Trinkgeld gilt allgemein nicht als zweifelhafte Einnahme, wenn es auch im Prinzip der Vorteilsannahme im Sinne von § 331 StGB entspricht, bei der jemand für seine Pflichterfüllung zusätzlich vom Publikum belohnt wird. Die Trinkgeld-Argumentation eignet sich daher gut, um einfachen Leuten und Korruptions-Anfängern die Skrupel auszureden.

»Freund des Ausgebeuteten«

Im **Kundendienst**, im **Verkaufsraum** und im **Lager** beschäftigt das Unternehmen Mitarbeiter, die mit dem Kunden persönlich zu tun haben und es gern sehen, wenn man ihre Leistungsbereitschaft mit einem »Trinkgeld« fördert. Aus der Perspektive dieser Knechte ist das Unternehmen ein Ausbeuter, das die oberen Ränge übertrieben bezahlt und »unsereinen die eigentiche Arbeit machen läßt« – für fast umsonst und weniger.

Der subalterne Mitarbeiter freut sich über jede Gelegenheit, dem Unternehmen eins auszuwischen und Selbstjustiz zu üben. Ein Flüchtigkeitsfehler

27 Handlögten, G. und Venske, H.: »Dreckiger Sumpf«; Hamburg 1983, S. 121

bei der Buchung oder Auslieferung – das kann jedem mal passieren und läßt sich nicht zu einem Urheber zurückverfolgen. Ein **Verkäufer** oder **Lagerist**[28] kann dem liebenswerten Kunden zuviel ins Seidenpapier einschlagen, da vertut er sich beim Abzählen oder liest die Waage falsch ab, da bekommen Sie Gold statt des gekauften Silbers oder fabrikwarme Ware ohne Kratzer als »Dritte Wahl«, »Reste« oder »Verschnitt« zum schrillen Dumping-Preis. Lassen Sie sich etwas auf Bestellung »besorgen«, wenn Sie Ihren Korruptions-Partner im Unternehmen schon näher kennen.

Der **Handwerker** oder ein sonstiger **Dienstleister** läßt sich am leichtesten bestechen. Er erscheint bei Ihnen, und Sie können ganz offen mit ihm reden. Gegen entsprechendes »Trinkgeld« arbeitet er vier Stunden und schreibt nur zwei auf, auch beim Material »verrechnet« er sich zu Ihren Gunsten.

Als Freund des Knechtes stellt man gern heraus, daß man selbst in einer vergleichbar unglücklichen Situation wie der Korruptions-Partner steckt: mißachtet von der angeblichen Elite, immer knapp bei Kasse, aber leider gezwungen, dies und jenes zu tun für einen Ausbeuter . . .

Personalbüro

Auch Posten in der freien Wirtschaft kann man kaufen, wenn man geschickt ist – nicht nur auf der Couch des Entscheidungsträgers. Es kommt auf die persönliche Beurteilung an, und da überzeugen die weitverbreiteten Dokumente der Deutschen Bundesbank mehr als manch glänzendes Zeugnis, das man sich zur Sicherheit vorher irgendwo gekauft hatte. Nur bei der Einstellung von sogenannten Kunden-Kindern wird nicht geschmiert – da kommt der Befehl von oben.

Der Betriebsrat

Der Betriebsrat kann bestochen werden, wenn außer der Summe auch noch die mitgelieferte Argumentation stimmig wirkt, denn der Arbeitnehmervertreter muß sich vor seinem Stimmvieh verantworten. Als Vorbild sollten ihm Gewerkschaftsfunktionäre genannt werden, die bei Neuer Heimat und Co-op nur den Fehler gemacht haben, sich bei dem erwischen zu lassen, was ihnen zustand.

---

28 Alle Arten von Lager sind gemeint: Auslieferungslager, Warenlager, Materiallager, Ersatzteillager, ja sogar die Bestände, die auf der Baustelle lagern, um demnächst verbaut zu werden.

Einige Besonderheiten

Versicherungen

Derbe Geldbeträge werden von Versicherungen eingenommen, aber auch ausgeschüttet. Hoffentlich an die richtige Adresse, also Sie, den Hobby-Versicherungsbetrüger. Wer ist mit der Beurteilung Ihres Falles betraut? Genau an den wenden Sie sich vertrauensvoll, am besten mit ein paar gekauften Gutachten in der Hand. Ja, Sie haben längst die Voraussetzungen erfüllt, um nun irgendwas überwiesen zu bekommen. Ja, Ihr Fall ist Routine und braucht nicht weiter untersucht zu werden.

Über was »verhandelt« man mit der Versicherung? Über Eintrittberechtigungen (z.B. Lebensversicherung trotz Alter und Krankheit), über Beiträge (Risiko geringer, Rabatte etc.), Umfang von Erstattungen (Was war versichert und wie hoch? Über- oder Unterversicherung?).

Flughafen

Es ist immer noch ein Plätzchen frei im Flieger, jedenfalls wenn Sie einen Schein in die Unterlagen legen und Ihre renommierte Handgranatensammlung zu Hause liegen gelassen haben. Mit etwas Glück ist die zweite Klasse ausgebucht, aber irgendwer hat da einen Fehler gemacht, Ihnen steht der Mitflug zu, warum nicht in der Ersten? Beim Ticket-Kauf kann man mit einem mitleiderregenden Attest schöne Erfolge erzielen.

Hotel

Sie wollten ein billiges Zimmer und bekommen auch eins, dank eines »Buchungsfehlers«: »Jetzt müssen wir Ihnen aus Kulanz-Gründen wohl die Kaiser-Suite andienen, denn alle Besenkammern sind schon belegt.« Oder man vermietet an Sie »irrtümlich« zum Großfirmen-Rabatt wie an einen Mitarbeiter der Tengelmann-Kette auch. Bedanken Sie sich auch nachträglich, ohne daß Sie es müßten, mit einer kleinen Aufmerksamkeit: Blumen, Pralinen etc. Das spart beim nächsten Mal an selber Stelle den vielfachen Einkaufswert an Schmiergeldern.

Pop-Konzerte

Ordnern überreicht man den Schein (ohne Zeugen!) per Händedruck und bekommt einen Passierschein oder Stempel dafür.

Türsteher und Ober

Kein Lokal ist so exklusiv, daß Sie sich nicht durch Geldübergabe als Stammgast zu erkennen geben könnten. Die schönste Visitenkarte ist mit einem

Stich von Albrecht Dürer verziert. Achten Sie darauf, daß Sie niemand der anderen Wartenden bei der Aktion beobachten kann. Ähnliches gilt für Restaurants.

Märkte – Flohmärkte – Messen
Wer einen guten Standplatz wünscht, sollte seinem Anliegen an angemesser Stelle entsprechenden Nachdruck verleihen.

Taxifahrer
Ist es Pflichtverletzung, wenn der Taxifahrer Sie auf Ihren Wunsch hin, »etwas Preiswertes, aber Klasse« erleben zu wollen, in das teuerste Nepp-Lokal der Stadt fährt – nur weil er dort Provisionen kassiert? Gibt es eine Informationspflicht des Chauffeurs, ist er quasi Amtsträger?

Gekonnt verlieren

Verlieren kann sich lohnen. Besonders zugänglich erweist sich der faire Kämpfer, wenn er den Gesamtsieg schon fest in der Tasche hat. Für ihn kommt es nicht darauf an, wie er auf den letzten Metern abschneidet. Da enttäuscht der **Sportskamerad** ausnahmsweise mal seine Fans, wenn es einem anderen Kollegen nützt, der gerne zweiter Sieger werden oder sich vor dem Abstieg schützen will.

Der sportliche Ehrgeiz, mit dem im Sport bestochen wird, zeigte sich öffentlich bisher am schönsten im sogenannten »Bundesliga-Skandal« Anfang der 70er Jahre:

Ganze Spiele gingen für 5–6stellige Beträge über den Tisch. Der Nationalspieler Grabowski (Frankfurt) bot dem Fußballer Bechtold (Offenbach) an: »Wenn du heute langsam läufst, kannst du 5000 Mark verdienen«. Grabowskis Verteidigung später: »Alles war doch Flachs.«

Die wechselseitige Massen-Korruption flog nach einer Schein-Schmierung auf. Der Offenbach-Chef Canellas telefonierte mit Hertha BSC und bot denen 120.000 DM für einen Sieg über Bielefeld an, durch den, für Herthas Tabellenstand nicht weiter erheblich, den Offenbachern der Klassenerhalt gesichert worden wäre. Die Antwort aus Berlin, zum großen Erstaunen der

Journalisten, die das Tonband mit dem Gespräch später auf Canellas' Geburtstagsparty abhören durften: »Gestern war schon einer von Bielefeld da, aber wir haben uns noch nicht entschieden«. Bielefeld habe 220.000 geboten. Zwei Drittel aller Bundesligaclubs waren in korrupte Machenschaften ähnlichen Zuschnitts verwickelt: 20 Trainer, Clubfunktionäre und Vereinspräsidenten sowie mehr als 60 Spieler. 32 Spieler wurden gesperrt – zum Teil lebenslänglich.[29]

Bedenken Sie, daß der Klassenerhalt für einen Sportler echtes Geld bedeutet: Je höher sein Rang, desto höher die Startgelder, die Werbeverträge, die Siegprämien, die Sporthilfe, der Wert beim Verkauf an andere Vereine. Und dann kommt noch die Eitelkeit hinzu. Dabeisein ist alles.

Doch nicht nur den Sportler selbst kann man zur Minderleistung bestechen. Bei Wettkämpfen und im Mannschaftssport haben **Schiedsrichter** und ihre **Linienrichter** das letzte Wort. Auch eindeutige Fehlentscheidungen müssen von den Sportlern akzeptiert werden. Ob der Schiedsrichter ein Foul sieht oder nicht, ob er dem Recken auf dem Feld seine schauspielerischen Einlagen (beliebtestes Ballett-Stück: »Der sterbende Schwan«) abkauft oder nicht: eine Frage des Geldes.

Trainer sind nur dann bestechlich, wenn sie sich damit für eine Fehlentscheidung der übergewichtigen, unsportlichen Sportfunktionäre über ihnen rächen wollen oder im Begriff stehen, woanders einen Job anzunehmen. Der Trainer kann seinem Star einreden, daß es für die Gesamtstrategie (z.B. aus »Konditionsgründen«) einmal gut sein kann zu verlieren, wenn er ihn nicht sowieso so falsch berät, daß der Star keine Chance hat. Von Trainern, aber auch von Mannschaftsmitgliedern und sonstigen Eingeweihten können Sie Informationen wie z.B. die Strategie fürs nächste Match kaufen.

Der **Troß** wird im Sport immer wichtiger: **Mechaniker, Ärzte, Psychologen, Stallburschen** etc. können bei der Versorgung des Athleten mit Drogen und Gerät mauscheln. Wer mit dem Star persönlich zu tun hat, kann ihm auf die Nerven gehen. Der Crack versagt dann aus »mentalen« Gründen.

---

29 Spiegel 25/71

Schmierung in der Hochkultur

Eine Mischung aus Michael Jackson, Günter Grass, C.M. Brandauer und Niki Lauda wollte der Römische Kaiser Nero gern sein, nämlich angehimmelter Mega-Star und Wettbewerbsgewinnler als Schauspieler, Wagenlenker, besonders aber Dichter und Sänger. So wurden denn überlegene Konkurrenten bei Wettbewerben zu schwachen Leistungen bestochen und massenhaft bezahlte Fans zu den Auftritten bestellt, die Nero beklatschten und die Gegner ausbuhten.

Über **Stipendien, Förderungen** und **Preise** in Sachen Kunst, Literatur, Musik, Theater, Film etc. bestimmt eine kleine Elite von Leuten, die in jeder Jury der Branche sitzen oder sich von ihren Nachahmern vertreten lassen. Im Rotationsverfahren hocken elf zusammen und schieben dem Zwölften den verdienten Preis zu, immer abwechselnd. Aber auch dem Nachwuchs wird manche Chance gegeben – wenn er die Protektion genießt, wie man sie z.B. als Meisterschüler besitzt, oder sich ein Großmeister der Hochkultur damit schmücken will, mal wieder im Urlaub einen künftigen Nobelpreisträger entdeckt und prompt mitgebracht zu haben.

»Trete ich heute – gegen schöne Gage – in deiner Show auf, wirst du demnächst – gegen schöne Gage – in meine Show geladen.« Doch werden wir einmal ernst: Nahost-Spezialist Gerhard Konzelmann hat ja inzwischen die ernste Musik beim Südfunk Stuttgart unter sich. Wer immer Anspruchsvolles hört und zudem wenn schon kein Tausendsassa, so doch wenigstens irgendwas mit Hundert ist, der möchte gerne mal selber und darf auch: In Köln freute sich Opernindendant Hampe, eine Konzelmann-Oper auf die Bühne zu bringen, ein Opus solide gegossen aus der puren Peinlichkeit des gröbsten Dilletantismus. Dafür darf Hampe bei den Festspielen in Schwetzingen, wo Konzelmanns Stuttgarter Sender den Ton angibt, einen großen Rossini-Zyklus durchziehen und eine schöne Rechnung dafür schreiben.[30]

Auch die **Posten im öffentlichen Kulturbetrieb** werden immer von denselben an dieselben vergeben. Bis zum schwieligen Ellenbogen tief langen Intendanten, Professoren und Direktoren in die Staatsschatulle – sind sie doch preislose Genies. Gäbe es mehr Everdings, man könnte dann vielleicht ... – aber es gibt nur einen: August. Es kommt schon was zusammen, wenn man ein Festival organisiert, einen Lehrstuhl besetzt, immer mal wieder fürs Fern-

30 Spiegel 36/88

sehen was produziert, einem »Haus« vorsteht und auch noch selbst inszeniert, nicht nur sich selbst. Wie das alles gleichzeitig geht? Gar nicht.

Der modern denkende Nachwuchs-**Künstler** vereinbart seine Karriere mit dem korrupten Galeristen. Der treibt einen befreundeten Kritiker zur Begeisterung und dem unvermeidlich unverständlichen, aber gut bezahlten Aufsatz im Ausstellungskatalog. Dies wiederum erhöht die Chancen des Künstlers bei öffentlichen »Ausstellungsmachern« oder den Einkäufern der Museen. Alle diese Meinungsführer können nun ohne Gewissensbisse Provision und die fraglichen Werke an ihre Brust nehmen, was zu einem Popularitätsgewinn mit Wertsteigerung des Künstlers führt, woran auch der große Sammler seine Freude hat, der als Finanzier von Anfang an die Finger mit im Spiel hatte.

Bei öffentlichen Bauprojekten wird ein **Architektur-Wettbewerb** veranstaltet, bei dem die Chancen auf sehr interessante Weise verteilt sind. Wenn für **Kunst am Bau** sechsstellige Summen fließen, so muß man auch hier erstmal »gewinnen«, um kassieren und dadurch im Werte noch weiter steigen zu dürfen. In der Jury sitzen Duzfreunde des Professors, der gewinnt.

Filmförderung und Geld vom **Fernsehen** braucht man, wenn man die eigene Betroffenheit zu purer Langeweile gerinnen lassen will – und natürlich Beziehungen.

Im gesamten Kulturbereich ist es von entscheidender Bedeutung, überhaupt aufs Karussell aufspringen zu dürfen. Wer nicht gefragt wird, darf sich in den meisten Fällen nämlich nicht mal bewerben. Wie kommt man rein? Ein bißchen durch Qualität, aber vor allem durch Beziehungen. Der klassische Einstieg gelingt über die »Ausbildung«, denn der bewundernde Nachwuchs, der von einem Vorbild »lernen« möchte und den Abwasch erledigt, hat beste Chancen. Vor allem muß man immer präsent sein, zu allen Eröffnungen, Vernissagen, Premieren und ähnlichen Anlässen erscheinen und bis zum Abwinken plaudern und schleimen, immer übrigens an der Grenze zur eigenen Meinung, nicht daß einer der Päpste merkt, daß man ihm total nach dem Munde redet.

Als »Kulturschaffender« müssen Sie erstmal jemanden finden, der an der Ausbeutung Ihres »Talentes« interessiert ist. An wen **Agenten, Galerien, Plattenfirmen, Verlage, Konzertveranstalter** etc. »glauben«, wen man also trotz Mittelmaßes nach vorn drängt, hängt ganz **davon** ab – von Ihrer Schönheit, Ihren Fähigkeiten im Bett, Ihren Beziehungen, Ihrer Vermarktbarkeit (= Mischung aus Ambition, Skrupellosigkeit, Formbarkeit und Gängigkeit) und Ihrem Schmiergeld.

Hitlisten werden angeblich nach objektiven Verkaufszahlen errechnet. Glauben Sie das?

Im Ausland bestechen

Bargeld ist der beste Dolmetscher, wenn einem mal ein Wort Kisuaheli fehlen sollte. Aber auch Uhren (sogar Imitate) und Gold werden in vielen Ländern noch überbewertet. In den Gulags des Ostblocks überzeugen West-Symbole.

Wer sich mit den Korruptions-Bedingungen im jeweiligen Ausland nicht genau auskennt, sollte vorsichtig sein, aber nicht feige. Ein bißchen persönlicher Entwicklungshilfe darf man überall mal einfließen lassen, spätestens wenn man gehört hat, daß die Zollakademie gerade für ein Waisenhaus sammelt etc. (Sprachkenntnisse leider Voraussetzung, aber ein Übersetzer bringt auch was, wenn er wirklich poetisch bleibt oder das Sprachengenie ein Verwandter des Schmiergeld-Adressaten ist). Außerdem ist man in den meisten Ländern nicht so ausländerfeindlich wie bei uns.

Lassen Sie sich nicht aus der Ruhe bringen, sollte der allmächtige Beamte mit den weißen Handschuhen und der angestoßenen Operetten-Uniform eine strenge Drohmaske übers Gesicht ziehen und Sie donnernd fragen, ob Sie sich eigentlich einbilden, dies hier sei ein bestechlicher Negerstamm, nur weil alle schwarze Haut haben. Der Offizielle lehnt Ihr Angebot empört ab, unter dem Deckmäntelchen einer »Spende« für ein Waisenhaus Schmiergelder anzunehmen. Was sein Land viel dringender bräuchte, wäre ein Tierheim. Ganz gleich, ob er dabei ernst bleiben kann, oder – weil er Sie für ziemlich begriffsstutzig hält oder seine Allmacht unterstreichen will – nun in breitestes Grinsen wechselt: die Hand streckt er bestimmt aus, mit der hellen Seite nach oben, auch wenn Sie sich das wegen der Handschuhe nur ausmalen können.

Bei allen entscheidenden Operationen wird ein Einheimischer als Korruptions-Makler eingesetzt. Deutsche Waffenexporteure zahlen üblicherweise 0,5–3 % des Umsatzvolumens als Schmiergelder, wenn an die Saudis geliefert wird. Beim Export von Eisenbahnschwellen nach Gabun wurden 10% Bakschisch fällig. Als Indien sich zur Bestellung von vier U-Booten der deutschen Firma HDW für 572 Mio. DM breitschlagen ließ, bekam ein indischer Vermittler in London 40 Mio. DM »Commission«, also 7 %. Das kann hinkommen, denn auch beim U-Boot-Geschäft der HDW mit Südafrika waren 4,5 % plus ein Fixum »Provision« für die Bemühungen der Vermittler geflossen.[31]

31 Spiegel 17/87

Man geht davon aus, daß ca. 0,2 % des Exportvolumens Deutschlands für Schmiergelder draufgeht[32]. Das bedeutet, daß deutsche Unternehmen jährlich 500 Mio. DM an Schmiergeldern ins Ausland streuen – meist allerdings, weil die Bestechung mehr oder weniger erpreßt wird.

Vor allem in der Dritten Welt müssen manche ordentliche Deutsche lernen, daß sämtliche Vorgänge, die nicht direkt mit dem normalen Pauschal- oder Rucksacktourismus zu tun haben, Bakschisch erfordern, und zwar zwingend.

Ich habe Verständnis für die Schmiergeld-Forderungen der Drittwelt-Eliten. Sie sehen in Hollywood-Filmen, wie das schöne Leben aussehen kann, sie lassen sich im Westen als Internatszöglinge und Studenten die bei uns üblichen Ideale einimpfen. Wieder daheim streben sie nun unseren Lebensstil an, nicht aber unser organisatorisches System. Um ihr Luxusleben zu finanzieren, plündern sie ihr Land aus – und auch die westlichen Unternehmen, die sich an der Ausplünderung beteiligen wollen[33].

Schmier-Übungen für Anfänger

Zuerst muß die Fachsprache der Korruption eingeübt werden. Sprechen Sie nur noch in Bildern und Andeutungen. Sollte kein wirklicher Profi-Korruptionist aus Ihnen werden, so können Sie mit Ihrer neuen Redegewandheit doch sicher anderweitig aufsteigen.

Der Anfänger sollte Bestechungs-Situationen mit Bekannten und Familienmitgliedern trainieren, mit oder ohne deren Wissen. man denkt sich ein Korruptions-Problem aus und spielt es mit verteilten Rollen durch. Schneiden Sie das Bestechungs-Gepräch auf einem Kassettenrekorder oder einem Videogerät mit, um nachträglich Ihre Schwächen analysieren zu können.

Auch die Taschenspielertricks bei der Übergabe von Geld müssen sitzen, bevor sie in der Realität angewendet werden können. Und nun noch zur mentalen Seite: Keine Höchstleistung ohne psychische Top-Form. Skrupel und Selbstvertrauen müssen Sie völlig im Griff haben.

---

32 Schätzung Bundesfinanzministerium; nach Bluth, 1983

33 Kodjo, S.: »Korruption in Afrika als ein entwicklungspoltisches Problem« in »Kölner Zeitschrift für Soziologie und Sozialpsychologie«; Köln 1972

Wählen Sie für Ihre ersten ernsthaften Versuche ungefährliche Gelegenheiten: Lassen Sie Ihren Paß verlängern, auch wenn er noch gar nicht fällig ist und versuchen Sie die Expreß-Bestechung. Wenn Sie demnächst wieder eine etwas teurere Sache im Warenhaus kaufen wollen, probieren Sie, mit dem Personal oder dem Abteilungsleiter zu »reden«. Schaffen Sie es, ihn dazu zu bringen, daß er außer der Banknote auch die feinen Mängel sieht, die die von Ihnen ausgesuchte Ware zur zweiten Wahl degradieren? Versuchen Sie Ihr Glück an der Konzertkasse, wenn schon längst alle Karten ausverkauft sind. Auch hier haben Sie nichts zu verlieren (im schlimmsten Falle ersparen Sie sich das gröhlende Publikum, Wunderkerzen, die Toten Hosen oder Justus Frantz). Könnten Sie mal ein paar Wochen Urlaub vertragen? Wechseln Sie den Arzt und lassen Sie sich übertrieben lange krankschreiben. Je exotischer die Krankheit, desto höher der Schwierigkeitsgrad und damit der pädagogische Wert der Aufgabe.

Stellen Sie sich, spaßeshalber, wegen irgendeines Jobs vor, für den Sie an sich nicht qualifiziert sind. Haben Sie den Eindruck, der Personalchef will mit Ihnen »ins Gespräch kommen«? Winken Sie nicht zu schnell ab, am Ende sitzen Sie tatsächlich auf einem gut gepolsterten Stuhl mit vielen Möglichkeiten zur Schmiergeld-Einnahmen.

Der fortgeschrittene Bestecher sucht nun den Konflikt mit dem Gesetz. Fahren Sie verdächtig langsam, würgen Sie den Wagen an der Ampel ab und deuten Sie Schlangenlinien an. Irgendeine Verkehrsstreife wird Sie sicher stoppen. Natürlich haben Sie nichts getrunken, sagen Sie, und keiner glaubt Ihnen ein Wort – dabei sind Sie wirklich nüchtern, auch wenn Sie gerade, zur Tarnung, mit einem Schlückchen Wodka gegurgelt haben (das ausgespuckt wurde).

Auch der Kaufhausdetektiv eignet sich für erste Bestechungsversuche, die das echte Kribbeln einer wirklich wichtigen Bestechungs-Situation erzeugen, auch wenn in der großen Tasche, die Sie partout nicht öffnen wollen, nicht unbedingt ein noch unbezahlter Artikel des betreffenden Warenhauses zu finden sein muß.

Jetzt gibt es nur noch eine Steigerung: die ernste Bestechung. Wo könnten Sie schmieren, um wirklich Vorteile dadurch zu bekommen? Wo könnten Sie sich schmieren lassen? Jetzt geht es los ... Sie müssen das ganze Buch nochmal von vorne durchlesen.

KEIN KRAUT GEWACHSEN?

Bei Staaten mit Zentralverwaltungswirtschaft und – mehr noch – bei Entwicklungsländern urteilt die Expertenwelt nicht ausschließlich gegen das Schmierwesen. Eine günstige Wirkung auf die ansonsten noch trägeren Prozesse innerhalb solcher Staaten wird gelegentlich nicht ausgeschlossen[1]. Wie scharf gegen die Korruption vorgegangen wird, solle nicht nur eine Frage der Moral, sondern auch der Zweckmäßigkeit sein. Je mangelhafter die einzelwirtschaftlichen Pläne koordiniert sind, desto gefährlicher könne ein rigoroses Vorgehen gegen die Korruption für die Funktionstüchtigkeit der Wirtschaft eines Landes sein. Korruption kann ein »relativ effizienter Koordinationsbehelf« sein – meint der Bestechungs-Forscher Jakob van Klaveren.

Doch zugegeben, meist geißeln moralapostolische Fachleute die Korruption und listen ihre Nachteile auf:

1) Ungerechtigkeit gegenüber Ehrlichen
2) Ineffizienz durch Bevorzugung
3) Verlust des Vertrauens der Bürger in den Staat. Folge: z.B. sinkende Steuermoral
4) Vergeudung von Steuermitteln
5) überhöhte Gewinne durch Quasi-Monopole
6) Zensur und Repression, weil die zur Vertuschung nötig sind.
7) Die Regierung ist nicht mehr frei in ihren Entscheidungen, weil abhängig von ihren »Förderern«.

Für die Leser, die sich dieses Buch gekauft haben, weil sie sich daraus Anregungen für ihren persönlichen Kreuzzug gegen die menschliche Natur versprochen haben, möchte ich nun noch kurz auf die Methoden eingehen, mit denen versucht werden könnte, das natürliche Biotop der menschlichen Gesellschaft mit seiner beeindruckenden Artenvielfalt zu einer Monokultur zackiger Korrektheit zu denaturalisieren.

---

1 Über gelegentliche Positivwirkungen der Korruption siehe:

Bayley, D.H.: »The Effects of Corruption in a Developing Nation« in Western Political Quarterly, Salt Lake City, Utah, 19/1966, S. 719-732

Leys, C.: »What is the Problem of Corruption?« in Journal of Modern African Studies, Cambridge/London 3/1965, S. 215-230

Nye, J.S.: »Corruption and Political Development: a Cost- Benefit Analysis« in American Science Review, Menasha, Wisc., 61/1967, S. 417-427

Gegenseitige Kontrolle

Wo eine Idee erst dann zur Entscheidung wird, wenn zwei Unterschriften unter dem Kommando-Dokument stehen, scheint die Korruption erschwert zu sein. Scheint. Denn in der Praxis hat die **Gegenzeichnung** keine Kontrollfunktion, sie verkommt zur Formsache. Der Boß hat so viel um die Ohren, daß er seinen Zuarbeitern vertrauen muß. Was man ihm zur Unterschrift vorlegt, zeichnet er ungelesen ab.

Zweite Schwachstelle: Wenn man über lange Zeit als Kontrolleur und Kontrollierter zusammenarbeitet, am besten noch im selben Büro und unter demselben ungeliebten Vorgesetzten, dann entwickelt sich automatisch ein sehr persönliches Verhältnis. Es kommt gar nicht auf das Duzen an. Man kann den anderen jedenfalls genau genug einschätzen, um ihn auch beeinflussen zu können. Und wie oft warten die beiden sich gegenseitig Kontrollierenden nur darauf, einander zu gestehen, daß sie – jeder für sich – schon immer mal darüber nachgedacht haben, wieviel besser jeder fahren würde, wenn man gemeinsame Sache machen und endlich mal die vielen Bestechungs-Möglichkeiten nutzen würde. Zur Dekoration bitte: »Wir sind doch sowieso die Dummen hier.«

Rotationssysteme

Wer einen neuen Partner vor die Nase gesetzt bekommt, wird ihn erstmal vorsichtig abtasten. Solange keine Verbrüderung stattfindet, funktioniert die gegenseitige Kontrolle, weil jeder vor dem anderen Angst hat. Haben sich die beiden aber soweit angenähert, daß sie effektiv arbeiten **könnten**, so könnten sie genausogut gemeinsame Sachen machen. In diesem Moment setzt die Rotation ein – das Pärchen wird auseinandergerissen, jeder bekommt einen neuen Unbekannten zum Partner.

Solche Systeme schließen Korruption weitgehend aus. Andererseits beginnt die Phase der effektiven Arbeit auch erst dann, wenn sich ein neues Team eingespielt oder ein neuer Partner eingearbeitet hat. Die geringe Korruptions-Wahrscheinlichkeit wird also durch eine erheblich geringere Effektivität erkauft. Außerdem sind nicht alle Unternehmen groß genug, um ständig neue Paarungen zusammenstellen zu können.

Innenrevision

Große Organisationen haben eigene Spürhunde, die auf Verdacht oder stichprobenartig interne Vorgänge auf Effizienz und Rechtmäßigkeit hin überprüfen. Diese Revisoren sind nicht automatisch unbestechlich. Mitunter gibt es da jemanden, der jemanden kennt, der Beziehungen hat und Einfluß nehmen kann. Wann eine Prüfung stattfinden wird, läßt sich immer vorher herausbringen – so daß noch genügend Zeit zur Korrektur bleibt.

Revision von außen

Die nicht bestechlichen Mitarbeiter einer Organisation empfinden es als Frechheit, daß man sich auch nur vorstellen kann, daß bei ihnen gepfuscht wird, und sabotieren daher die Arbeit fremder Revisoren gern. Der korrupte Mitarbeiter weiß das schlechte Image der externen Revisoren zu seinen Gunsten zu nutzen.

Revision in Behörden

Wenn sich die zeitgenössische Beamtenschaft auch von den meisten der preußischen Tugenden verabschiedet hat, so mochte sie sich doch nicht von ihrem elitären Standesbewußtsein trennen. Bei den ehrenhaften Staatsdienern läßt sich eine routinemäßige Innenrevision nicht durchsetzen, auch wenn sie bei jeder Bank selbstverständlich ist. Geprüft wird erst, wenn es zu ermitteln gilt, wieviel vertuscht werden kann.

Nun haben wir noch die Rechnungshöfe, die das amtliche Walten nach Normentreue und vor allem Wirtschaftlichkeit durchschnüffeln. Dann schreiben sie einen langen Bericht, dessen Inhalt klingt wie frisch aus dem Hektographierer der Desinformations- und Hetzabteilung in Ost-Berlin. Ein paar lesen ihn, ein paar sind entrüstet. Das war's. Solange es keine Strafen für den losen Umgang mit Steuergeldern gibt, wird sich daran nichts ändern. Und wer wollte das gegen die Beamten-Lobby durchsetzen? Etwa die Politiker, die selbst, wenn sie nicht schon immer hauptamtliche Funktionäre waren, überwiegend aus dem Öffentlichen Dienst stammen und im Verschwenden große Klasse besitzen?

Immer wieder wird auch eine Effizienzkontrolle angemahnt. Gute Idee: Die Behördenchefs kommen nicht mehr zu korrupten Geschäften, so sehr sind sie damit beschäftigt, die tatsächliche Leistung ihrer Abteilung auf dem Papier an die Plansoll-Erfordernisse von oben anzugleichen.

Zufriedenheit und gutes Arbeitsklima

Unzufriedene Mitarbeiter neigen besonders zu pflichtwidrigem Verhalten. Eine durch gutes Arbeitsklima und vernünftige Bezahlung motivierte Belegschaft, die sich mit dem Unternehmen verwachsen fühlt und identifiziert, wird sogar bemüht sein, den schwarzen Schafen ihre Korruptions-Möglichkeiten zu vermiesen. In einem solchen Betrieb haben Sie keine echte Chance. Zum Glück kommt sowas selten vor.

Duldung

Haben sich Mitarbeiter erstmal an korrupte Zahlungen gewöhnt, reagieren sie mit Unmut, wenn ihre Werkstatt mit dem eisernen Besen ausgekehrt werden soll. Viele Unternehmen ziehen es deshalb vor, alles beim alten zu lassen. Die Korruption wird zu einer kalkulierbaren Größe, deren Kosten an den Kunden weitergegeben werden. Die Wettbewerbsfähigkeit leidet darunter nicht, weil ja auch die Konkurrenz einen gewissen Schwund durch Korruption erleidet. Wer hingegen die Korruption beseitigen will, geht ein hohes Risiko ein.

In der öffentlichen Verwaltung wird ohnehin nicht nach Vernunftskriterien gewirtschaftet. Und in Unternehmen, in denen allein der Erfolg, also die Effektivität zählt, stellt man eine ganz einfache Rechnung auf: Sinkt parallel zur »erfolgreichen« Bekämpfung der Korruption die Produktivität (wohl wegen der Klimaverschlechterung in der kontrollierten Belegschaft), so wird das Management die alten, wie auch immer verwerflichen Zustände doch vorziehen, weil sie weniger kosten als die neue »Sauberkeit«.

Im verkleinerten Maßstab ihres Lego-Imperiums denken die mittleren Führungskräfte genauso: »Was nützt meinem Vorgesetzten der Skandal in der eigenen Abteilung, wenn der korrupte Mitarbeiter erst umständlich durch einen anderen ersetzt werden muß, der während seiner Einarbeitungszeit nicht nur nichts bringt, sondern sogar einen fähigen Mitarbeiter teilweise blockiert, der ihn schließlich erst einweisen muß? Und all das Gewese nur, um am Ende genauso korrupt zu sein wie sein gefeuerter Vorgänger, auf dessen Leistung man sich neben all seiner Bestechlichkeit wenigstens verlassen konnte?« Es zählt nur die Bilanz. Deshalb dulden Vorgesetzte milde Korruption in ihren Abteilungen, wenn sie nicht sogar 10 % Schweigegeld für sich abmelken.

Mehr Forschung?

Es erstaunt, daß zum Thema Korruption kaum geforscht wird, wenn man von den Privatgelehrten absieht, die ihre Patente geheimhalten und nur selbst ausnutzen. Scheinbar handelt es sich um eine der letzten Tabu-Zonen der Gesellschafts- und Betriebswissenschaften, was man so unverständlich finden kann wie den Umstand, daß Sex noch keine olympische Sportart ist, obwohl das doch näher läge als Stufenbarren oder Kugelstoßen. Keiner außer ein paar Sektierern hat Interesse daran, daß sich das ändert. S. Bluth[2], ein Held der Arbeit in der Entrüstungsindustrie, schlägt die Gründung eines Forschungsinstitutes für Korruption vor. Warum? Um etwas verstehen und bekämpfen zu lernen, mit dem beide der für die Finanzierung der Forschung in Frage kommenden Geldgeber so wunderbar leben können, nämlich Industrie und Staat? Oder möchte Herr Bluth nur eine gutdotierte Professorenstelle?

Die totale Öffentlichkeit

Ja, die Korruption hätte es schwerer, gäbe es weder Bankgeheimnis, noch Steuergeheimnis, noch die Geheimniskrämerei bei der öffentlichen Auftragsvergabe, keine Amts- und keine Dienstgeheimnisse mehr. Aber nur ein bißchen schwerer. Die Korruption würde nicht verschwinden, sie würde nur andere Formen annehmen, im besten Falle ein wenig öffentlicher werden. Aber geht es öffentlicher als im Flick-Skandal? Wohl kaum. Hat es jemandem ernstlich geschadet? Nein, außer den ermittelnden Beamten. Die »Staatsverdrossenheit« ist größer geworden, aber damit doch auch – erwünschte Nebenwirkung? – die Möglichkeit zu Korruptions-Geschäften. Ansonsten ist die Korruption das geblieben, was sie auch vorher war: eine normale Sache.

2 Bluth, 1983

Mehr Konkurrenz

Gelegentlich wird vorgeschlagen: Keine Geheimniskrämerei mehr bei Auftrags- und Stellenausschreibungen. Jeder soll sehen können, warum er den Kürzeren gezogen hat. Auch mit klaren Vorgaben bei der Planung und Errichtung, bei Betrieb, Finanzierung und Kontrolle öffentlicher Einrichtungen wäre sicherlich einiges verloren für den Korruptionisten. Aber nur vorübergehend, denn wir sind anpassungsfähig[3].

Härtere Strafen

Härte klingt immer gut, muß aber nicht auf jeden angewendet werden. Wer will sie auch durchsetzen, wenn er doch davon ausgehen muß, daß sie die eigenen Freunde – Beamten, Politiker, Förderer – bedrohen würde?

Auswahl mit Lügendetektor

In den USA wird in vielen Firmen ein wichtiger Posten nur vergeben, nachdem die Loyalität und Ehrlichkeit des Bewerbers am Lügendetektor und mit Stimmstreß-Meßgeräten getestet worden ist. Doch auch die modernste Technik kann keine letzten Antworten geben, nicht nur wegen ihrer häufigen Fehlurteile (Aufregung wird leicht als Neigung zur Lüge mißverstanden), sondern auch dank des Trickreichtums der Schlawiner-Fraktion: Selbst vegetative Körperfunktionen können nach geschicktem Training mit Bio-Feeback-Gerätschaften willkürlich beeinflußt werden. Privatdetektiv Mauss wußte das wohl nicht. Er wollte CIA-Mitarbeiter werden, fiel aber beim Lügendetektor-Test durch[4].

Oder soll künftig ein Psychologe[5] entscheiden, ob wer gehobener Beamter werden darf oder nicht? Soll man Kandidaten in Anwesenheit eines Aufsichtsbeamten mit Alkohol vollkippen, um zu testen, wie primitiv sie werden? Wahrheitsdrogen rezeptfrei in der Apotheke?

---

3 Matzner, E.: »Der moderne öffentliche Sektor und das Phänomen Korruption« in Brünner, Ch. (Hrsg.): »Korruption und Kontrolle«; Wien 1981

4 Aust 1988

5 Öffentlich angestellt, prima ABM für arbeitslose Akademiker, die im Bereich Rebirthing, Encounter, Bioenergetik und Räucherstäbchen nichts werden konnten.

Wertewandel

Der Bürger, der als Beamter, Arbeitender oder Chef an seinen Staat glaubt, der sich mit seinem Land identifiziert, dem »Vorbild Deutschland«, der moderne Idealist müßte her: der Neue Mensch, dessen Züchtung nicht mal in der DDR gelungen ist. Tja . . .

GROSSE TRADITION DES BAKSCHISCH

Die Geschichte der Korruption

Eine gute alte Zeit der Unbestechlichkeit hat es wohl nie gegeben, wenn auch der eine oder andere Anthropologe oder Soziologe sich nicht vorstellen kann, wer wen schmiert im Gemeinwesen der Steinzeit-Kulturen. Jäger- und Sammlerstämme, die als kleine und übersichtliche Horden durch die Gegend streifen, einer auf den anderen angewiesen, keiner mit Privateigentum, keine Hierarchie – wir wollen es dahingestellt sein lassen, ob die Wissenschaft hier nur romantische Hoffnungen durch »Erkenntnisse« befriedigt, wie seinerzeit Frau Mead, die die repressionsfreien, völlig natürlichen Paradieskinder auf irgendwelchen Südseeinseln so betrachtete, daß sie in die Theorie vom eigentlich Guten im Menschen paßten, das von der bösen Zivilisation nur versaubeutelt worden ist. Man muß wohl davon ausgehen, daß in dem Moment, wo ein Gemeinwesen existiert, auch Bestechung möglich wird. Und wo bestochen werden **kann**, da wird auch bestochen.

Also liebe Buschmänner und -frauen aus der Kalahari, die Sie dies lesen – und auch Ihre Eskimo-Freunde oder Melanesier: Verzeihen Sie, daß Sie hier nicht näher untersucht werden. Sie hätten Ihre Geschichte aufschreiben sollen, dann dürfte ich nicht sagen: Seit es schriftliche Zeugnisse gibt, kann man jedenfalls auch über Korruption nachlesen. So zum Beispiel schon in einem Papyrus aus dem 2. Jt. vor Christus, das sich über die Richterbestechung in Babylon aufregt.

Ob die Geberseite die Bestechung erfunden oder damit nur auf entsprechende Wünsche bei den Nehmern reagiert hat, läßt sich nach Lage der derzeitigen Grabungen nicht beantworten. Es scheint aber wahrscheinlich, daß die Bestechung aus dem Geschenk entstanden ist. Ein Geschenk macht man zwar freiwillig und ohne Anspruch auf Gegenleistung, aber mit Hoffnung hat Schenken immer zu tun. Auch mögen sich die Unterschiede recht bald aufs Protokoll beschränkt haben: In Sumer nahmen der Stadtfürst und sein Wesir Geld für jede Ehescheidung. Die Bestechung wurde mit der linken Hand gegeben, Geschenke mit der rechten.

Vom ptolomäischen Ägypten (ca. 3. Jahrhundert v. Chr.) wird berichtet, daß es zuerst nur üblich war, dem König zu allerlei Anlässen Geschenke zu machen. Diese Gaben bekamen dann immer mehr den Charakter einer Sondersteuer – das »Geschenk« wurde erwartet und zur Vorbedingung für königliches Wohlwollen. Schließlich taten es auch die niederen Beamten dem hohen Vorbild nach und verlangten sozusagen »Pflichtgeschenke« vom Publikum. Daß die Höhe der »Verwaltungsgebühr« den Verwaltungsakt und vor allem sein Ergebnis nicht beeinflußt haben soll, erscheint unwahrscheinlich.

Noch schnell der unvermeidliche Blick in die Bibel[1]. Das Alte Testament behauptet, Gott selbst sei unbestechlich und insofern auch der Maßstab menschlichen Handels. Die Korruption wird als schweres Vergehen gesehen, gerade vom Amtsträger wird Unbestechlichkeit gefordert. Das erscheint uns heute wenig aufregend. Damals aber war es revolutionär[2], weil es die Gleichheit aller Menschen zu einer Zeit forderte, in der man nur die strenge Trennung in Klassen oder Kasten kannte und es für gottgegeben hielt, daß Edelleute andere Rechte besaßen als Gemeine und die wiederum andere als Sklaven oder gar Frauen. Der »Rechtsanspruch« war noch nichtmal innerhalb der eigenen Schicht erfunden. Bei Händeln unter Gleichen konnte man auf das »Gehör« hoffen, daß man bei höherer Stelle mit seinen Argumenten oder einer Beschwerde finden mochte (»Geschenk« vorausgesetzt), in Sachen »Edelmann gegen Normalverbraucher« mußte der Gemeine auf die Gnade ganz oben setzen und konnte dabei auch mal seinen Kopf verlieren.

Auf zu den Heiden der klassischen Antike: Die in der Märchenwelt der Oberlehrer immer wieder als so tugendsam verkauften Spartaner hatten so ernste Probleme mit der Bestechlichkeit vor allem der hohen Beamten, daß es nur dem König erlaubt war, Gold zu besitzen – denn Gold verdirbt den Charakter. Als Sparta im 4. Jh. durch Eroberung schwerreich wurde, umgingen die korrupten Gewinnler die Auflagen und deponierten ihr Geld im Ausland.

Zustände wie im alten Rom herrschten dann im alten Rom, wo die Wahlbestechung ein wichtiger, straff durchorganisierter Wirtschaftzweig war. Wer

1 Ex 23,8: »Nimm keine Bestechungsgeschenke an, denn Geschenke machen Sehende blind und verdrehen die Sache derer, die im Recht sind.«
Deut 10, 17: »Jahwe, euer Gott, ist der Gott der Götter und der Herr der Herren, der große und gewaltige und furchbare Gott, der nicht Partei ergreift und keine Bestechung annimmt.«
Deut 27, 25: »Verflucht ist, wer sich bestechen läßt, eines Unschuldigen Blut zu vergießen!«
Ib 15, 34: »Feuer frißt die Zelte der Bestechung.«
Spr 15, 27: »Wer sich bestechen läßt, zerrüttet sein Haus.«
Jes 5, 22 f: »Wehe denen, die den Schuldigen für Bezahlung freisprechen und den Gerechten seines Rechtes berauben.«
Jes 33, 15: »Lohn denen, die Bestechung ablehnen.«
Sir 40, 12: »Jede Bestechung und Ungerechtigkeit wird hinweggerafft, aber die Redlichkeit besteht auf ewig.«
Das Neue Testament sagt wenig zum Thema.

2 Rotter, H.: »Anthropologisch-theologische Aspekte der Korruption« in Brünner, Ch. (Hrsg.): »Korruption und Kontrolle«; Wien 1981

Wählerstimmen brauchte, ließ Wahlgeschenke streuen, ein Job, den professionelle Bestechungs-Verteiler (»Divisores«) im Auftrag von Karriere-Politikern übernahmen. Der Wähler bekam Geld oder Getreidespenden. Damit er sich nicht zusätzlich an die Konkurrenz verkaufen und am Ende »falsch« wählen konnte, wurde der Bestechungs-Lohn bei treuhänderischen Mittelsmännern (»Sequestres«) hinterlegt. Es lohnte sich so sehr, den (Neben)Beruf des Wählers zu ergreifen, daß viele Bauern und verarmte Bürger nicht zuletzt deswegen nach Rom zogen.

Daß diese Praxis dem Staat diente, glaubte niemand. Seit 181 v. Chr. gab es daher Gesetze gegen den direkten Stimmenkauf. Zweimal mußte nachgefaßt werden (18 und 9 v. Chr.), die Gesetze gegen Wahlbestechung wurden verschärft: Dem Erwischten drohten bis zu fünf Jahre Ausschluß von allen Ämtern. Von den Bewerbern um die Magistratur wurde zudem eine Sicherheitszahlung gefordert, die einbehalten werden sollte, falls dem Kandidaten illegale Praktiken nachgewiesen werden konnten.

Zur Finanzierung der enormen Wählerbestechungen wurden von den Konkurrenten um das Konsulat Darlehen aufgenommen, die heute dreistelligen Millionenbeträgen entsprechen würden. Die Zinsen in Wahlkampfzeiten gingen wegen der hohen Nachfrage nach Geld von 4 % auf das Doppelte (!) hoch – und zwar **monatlich!** Der Wähler kassierte und ließ sich ansonsten auf Kosten der Kandidaten im Zirkus Brot und Spiele vorsetzen, die ebenfalls unvorstellbare Löcher in den Wahlkampfetat der Politiker rissen: G. J. Caesar investierte 640 Gladiator-Sklaven in silbernen Rüstungen fürs öffentliche Catchen mit Todesfolge. Der Aufwand für die blutigen Horror-Spektakel vor dem Wählervolk war so unglaublich groß, daß auch er schließlich gesetzlich beschränkt wurde.

Wie wollten Polit-Stars die aufgenommenen Riesensummen überhaupt je zurückzahlen? Der nach Wahlkämpfen hochverschuldete Caesar, der von seinen Gläubigern zeitweise nicht aus Rom herausgelassen wurde (obwohl er doch Praetor von Spanien war), mußte Gallien erobern und ausplündern, um seinen Kreditverpflichtungen zu Hause nachzukommen und laufende Bestechungen in der intrigenreichen Heimat zu finanzieren.

Einmal in Amt und Würden, konnte sich der Politiker mit der Auspressung von Provinzen oder der Erfindung neuer Steuern sanieren. Während seiner 10jährigen Regierungszeit etwa führte der aus einfachen Verhältnissen stammende, ellenbogenstarke Karrierepolitiker und von seinen Soldaten zum Kaiser gemachte Vespasianus eine Urinsteuer ein (Urin wurde für die Gerberei gesammelt). Sein Sohn Titus, ein verweichlichter und dünkelhafter Schickimicki-Typ, fand das etwas würdelos. Da hielt ihm Vati ein Geldstück unter die Nase und sagte: »Es stinkt nicht.« (lat. = Non olet).

Aber auch innerhalb der Eliten des Römischen Reiches blühte die Korruption. So wurde dem Wahlkomitee (ab 5 n. Chr.) eine Liste mit genausoviel Kandidaten vorgelegt, wie Magistraturen zu besetzen waren – keine Frage, daß ein solcher, sicherer Listenplatz nicht umsonst vergeben wurde.

Von großer Bedeutung für die Karriere waren natürlich auch die Beziehungen. Seilschaften stützten und finanzierten ihre Männer, zwischen den Senatoren wurden Empfehlungsbriefe für ihre jeweiligen Lieblinge ausgetauscht. Von höchster Bedeutung für alle, die ein wichtiges Amt anstrebten, waren alle Personen, die direkten Zugang zum Kaiser hatten. Vielfach waren das die Frauen und Mätressen des Imperators, z. B. die wegen ihrer Macht besonders prominenten Messalina (Gattin von Claudius), Agrippina (Mutter von Nero), Caenis (Konkubine Vespasians), die viel für Schmiergeld zu bieten hatten und sogar eigene Kandidaten für höchste Ämter durchpaukten.

In der Kaiserzeit konnten alle Posten, die direkt vom Kaiser vergeben wurden, auch gekauft werden – schließlich war jeder Kaiser knapp bei Kasse: im Angebot fanden sich z.B. militärische Befehlshaberstellen, Prokuratorenposten oder Statthalterschaften im senatorischen Bereich. Auch das Bürgerrecht, die Mitgliedschaft in der Römischen Priesterschaft, am Ende sogar der Senatorenstand konnten käuflich erworben werden. Derlei Ämter, Posten und Würden wurden aber auch vielfach vom Kaiser verliehen, um treue Vasallen für ihre Loyalität zu belohnen.

Bereits in der spätrömischen Verwaltung war es üblich geworden, daß ein Privatmann für alle Leistungen der Bürokratie Gebühren zu entrichten hatte, die in die Tasche des tätig gewordenen Beamten flossen und Teil seines normalen Einkommens waren. Darin sah man nichts Unregelmäßiges.

Im ostgotischen Reich nahmen diese Methoden immer krassere Gestalt an. Vor allem die Verwaltungsposten der unteren und mitteleren Ebene wurden verkauft. Manch einer nahm einen Kredit auf, um Beamter zu werden und durch vollkommen willkürliche »Gebühren« und »Steuern« durchschnittlich das 3–10fache seiner Investition aus dem Volk herauszupressen. Am Zoll bereicherte man sich, die Steuerabgaben wurden mit manipulierten Maßen und Gewichten abgemessen, bei der Geldmünzung wurde »Unterschleif« betrieben.

Der byzantinische Kaiser Justinian wollte das Übel der Korruption beseitigen und erfand (535 n. Chr.) den Berufsbeamten: Ein Amt konnte nicht mehr gekauft werden, der Amtsträger durfte weder sein Publikum erpressen, noch sich von ihm bestechen lassen. Darauf mußte er einen Amtseid ablegen. Der Beamtenapparat war sauer, weil ihm das Gewohnheitsrecht der Schmiergeld-Einnahme genommen wurde. Der Kaiser hoffte, die Staatsverdrossenheit der

Bürger werde sich nun dank einer gerechten Beamtenschaft legen, und alle würden steuerehrlich werden.

Lange funktionierte das Experiment nicht. Justinian mußte an allen Ecken seines Riesenreiches Seuchen und Feinde bekämpfen und geriet rasch in die roten Zahlen. Zeitgenössischen (allerdings auch tendenziösen) Berichten zufolge mußte er nun kaiserliche Handschreiben, Gerichtsurteile, Posten und sogar ganze Gesetze verkaufen lassen. Das Makeln übernahmen Palastbeamte, denen einschlägige Halbwelt-Spelunken gehörten.

Wie ungemein wichtig Bestechung auch innerhalb der internationalen Aristokratie war, soll uns das Beispiel der »Kaiser-Wahl« illustrieren[3]:

Karl V. und Franz I. wollten beide zum Kaiser gewählt werden und versuchten mit allen Mitteln, wenigstens vier der stimmberechtigten sieben Kurfürsten auf sich zu verpflichten. Beide bestachen rundum mit Versprechungen, Pensionszusagen, Ehrengeschenken oder Rangerhöhungen (z.B. zum Kardinal). Gewinnträchtige Prinzessinnen aus der eigenen Familiendynastie und deren Mitgift wurden zur Heirat angeboten (Gegenwert heute: 60 Mio. DM). Vor allem aber floß Cash (50 % der Wahlkampfkosten). Die Kurfürsten trieben die Preise geschickt in die Höhe, weil sie scheinbar hin und her schwankten. Auch jeder der Hofstaaten mußte bedacht werden. Von den Kanzlern und Räten bis herunter zu den Kammerdienern der Kurfürsten wurde jeder geschmiert, der auch nur den geringsten Einfuß ausüben konnte.

Woher kam das Geld? Das Bankhaus Fugger finanzierte die Kampagne der Habsburger (= der bisherige Kaiser Maximilian I. und sein Enkel, der Kandidat Karl V.). In einer internen Kalkulation wurden die Kosten für den Kauf der Kurstimmen auf 1 Mio. Gulden angesetzt (was etwa 150–200 Mio DM entsprechen würde). Tatsächlich flossen Gelder in dieser Größenordnung, die Hälfte davon in bar. Und tatsächlich gewann nach seinen unvorstellbaren Investionen Karl V. im Juni 1519 die »Wahl«.

Auch für den treuen Bankier Fugger lohnte sich die Sache. Zum Dank bekam er von den Habsburgern einige höchst lukrative Rohstoffmonopole in Europa, deren Ausbeutung ihm einen Vermögenszuwachs von zeitweilig jährlich 50 % einbrachte.

Schon immer gab es in einer Vielzahl von Reichen die Möglichkeit für den ideenreichen Unternehmer, die Steuerhoheit für ein bestimmtes Gebiet zu kaufen. Der Meistbietende machte das Rennen. Steuerhinterziehung kam jedenfalls nicht mehr vor, weil die privaten Inkasso-Unternehmen die Steuer-

3 Siehe auch Ogger, G.: »Kauf dir einen Kaiser. Die Geschichte der Fugger«; München/Zürich 1978

quote selbst festsetzten und mit Mitteln eintrieben, von denen der heutige Finanzbeamte nur träumen kann – z.B. Folter.

Ämter wurden überall gegen Geld verschachert. Im Mittelalter war es sogar üblich, geistliche Ämter zu kaufen oder manchmal auch zu ersteigern. Man spricht von »Simonie«, weil der Zauberer Simon Magus den Aposteln Petrus und Johannes Mitteilungen des Heiligen Geistes abkaufen wollte. Frankreich aber war während des *Ancien régime* das einzige europäische Land, in dem man ganz legal Ämter kaufen konnte. So schmückend ein Amt auch sein mochte, so richtig froh wurde sein Käufer nicht. Die frisch gebackenen Amtsträger selbst waren nämlich das hilflose Opfer königlicher Steuererhebung. Ludwig XIV. jedenfalls konnte gegen Ende seiner Regierungszeit keine Käufer mehr für die angebotenen Ämter finden.

Im Ablaßbrief der Reformationszeit muß man den katholischen Versuch sehen, in der Rolle des Stellvertreters auf Erden die Bestechlichkeit Gottes zu vermakeln.

Deutsche Verhältnisse

Bismarck

Wir wollen uns hier die Freiheit nehmen, Deutschlands Korruptions-Geschichte erst mit Bismarck anfangen zu lassen. Während der preußische Beamte als Ikone von Pflichterfüllung, Redlichkeit, Selbstlosigkeit und Unbestechlichkeit auf deutsches Eichenholz gemalt wurde und tatsächlich weitgehend tugendhaft arbeitete, sah der Chef die Sache nüchterner – zur höheren Ehre Preußens und seiner selbst.

Bismark annektierte (gewaltsam) das Königreich Hannover, das Herzogtum Nassau, das Kurfürstentum Hessen-Kassel und die Reichsstadt Frankfurt. Die geschädigten Fürsten bekamen »Abfindungen« in Form preußischer Staatsanleihen, von deren Zinsen allein sich hervorragend leben ließ. Mit den neuen hohen Einkünften aber betrieb vor allem König Georg V. von Hannover statt des erwünschten Playboy-Lebens lieber Agitation gegen Preußen, den Gewalt- und Wohltäter. Bismarck beschloß kurzerhand die Beschlagnahme der Abfindungszahlungen. Das Geld sollte in einem Fonds gegen preußenfeindliche Hetze, gegen die »Reptilien«, wie Bismarck diese Leute in einer Rede einmal nannte, eingesetzt werden.

Sollte! Schon bald (seit der Erfindung des Kaiserreiches gab es kaum noch preußenfeindliche Aktivitäten) wurde der sogenannte »Reptilien-Fonds«[4] zweckentfremdet: Bismarck überwies massive Summen an Zeitungen im In- und Ausland sowie Nachrichtenagenturen – die »Reptilienpresse«, die für ihn Propaganda machte.

Großzügig förderte der starke Mann bismarckfreundliche Dozenten an den Universitäten, unterhielt einen kostspieligen privaten Geheimdienst und finanzierte Spionageaufgaben des Auswärtigen Amtes. Generös wurden bismarck-treue Seilschaften mit Zuschüssen zu ihren Pensionen bedient, für den Chef und sein Gefolge wurde bei Bewirtungen immer vom Feinsten aufgetragen. Sogar die SPD bekam angeblich Geld aus dem Füllhorn »Reptilien-Fonds«, denn der erzkonservative Bismarck wollte sie als Bundesgenossen gegen die Liberalen gewinnen[5].

Bismarcks schwacher Chef, Preußenkönig Wilhelm I., war nicht sonderlich scharf darauf, Kaiser des von Bismarck erträumten Großdeutschlands zu werden, Preußen reichte ihm schon. Wenn Kaiser, dann nur mit der Zustimmung aller deutschen Könige, verlangte er und konnte eigentlich sicher sein, daß eine solche Einstimmigkeit nicht möglich war.

In der Tat, einfach wurde es Bismarck nicht gemacht. Alle Könige ließen sich breitschlagen, nur Märchenkönig Ludwig II., der Stolz Bayerns, gab sich spröde. Wie könnte der Ober-Bayer auch ja sagen zu einem Deutschland unter Führung der verhaßten Preußen? Des Königs Intimfreund, Oberstallmeister Graf Holnstein, übernahm die Verhandlungen. Weil Ludwig wegen seiner Kitschschlösser und des teuren Show-Stars R. Wagner praktisch pleite war, stimmte er Bismarcks Plan zu – gegen eine unbekannte Einstandssumme 1870 und dann 300.000 damalige Mark pro Jahr (bis 1884) Schmiergeld – wovon sich Holnstein jeweils 30.000 Provision abzweigte. Alles bezahlt aus dem Reptilien-Fonds.

Daß mittels zwischenstaatlicher Korruption immer wieder ganz große Politik gemacht wird, belegt auch ein anderes wichtiges Kapitel der Weltgeschichte, das mit monströsen Schmiergeldern aus Deutschland geschrieben wurde: die Russische Revolution. Der deutsche Kaiser wollte sich auf den Kampf gegen Frankreich konzentrieren und brauchte einen stabilen Frieden im Osten. Also unterstützte er Lenin[6] und die Kommunisten gegen den ihm bedrohlicher wirkenden Zaren. Das Gesamtbudget für die Roten betrug 40,6 Mio. Goldmark, davon waren vor Lenins Machtergreifung bereits 11,5 Mio.

4 Nöll von der Nahmer, R.: »Bismarcks Reptilienfonds. Aus den Geheimakten Preußens und des deutschen Reiches«; Mainz 1968

5 Ob diese Behauptung stimmt, die Eugen Richter 1891 aufstellte, wird in der Fachliteratur diskutiert. Fest steht das Ergebnis: Zu einer Liebe zwischen den Sozis und dem »Lotsen« kam es nicht.

6 Pearson, M.: »Der plombierte Waggon«; Berlin 1977

Goldmark ausgeschüttet worden – der Gegenwert von etwa DM 460 Mio. schon **vor** der Revolution.

Bestochen wurde natürlich auch zu Zeiten der Weimarer Republik, aber entweder gab es keine großen Schiebungen, oder die Tarnung war damals besser als heute. Immer wieder mit großer Empörung zitiert wurde als Paradestück von Bestechungsfall der Oberbürgermeister Böss, der es zuließ, daß seine Frau einen Pelz im Werte von 300 Mark geschenkt bekam, eine nach unseren heutigen Maßstäben lächerliche Aufmerksamkeit.

Hitler-Deutschland

Es wird immer wieder die Frage gestellt, welche Auswirkungen auf die Verbreitung der Korruption durch totalitäre Staatssysteme ausgeübt werden. Hans Saner (Dozent an der Uni Basel) meint: »Korruption muß generell möglich sei, denn deren totale Verhinderung bedeutet den totalen Staat«.[7] Verhindern Angst und totale Kontrolle die Schmierung? Oder ist es gerade die Allmacht der Kader, die die Bestechlichkeit erblühen läßt?

Beim Hitler-Reich sind in diesem Zusammenhang drei Besonderheiten zu beachten: Erstens handelte es sich um eine gewählte und vom Volk getragene Führung. Zweitens zählte Unbestechlichkeit zu den glühend verehrten Tugenden der »Herrenrasse«, zu der sich die Amtsträger zählten. Drittens drohte Repression aufgrund hoher Strafen und eines umfangreichen Bespitzelungssystems. Mehr totaliäre »Vorbeugung« gegen die Korruption kann ein faschistischer Staat nicht bieten.

Und doch machte die Korruptions-Branche nur eine Phase der Orientierung durch, um sich dann wieder zu etablieren, vor allem auf der unteren Ebene. Die neuen braunen Amtsträger wollten möglichst rasch persönlich etwas »davon haben«, daß sie eine niedrige Mitgliedsnummer besaßen. Was als »Bewegung« begann, wurde recht schnell zur Symphonie individueller »Interessen« und nüchterner Pragmatik.

Adolf Hitler, der ursprünglich Front gemacht hatte gegen Großindustrie und Großgrundbesitzer, arrangierte sich schnell mit dem Kapital – er brauchte »Spenden«. Wenige Stunden nach der Machtergreifung und damit wenige Tage vor der Reichtagswahl trifft sich der Führer in Görings Haus mit den Konzernherren vom Schlage Krupp und verbucht drei Mio. Reichsmark Spenden für die Nazi-Kasse. Hitler ist zwar nicht recht nach dem Geschmack der Industrie, aber immerhin will der Mann hochrüsten: ein prima Geschäft, bei dem man dabeisein möchte.

Wenn man den »Erinnnerungen« von Hitlers Architekten Albert Speer[8]

---

7 Bluth, 1983
8 Speer, A.: »Erinnerungen«; Frankfurt 1969 Speer, A.: »Spandauer Tagebücher«; Frankfurt 1975

glauben möchte, war Hitler selbst unbestechlich. Kunststück: Er hatte Geld im Überfluß dank seines Bestsellers »Mein Kampf«[9], und dies umso mehr, nachdem jedes Brautpaar ein Exemplar dieses Schundwerkes bekommen mußte. Falls mal ein paar Mark außer der Reihe gebraucht wurden, gab es da den »Dispositions-Fonds des Führers«, verwaltet von Reichsleiter Bormann. Über den Hofphotographen Hoffmann, den Besitzer aller Rechte am Bild Hitlers, nahm der Fonds große Summen ein (Fotos, Nippes, sogar Briefmarken etc.). Dazu kamen Spenden. Mit diesen Geldern wurden z.B. die Häuser von Himmler, Lutze und etlichen Reichsleitern gebaut.

Einzig Reichsmarschall Hermann Göring stand im Ruf, gern mal ein gut gemeintes Präsent anzunehmen. Jeder wußte, daß Göring Gemälde »sammelte«. Was er nicht geschenkt bekam, konnte er, nach Bestechung von Reichsleiter Rosenberg, »billig« aus dem Besitz reicher Juden bekommen. Seine »Räuberhöhle« Karinhall war ein Geschenk vom »Reichsvorstand der deutschen Industrie«. Die astronomischen Kosten der immensen Hofhaltung dort (umfangreiche Dienerschaft, täglich wechselnde Phantasiekostüme etc.) ließ er sich auch von der Wirtschaft bezahlen. Wegen der schlechten Publicity verbot Bormann dem Mitkämpfer die hohen Schmiergeld-Einnahmen, mußte aber, um Göring zu »pazifizieren«, aus dem Dispositions-Fonds immer wieder große Summen für den ungeliebten Mitstreiter lockermachen.

Propaganda-Chef Goebbels galt als unbestechlich, besaß aber eine Schwäche für schöne Frauen – wie er sie als mächtiger Chef des gesamten deutschen Filmschaffens reichlich traf und protegieren konnte. Ganz und gar unbestechlich scheint Reichsführer SS Himmler gewesen zu sein, vielleicht der strammste Nazi von allen.

Die vielfach fast schon lobend vermeldete Unbestechlichkeit der obersten Führungsriege der Nazis, die selbst meist aus bescheidenen Verhältnissen stammten, sollte man nicht als Beleg für die hochstehende Moral der braunen Bosse mißverstehen. Die Bonzen hatten es nicht nötig, sich von außen bestechen zu lassen. Wenn sie etwas »wollten«, so konnten sie sich das schließlich mit weniger Umstand und ganz »rechtmäßig« beschaffen: durch Plündern, Enteignen, Vertreiben, Erpressen und Terror. Unermeßlich waren die Werte, die von Nazis und deren Förderern unter dem Schlachtruf der »Arisierung« den Juden ganz methodisch weggenommen wurde. Wer sich nach dem Vorbild linientreuer Unternehmen wie Flick oder einiger Banken für wenig Geld an der Ausbeutung beteiligen durfte, machten die »verdienten Volksgenossen« unter sich aus.

9 Umgerechnet zweistellige Millionenbeträge in DM an Honoraren bis 1945.

Die Zustände im KZ[10]

Unglaublich korrupte Verhältnisse herrschten in den KZs. Um die Solidarität der Insassen zu unterminieren und Häftlinge zu bespitzeln, waren Lagerbordelle eingerichtet worden. In einem sogenannten »Sonderbau« wurden pro Lager 18–24 weibliche Gefangene aus dem KZ Ravensburg untergebracht. Den Frauen, vor allem Ex-Prostituierte, wurde die Freilassung nach sechs Monaten »Arbeit« versprochen. Besonders Capos und Vorarbeiter kauften sich durch Geld oder Geschenke mehr als die amtlichen 20 Minuten »Besuchszeit«. Daß auch das SS-Aufsichtspersonal die Hand aufhielt, versteht sich von selbst.

Die ohnehin karge Verpflegung der KZ-Insassen wurde noch dadurch verschlechtert, daß SS-Leute von den sogenannten volksdeutschen Wachmannschaften die Ablieferung von Speck, Fett und Würsten verlangten und dafür Diensterleichterungen und Sonderurlaub gewährten. Die Lebensmittel wurden den Kantinenlieferungen entzogen.

In allen Lagern war alles käuflich – auf allen Ebenen, auch ganz oben. Lagerkommandant Koch verwahrte nicht von ungefähr in seiner schwarzen Kasse immer einen sechsstelligen Betrag. Die werte Gattin konnte aus Bestechungs-Einnahmen einen Brilliantring, der Adjutant ein neues Auto, Koch selbst ein Motorboot finanzieren. Woher kam das Geld? Jeder grausame Kostentzug für Häftlinge brachte rund 10.000 RM. Zudem wurden »freiwillige Sammmlungen« veranstaltet. Unzählige Häftlinge wurden zu Sklavenarbeiten an die Industrie verliehen, bevorzugt an Firmen, in denen SS-Führer Direktionsstellen innehatten (typische Einnahmen pro Monat: 1,5–2 Mio RM).

Absolut gnadenlos funktionierte das System von Korruption auf der untersten Ebene in den Vernichtungslagern. Der Blockälteste eines »Wohnblocks« regierte seine Mithäftlinge als unumschränkter Alleinherrscher, war aber nach oben voll verantwortlich für alles, was im Block passierte. Ebenfalls über fast absolute Macht verfügten die Capos, das waren die Häftlinge, die den Arbeitsgruppen vorstanden. Jeder der ihnen unterstellten Häftlinge, der an einer Stelle arbeitete, wo man irgend etwas »organisieren« konnte, mußte so viel wie möglich beschaffen und größtenteils an den Capo, den Blockältesten und die SS-Aufseher (über deren Häftlingsvertrauensleute = Korruptions-Makler) abliefern. Blockälteste und Capos mußten wiederum ihre SS-Vorgesetzten schmieren.

»Aktion Reinhardt« hieß das Unternehmen zur Erfassung, Sortierung und

10 Kogon, E.: »Der SS-Staat. Das System der deutschen Konzentrationslager«; München 1980
Langbein, H.: »Menschen in Auschwitz«; Frankfurt 1980
Langbein, H.: »... nicht wie die Schafe zur Schlachtbank«; Frankfurt 1980

Verwertung aller Dinge, die Juden in die Todeslager mitbrachten. Wenn die Viehwaggons voller Menschen in den Vernichtungslagern ankamen, hatten ihre Insassen alles dabei, was sie glaubten, für den versprochenen Neuanfang im Osten brauchen zu können. Alles Gepäck ging zur Sortierstelle »Kanada I«, einer riesigen Baracke. Schon 1942 kam man mit dem Sortieren nicht mehr nach. Tag- und Nachtschichten, der Anbau immer neuer Baracken – alles das half nicht. Wenn man weiß, daß täglich bis zu 20 Waggons mit sortiertem Material rausgingen, kann man eine Ahnung vom Durchsatz der Mord-Maschine bekommen. 30 riesige Baracken waren vollgestellt, zwischen den Baracken türmten sich Berge unsortierten Gepäcks. Unter den Wertgegenständen, wie sie vor allem Juden aus dem Westen bei sich hatten, waren Brillanten, Uhren, Gold, Platin, Schmuck. Manche der ankommenden Opfer hatten sechsstellige Summen in bar dabei (besonders 1000-$-Noten). Edelsteine waren manchmal in Zahnfüllungen versteckt.

Die SS-Leute konnten sich aber nicht selbst bedienen – es drohte ihnen die Todesstrafe! –, sondern mußten mit in den Baracken arbeitenden Häftlinge kooperieren, die nur durch massive Unterschlagungen und Bestechung der SS-Mannschaften (direkt, über andere Häftlinge, Capos oder Blockälteste) überleben konnten.

Lagerkommandant Höss (Auschwitz) sagte: »Für das Lager entstanden durch die Judenwertsachen nicht abzustellende, ungeheure Schwierigkeiten. Demoralisierend für SS-Angehörige, die nicht immer so stark waren, um sich den Verlockungen der leicht zu erreichenden jüdischen Wertsachen zu entziehen. Die im Besitz von Wertsachen waren, konnten sich bessere Arbeitsplätze, konnten sich die Zuneigung der Capos und Blockältesten erkaufen. Trotz schärfster Kontrolle konnten diese Zustände nicht abgestellt werden. Das Judengold wurde dem Lager zum Verhängnis.«

Bestechung in der Bundesrepublik Deutschland

Schon bei der »Wahl« der Hauptstadt setzte die unterhaltsame Skandal-Geschichte der Bundesrepublik Deutschland ein. Bei der Abstimmung über die Frage, ob Bonn (ganz in der Nähe von Adenauers Wohnort Rhöndorf) oder Frankfurt die provisorische Hauptstadt Westdeutschlands werden solle, wurden angeblich die Abgeordneten der Bayernpartei – eigentlich pro Frankfurt eingestellt – zugunsten Bonns bestochen. Der damalige Bundesfinanzminister Schäfer (CSU) soll 1949 mit Geldern aus dem Wahlspendenfonds der Union bezahlt haben: 20.000 DM für die prominenten Mandatsträger, 10.000 DM für eine Stimme von mittlere Bedeutung, an Hinterbänkler noch weniger. Allerdings war die junge DM seinerzeit etwa fünfmal mehr wert als heute.

Im zerstörten Deutschland gab es viel aufzubauen. Wer das private Wirtschaftswunder in Form von öffentlichen Aufträgen erleben wollte, tat gut daran, sich angemessen zu verhalten. Vor allem beim Kampf um die Milliarden, die für die »Wiederbewaffnung« ausgegeben wurden, zogen Bestecher alle Register. Das Buch »Skandal-Chronik« von Rüdiger Liedtke reiht sämtliche Fälle von der Gründung der Republik bis heute chronologisch auf; eine höchst aufschlußreiche Lektüre, die ich hier aus Platzgründen leider nicht zusammenfassen kann.

Nur eine Geschichte sei aufgewärmt: Der abgebrannte Geschäftsmann Aloys Brandenstein war als Nennonkel Aloys bei Marianne Zwicknagl beliebt, die es inzwischen zur Gattin von Verteidigungsminister Strauß gebracht hatte. Das Ehepaar Strauß machte sich für den vergessenen Onkel Aloys stark – er wurde Bindeglied zwischen einen Beschaffungsoffizier der Bundeswehr und dem Rüstungsunternehmen Backhaus KG, das ihn bei stattlichem Honorar anstellte (wenn auch angeblich erst auf sanften Druck hin). Das Geschäft ging gut. Plötzlich kamen aber »grundlos« keine Aufträge mehr, Backhaus mußte die Firma für 7 Mio. DM verkaufen (Wert 20 Mio.). Aloys schleppte einen passenden Käufer an: Herrn Diehl, einen Duz-Freund von Strauß. Nach der Firmenübernahme war auch Aloys Teilhaber der Firma Backhaus – die sich nun vor Aufträgen nicht mehr retten konnte.

Bestechungsparadiese

Orient

Die weite Verbreitung und vergleichsweise hohe Akzeptanz der Korruption im **Orient** erklärt sich historisch. In den alten Muslim-Reichen erlaubte der Monarch seinen Beamten ausdrücklich, Geld vom Publikum zu nehmen. Moralisch bestanden keine Bedenken, weil diese Reiche überwiegend aus Völkern bestanden, die von den machthabenden Arabern unterworfen worden waren – der Beamte war also Besatzungsbeamter und somit nicht Instrument zur Ausübung des Volkswillens. Der König selbst saugte seine fette Beamtenschicht unbarmherzig aus und gewann dadurch Sympathien im besetzten Land, sah man in ihm doch so eine Art Rächer an der gehaßten Beamtenschaft.

Italien

Die Popularität der Korruption in **Italien** mag ihre Wurzeln in der Geschichte des klassischen Roms haben. Heute dürfte die hohe, ja allem übergeordnete Bedeutung von Familie und Sippe in der mediterranen, katholischen Gesellschaft die wichtigste Erklärung für Durchstechereien liefern. Sippenwohl geht vor Allgemeinwohl – die allgemeinen Gesetze enden an den Grenzen des Clans, allerspätestens am eigenen Grundstück.

Im Stammland der Vetternwirtschaft wird der Staat als überflüssig schikanöses und selbst korruptes Gebilde empfunden, das der Mauschelei fremder Familien entsprungen scheint. Es gilt als ausgemacht, daß kein Geschäft jenseits der 200.000 DM möglich ist, ohne Beamte zu bestechen. Dieser Umstand ist akzeptiert und zu einer Art Luxus-Sondersteuer für die geworden, die sich Geschäfte in dieser Größenordnung leisten können.

Dritte Welt

Am prächtigsten blüht die Korruption in den Ländern der **Dritten Welt**. Für die Erlaubnis zur Ausbeutung von Bodenschätzen und Bevölkerung kassieren die Mitglieder der wenigen führenden Familien bei ausländischen Unternehmern. Selbst bereichern sie sich und ihre Verwandtschaft durch überbezahlte Posten und Ämter – vom »Diplomaten« bis runter zum Briefträger, der nicht lesen kann[1]. Die typische Bananenrepublik wird feudal regiert, von einer dünnen Schicht von Quasi-Aristokraten mit unermeßlichem Großgrundbesitz, die einen Machtapparat einsetzt, sich selbst durch Scheinwahlen bestätigen läßt und an den selbst geschaffenen Monopolen bereichert.

Nehmen wir als Beispiel nicht ein Extrem wie die Phillippinen zur Zeit von Marcos oder Paraguay, wo Todeskommandos und Folterkeller die prominenten Machtmittel der Führung sind, sondern das vergleichsweise noch moderate Uruguay. Zu den Geschäftsmethoden: 1967 wurde der Peso um 102 % abgewertet. Der Dollar wurde von der Staatsbank billig an die führenden Großgrundbesitzersfamilien verkauft, den Dollar zu 98 Pesos. Am nächsten Tag bekamen dieselben Leute für jeden Dollar 200 Pesos bei derselben Bank.

Bleiben wir beim Beispiel Uruguay: Ein Senator oder Abgeordneter importiert ein Auto für 3000 $ und verkauft es in der Woche darauf für 20.000 $,

1 Ein solcher Postbote ist tatsächlich vorgekommen.

weil es eine Einfuhrsperre für Autos gibt, die er vorher selbst beschlossen hat. Abgeordnete zahlen sich nach zwei oder drei Jahren Amts-»Tätigkeit« Pensionen, die zehnmal so hoch liegen wie die eines Universitätsprofessors nach 40 Dienstjahren. Tausende von Posten werden erst geschaffen, weil die oberste Führungselite so viele Verwandte hat. Nahe Verwandte von Politikern werden als Diplomaten ins Ausland geschickt und bekommen dorthin astronomische Gehälter gezahlt (12 bis 120.000 $ jährlich), während Papi daheim bescheiden nur einen Bruchteil kassiert (2200 $ jährlich).

USA

Jedes Einwanderervolk brachte seine landestypischen Korruptions-Praktiken mit ins Land der unbegrenzten Möglichkeiten und wendete sie auch an, aus der Notwendigkeit »zusammenzuhalten«.

Viele Nordamerikaner huldigen einem extremem, jeder Staatlichkeit feindlich gesinnten Individualismus, der gerne mit »Freiheit« verwechselt wird, und beschränken gesellschaftliches Bewußtsein oder Engagement auf groben Patriotismus. Staat und Politik gelten als nutzlos und schmutzig, man engagiert sich nicht. Kein Wunder, daß unter diesen Voraussetzungen der Einfluß von schmierenden Verbrechern oder anderen Unternehmern auf alle Ebenen der Politik schon immer blühen konnte. Hinzu kommt die ausgeprägte Religiosität der Puritaner, die in harter Arbeit und Profit das gottgefälligste Verhalten sieht: sich bereichern als Gottesdienst.

Schier unvorstellbar müssen uns die korrupten Zustände in den USA vorkommen, wie sie zur Zeit der Professionalisierung des organisierten Verbrechens herrschten. Ganze Städte befanden sich fest in der Hand von Gangster-Syndikaten, die die meisten Politikerkarrieren finanzierten und einen Großteil der Polizei auf der Gehaltsliste hatten. Die gigantischen Gangsterfirmen der Herren Beck und Hoffa nahmen jährlich 100 Mio. $ durch Zwangsmitgliedschaften in ihren »Gewerkschaften« (die »Teamsters«) und Erpressungen ein[2].

2 Kennedy, R.: »Gangster drängen zur Macht«; Reinbek 1967. Der von Gangstern mysteriös ermordete Bruder des Präsidenten erzählt von seinem Kampf gegen die Korruption.

Mittel- und Südamerika

Die Rücksichtslosigkeit der nordamerikanischen Pioniere hat sich in ihrer reinen Form in Gestalt jener Konzerne erhalten, die **mittel- und südamerikanische Länder** in ihrer Hand haben. Noch heute scheint Südamerika eine riesige Kolonie amerikanischer Multis zu sein. »United Brands« (früher: »Untited Fruit Company«) besitzt z.B. ca. 80 % der Anbauflächen in Guatemala. Aber auch in Honduras, Ecuador, Costa Rica, Panama und Kolumbien sieht ihr Einfluß nicht viel geringer aus. Der Multi bestimmt die Preise, hat den Transport in der Hand und kauft sich Regierungen und Militär, die vor Ort den Firmeninteressen Nachdruck verleihen. United Brands (»Ciquita« Bananen) beispielsweise überwies General Lopez von Honduras 1,25 Mio. $ auf sein Schweizer Nummernkonto, damit er die Steuern nicht erhöhte (was nämlich 7,5 Mio. $ ausgemacht hätte). Politische Kräfte, die die Macht der amerikanischen Unternehmen gefährden, legen sich nicht nur mit den Konzernen an, sondern auch mit der US-Regierung, die ihre Ämter der reichen Lobby ja verdankt und gern mal wieder Waffen ausprobieren würde (z.B. Putsch in Chile, der auch die Verstaatlichung der Telefonanlagen von ITT verhindern sollte).[3]

Der Präsident von Gulf Oil ließ 3 Mio. $ für den Wahlkampf des Kandidaten fließen, der die Verstaatlichung der Gulf Oil Anlagen (Wert 300 Mio.) in Süd-Korea verhindern wollte. Ein anderes Mal gingen 400.000 $ an den Präsidenten Barrientos von Bolivien, ebenfalls um eine angeblich drohende Verstaatlichung zu verhindern.

Wenn besonders bei Rüstungsgeschäften, beim Verkauf von Flugzeugen, in den Rohstoff-Branchen Öl, Gummi etc., aber auch bei der Vermarktung von Pharmaka oder Textilien extrem geschmiert wird, so gilt bei Geschäften mit Ländern der Dritten Welt: dortige Machthaber verlangen gigantische Bestechungssummen, sonst ziehen sie Verstaatlichung, Verbot der Ausfuhr von Gewinnen oder Schwierigkeiten mit der Konzession aus dem Hut oder verschwenden Steuergelder (bzw. Entwicklungshilfe oder West-Kredite) auf die Produkte anderer Anbieter, die hemmungsloser bestechen.

3 Sturminger 1980, S. 362

Multis bestechen weltweit

Und wenn man erst richtig in Schwung ist, kann man es ja auch in »zivilisierten« Ländern versuchen. Wie z.B. Lockheed[4], die die flauen Verkäufe ihrer unbrauchbaren Militärflugzeuge (»Starfighter«) allein 1970 mit weltweit 24 Mio. $ angekurbelt haben, wovon die Hälfte nach Japan floß. Die Lockheed-Bestechungen bescherten Ministerpräsident Tanaka den Rücktritt. Auch Prinz Bernhard der Niederlande mußte wegen aufgehaltener Hand alle Ämter niederlegen. Lockheed bekannte vor einem Untersuchungsausschuß, zwischen 1970 und 1975 insgesamt 202 Mio. $ »Provisionen« und »Beraterhonorare« bezahlt zu haben, wovon angeblich »nur« 38 Mio. echte Bestechungsgelder waren, die firmenintern »Rückvergütung«, »Ausgleichszahlung« oder »unklare Zahlung« genannt wurden.

Was kann ein einzelner Mann mit Bestechungs-Kenntnissen in der Dritten Welt erreichen? Sehen wir uns die filmreife Geschichte des Glückspiel-Gangsters Mayer Lansky an, der in Las Vegas groß absahnte und dank reichlicher Schmierung des Diktators Batista das Glückspiel in Kuba in der Hand hatte. Nach Castros Revolution 1959 mußte Meyer Lansky flüchten. Da Kennedy dem illegalen Zocken in den USA arg zusetzte, entschied Lansky, sich die Bahamas zu kaufen. Glückspiel war dort zwar verboten, aber Lansky bot dem Finanzminister Sir Stafford Sands 2 Mio. $ für eine Konzession an. Glücklicherweise hatte Sands schon 1939 ein Gesetz gemacht, das Ausnahmegenehmigungen vom Spielverbot ermöglichte. Sands wurde als »Berater« der »Amusement Ltd.« von Lansky engagiert. Es gelang dem Berater Sands nach zähen Verhandlungen, vom Finanzminister Sands eine Ausnahmegenehmigung für Lansky's »Amusement«-Firma zu bekommen. Honorar für das anstrengende Selbstgespräch: 1,8 Mio. $.

Weil es so schön war, fingerten die Beteiligten dasselbe nochmal mit einem zweiten Glücksspielkomplex, an dem über eine Strohfrau ein ehemaliger Gouverneur von New York und zweimalig durchgefallener Präsidentschaftskandidat beteiligt war.

Nachdem die Sache vom »Wall Street Journal« aufgedeckt worden war, wurde auf den Bahamas eine neue, die erste schwarze Regierung gewählt. Das definitive Aus für den bestechenden Unterweltler? Glücklicherweise hatte Lansky schon im Wahlkampf den neuen Premier Pinding unterstützt (ihm z.B. einen Hubschrauber zur Verfügung gestellt, damit er zu Reklamezwecken auf allen Inseln präsent sein konnte). Der Präsident war dankbar – Lansky konnte sein Glücksspielimperium sogar noch vergrößern. Sein Geld brachte

4 Boulton, D.: »Die Lockheed Papiere«; Oldenburg 1979

Lansky vor Steuern zu der von ihm kontrollierten »Bank of Miami Beach« oder auf eine Schweizer Bank, die wahrscheinlich ebenfalls ganz auf sein Kommando hören mußte.

UdSSR

Was wäre die Liste der Bestechungsparadiese ohne die Länder hinter dem eisernen Vorhang?[5] Auch hier treffen wir auf Feudalsysteme mit einer praktisch erblichen Führungsschicht, der »Nomenklatura«, die ihre eigene Existenz gern leugnet. Die Nomenklatura lebt in einer kleinen Welt für sich, kauft in den nur ihr zugänglichen Valuta-Läden und den privilegierten Geschäfte der Kategorien A, B, und C und sichert den eigenen Machterhalt durch Protektion und ein raffiniertes Belobigungs-, Beförderungs- und Korrumpierungssystem, das das Eindringen des einfachen Volkes in die Herrscherkaste verhindert.

Besonders üppig wuchert die Korruption in Transkaukasien und Mittelasien. Hierher nämlich wurde die Idee der Bestechung von den Tartaren importiert, die als historische Besatzer ganz in der Tradition orientalischer Despotien standen. Heute gilt Georgien als Zentrum sowjetischer Unlauterkeit. Allerdings funktioniert in dieser Provinz auch die Abschottung besonders gut. Der Kandidat des Politbüros im ZK der UdSSR, Erster Sekretär des ZK der KP Georgiens, Basilij Mzavanadze, und der zweite, also der russische Sekretär des ZK, Curkin, sowie ihre Gattinnen, beide namens Tamara, hatten über lange Zeit die Korruption Georgiens voll in der Hand. Alle denkbaren Ämter wurden verkauft. Bei manchen Ministerposten gab es sogar eine Art Versteigerung. Georgien wurde in Gebiete aufgeteilt, die gegen Valuta (nicht Rubel!), Juwelen, wertvolle Gemälde und Antiquitäten an treue Vasallen zur weiteren Aussaugung vergeben wurden.

Genaue und interessante Daten sind über Aserbaidschan bekannt[6]:

Überall florierte der Postenkauf. Daß es um echte Summen ging, die sich ein Arbeiter mit dem damaligen Durchschnittsgehalt von 150 Rubel im Monat nicht leisten konnte, sei gleich hier erwähnt. Das Amt eines Rayon-Staatsanwaltes kostete 30.000 Rubel (1969). Chef der Rayonabteilung der Miliz wurde man für 50.000 Rubel. Kolchosvorsitzender (eigentlich zur Wahl

5 Siehe das Standardwerk von Simis, K.: »USSR: The Corrupt Society«; New York 1982. Und: Voslensky, M.S.: »Nomenklatura«; Wien 1980

6 Zahlen aus einem Geheimbericht des Ersten Sekretärs des ZK der Aserbaidschanischen KP, G. Aliev, vorgelegt dem Plenum des ZK 1970

ausgeschrieben, aber der einzige »Vorgeschlagene« wird immer »gewählt«): 50.000 Rubel. Für den Sowchosdirektor mußten 80.000 Rubel angelegt werden.

Das Geld floß an die Sekretäre des Rayonkomitees, die den Ernennungsbeschluß faßten. Eine solche Sekretärsposition war dank der wunderbaren Nebenverdienstmöglichkeiten heiß begehrt: 200.000 Rubel mußte man für Posten des Ersten Sekretärs, 100.000 für den des Zweiten Sekretärs ausgeben. Diese Gelder wurden an die vorgesetzten Sekretäre des ZK in Baku gezahlt.

Was war sonst noch im Angebot? Theaterdirektor (10–30.000), Direktor eines Forschungsinstituts (40.000), der Titel »Mitglied der Akademie der Wissenschaften der Aserbaidschanischen SSR« (50.000 Rubel) – richtiggehend billig im Vergleich zum Hochschulrektor, der bis 200.000 kostete, weil man in dieser Schlüsselposition illegale Aufnahmegebühren von Studenten verlangen konnte (Fremdsprache 10.000, Medizin 30.000, Volkswirtschaft bis 35.000). Als Minister für soziale Fürsorge kann man nirgendwo abkassieren, daher Sonderpreis: 120.000. Auch der Minister für Kommunalwirtschaft war mit 150.000 Rubel noch vergleichsweise günstig. Der Posten des Handelsministers kostete hingegen satte 250.000, weil man hier beim Verschieben von Mangelwaren schöne Gewinne einfahren kann.

Wer kann sich so teure Posten überhaupt kaufen, wenn kaum jemand über 300 Rubel im Monat verdient? Nur die Mitglieder der Nomenklatura verfügen über derartige Mittel. Mühsam nährt sich das Eichhörnchen – es mußte gespart, alles beiseite gelegt werden, was sich durch jahre-, manchmal jahrzehntelange Zusammenarbeit mit Verbrechern erwirtschaften ließ. Schieber, Diebe, Korruptions-Makler, Hehler und verwandte Berufe sind die Abnehmer für das »Volkseigentum«, das privilegierte Mitglieder der Nomenklatura unterschlagen, vor allem indem sie Waren in ihrem Einflußbereich abzweigen. Über erschlichene Prämien kommt auch viel rein, und über Schmiergelder, die von der breiten Basis der Korruptions-Pyramide (dort als viele ganz kleine Summen für »Gefälligkeiten«) von einem Bestochenen zum Bestechlichen der nächsthöheren Stufe raufgereicht wird, bis im Spitzenbereich schöne Bündel den Besitzer wechseln.

Besonders gern werden die Kriminellen geschröpft. Die klassischen Verbrecher müssen für Protektion, Freisprüche oder Begnadigungen bezahlen. Mehrjährige Kerkerstrafen wurden gegen Zahlung von bis zu 100.000 Rubel erlassen. Richter nahmen das Drei- bis Vierfache ihres Gehaltes nebenher als Schmiergeld ein, Parteisekretäre kamen sogar auf das Zehnfache!

Die russische Planwirtschaft ist eine derartige Fehlkonzeption, daß Korruption der Volkswirtschaft manchmal sogar nützlich ist: Fehlen zur Planerfüllung bestimmte Materialien, Werkzeuge oder Ersatzteile, besorgt sich der

Betrieb das Nötige auf dem Schwarzmarkt oder besticht vorgesetzte Ministerialbeamten, damit wenigstens eine minimale Produktivität möglich wird.

Während das Volk unter primitivsten Umständen vegetiert, läßt es sich die korrupte Führungsschicht gutgehen. Tschurbanow, der Schwiegersohn Breschnews und daher rasant zum stellvertretenden Innenminister und somit Polizeichef aufgestiegen, machte Beförderungen in seiner Behörde von rollenden Rubeln abhängig und nahm prächtige Geschenke: mal war's ein Porzellan-Service, mal ein Teppich. Regelmäßig ließ man sich Alkohol und Obst per Luftfracht kommen. Soldaten bauten derweil auf Volkskosten die private Datscha – und damit ist nicht unbedingt ein bescheidenes Schreberhäuschen gemeint, eher trifft das Wort »Villa« zu. Auch Breschnew langte hin und ließ sich von ausländischen Besuchern schriftlich bestätigen, daß Gastgeschenke für ihn persönlich gedacht waren.

Gorbatschows Reformen sollen mit den korrupten Zuständen aufräumen. Der Widerstand der Nomenklatura ist erheblich.

China

In **China** sieht es nicht viel besser aus. Auch hier sitzen die Parteikader – 2,7 Millionen Menschen – in den wichtigen Positionen und lassen sich bedienen, und zwar in einem so rücksichtslosen Maße, daß sich schon 1987 mehrere Millionen Menschen an Spontanrebellionen gegen schikanöse Beamte beteiligten. 1989 hat sich der Unmut der Bevölkerung zu den bekannten Erhebungen gesteigert, die von den konservativen Machthabern blutig niedergeschlagen wurden.

Beamte rangieren ganz am Ende der chinesischen Einkommensleiter, es bleibt ihnen manchmal nichts anderes übrig, als auf illegale Nebeneinnahmen zurückzugreifen. Funktionäre kassieren Schmiergelder, damit sie den illegalen Nachwuchs wohlhabender Bauern übersehen. Ohne Schmiergeld kein Platz im Kindergarten, kein Telefon, keine Eisenbahnkarte, keine Wohnung, kein Job, keine Auslandsreise. Alle Privatgeschäftsleute müssen für Konzessionen und deren Verlängerung schmieren. Die im Vergleich zum Durchschnittbürger reichen kleinen Imbißbesitzer laden Beamte der Gesundheitsbehörde zum Bankett ein, Polizisten benutzen private Taxis kostenlos, Steuerbeamte kassieren nebenher.

AUSBLICK

Die Korruption als Element des allgemeinen Wirtschaftsgeschehens, der Verwaltungspraxis und der individuellen Karrierelenkung gewinnt ständig an Bedeutung. Noch sind die Chancen zur Ungerechtigkeit ungerecht verteilt. Das muß und wird sich ändern.

Gerade die, die sich weder über angeborene Protektion noch Naturtalent zur Korruption freuen können, wollen in die Qualifizierungsoffensive gehen. Derjenige soll mit Korruption am weitesten kommen, der das Metier am besten beherrscht. Dazu wird über kurz oder lang ein solider Ausbildungsgang in Sachen Bestechung und Bestechlichkeit gehören.

Schon heute erfährt man gerüchteweise, daß äußerst diskrete und teure Wochenendseminare abgehalten werden, um Führungskräfte und Verkaufskanonen in den aggressiveren Geschäftsmethoden unserer Zeit zu schulen. Was an Tricks und Methoden bisher nur hinter vorgehaltener Hand unter Kollegen weitergegeben wurde, wird endlich nüchtern untersucht, weiterentwickelt und pädagogisch optimal vermittelt. Steht diese Ausbildung allen offen, so ist endlich wieder ein gerechter Zustand erreicht: Jeder ist so schlecht, also erfolgreich, wie er kann, d. h. wie es seinen Fähigkeiten und seiner Ausbildung entspricht.

Die Demokratisierung der Korruption wird eingeleitet durch die Öffnung des Bildungswesens für das Fach Korruption. Von dem Moment an, da Korruption auf alle Branchen und Wirtschaftsunternehmen gleichmäßig verteilt, also eine Selbstverständlichkeit geworden ist, kann man wieder von der Chancengleichheit der am inländischen Wirtschaftsleben Beteiligten sprechen. Nach außen hin aber nimmt die Schlagkraft der deutschen Wirtschaft zu, wenn man einmal davon ausgehen will, daß die Entscheidungsträger in den Exportmärkten nur auf Bestechungs-DM warten und dem bundesrepublikanischen Korruptions-Experten ohnehin nicht werden widerstehen können. Gute Aussichten also.

LITERATUR

Arnim, H. von: »Ämterpatronage durch politische Parteien«; Wiesbaden 1980

Ausch, K.: »Als die Banken fielen«. Zur Soziologie der politischen Korruption«; Wien 1968

Aust, S.: »Mauss – ein deutscher Agent«; Hamburg 1988

Benson, G.C.S.: »Political Corruption in America«; Lexington 1978

Bequai, A.: »White Collar Crime: A 20th Century Crisis«; Lexington 1978

Block, A.A. und Chambliss, W.I.: »Organizing Crime«; Amsterdam 1981

Bluth, Siegfried: »Die korrupte Republik«, Esslingen 1983. (Betroffenheit und Entrüstung, aber schön recherchierte Quellen, sehr zeigefinger-journalistisch)

Boelke, W.A.: »Der Schwarzmarkt 1945 – 1948«; Braunschweig 1986

Bollens, J.C. und Schmandt, H.J.: »Political Corruption: Power, Money and Sex«; Pacific Palisades 1979

Brünner, C. (Hrsg.): »Korruption und Kontrolle (Studien zu Politik und Verwaltung)«; Köln/Wien 1981

Broichhausen, K.: »Knigge und Kniffe für die Lobby in Bonn«; München 1982

Bund der Steuerzahler, Präsidium (Hrsg.): verschiedene Schriften zu öffentlicher Mißwirtschaft, Korruption und Verschwendung

Casas, N. I.: »Korruption in der UNO«; Düsseldorf 1970

Chambliss, W.I.: »Eine kriminelle Vereinigung«; Tübingen 1978

Comer, M. J.: »Betrug im Unternehmen. Ein Leitfaden zur Vorbeugung«; Hamburg 1987. (Sehr empfehlenswertes Buch voller interesanter Zahlen und wichtiger Anregungen für die Praxis)

Crawford, K.G.: »The Pressure Boys: The Inside Story of Lobbying in America«; New York 1974

Dibbelt, U.: »Vom Mysterium der Gnade zur Korruption durch Macht«; Bonn 1980

Ebelseder, S. und Juppenlatz, P.: »Schmutziges Geld. Die Ohnmacht des Staates gegenüber Wirtschafts- und Steuerkriminalität«; Goldmann 1984

Etzioni, A.: »Capital Corruption. The New Attack on American Democracy«; San Diego/N. York/London 1984. (umfassende Studie zur pol. Korruption in den USA)

Eysenck, H. J.: »Kriminalität und Persönlichkeit«, Wien 1964

Fleck, Ch. (Hrsg.): »Korruption. Zur Soziologie eines nicht immer abweichenden Verhaltens«; Königstein/Ts. 1985

Fleck, Ch.: »Spezialbibliographie Korruption« in: Kriminalsoziologische Bibliographie 34/1982

Friedrich, C.J.: »Pathologie der Politik. Die Funktion der Mißstände: Gewalt, Verrat, Korruption, Geheimhaltung, Propaganda«; Frankfurt 1973. (Standardwerk zum Thema)

Geis, G. und Stotland, E. (Hrsg.): »White Collar Crime: Theory and Research«; New York 1980

Görlitz, W.: »Geldgeber der Macht«; Düsseldorf 1976

Ingenstau, H. und Korbion, H.: »Verdingungsordnung für Bauleistungen«; 9. Aufl., Düsseldorf 1980

Jackall, R.: »Strukturen als Einladung zum Betrug: Einige Überlegungen zu Bürokratie und Moral« in »Kriminalsoziologische Bibliografie, 34/1982

Kilz, H.W. und Preuss, J.: »Flick. Die gekaufte Republik«; Hamburg 1983

Klaveren, J. v.: »Die historische Erscheinung der Korruption, in ihrem Zusammenhang mit der Stats- und Gesellschaftsstruktur betrachtet« in Vierteljahrschrift für Sozial- und Wirtschaftsgeschichte, 44. Band, Heft 4/1957, S. 19 ff

Kühne, J.D.: »Die Abgeordnetenbestechung«; Frankfurt 1971

Liedtke, R.: »Skandal-Chronik – das Lexikon der Affäre und Skandale in Wildwest-Deutschland«; Frankfurt 1987. (Alle Fälle werden in chronologischer Folge kurz beschrieben. Standardwerk.)

Lindlau, D.: »Der Mob«; Hamburg 1988

Locke, E.A.: »The Nature and Causes of Job Satisfaction« in Dunnette, M.D. (Hrsg.): »Handbook of Industrial and Organizational Psychology«, Chicago 1976

Malaparte, C.: »Die Technik des Staatsstreiches«; Essen 1948

McCormick, D.: »Peddler of Death. The life of Sir B. Z.«; London 1965. (Die hochinteressante Lebensgeschichte des Waffenhändlers Zaharoffs)

Miller, A.: »Demokratie und Korruption«; Leipzig 1928

Müller, R. und Wabnitz, H.: »Wirtschaftskriminalität. Eine Darstellung der typischen Erscheinungsformen mit praktischen Hinweisen zur Bekämpfung«; München 1982. (Aufschlußreiches Werk von einem Staatsanwalt und einem Richter)

Noack, P.: »Korruption – die andere Seite der Macht«; München 1985

Poerting, P. (Hsg.): »Wirtschaftskriminalität« Teil 2; BKA-Schriftenreihe Bd. 53, Wiesbaden 1985

Rollmann, D.W.: »Zehn Gebote für Lobbyisten«

Rose-Ackermann, S.: »Corruption. A Study in Political Economy«; New York 1978

Roth, R.: »Korruption in der Bundesrepublik«. Aufsatz in Fleck 1985, s.o.

Schläfer, W.: »Bestechung und Korruption als Machtmittel der Politik«; Hannover 1931

Schmidt, E.: »Bestechungstatbestände in der höchstrichterlichen Rechtsprechung von 1879–1959«; München 1960

Schuller, W. (Hrsg.): »Korruption im Altertum«; München/Wien 1982

Scott, J.C.: »Comparative Political Corruption«; Englewood Cliffs 1972

Sherman, L.W.: »Scandal and Reform: Controlling Police Corruption«; Berkeley 1978

Staudhammer, R.: »Bananen Republik Deutschland. Parteienfinanzierung im Zwielicht von Korruptionsaffäre und Skandalgeschichten« in »Kriminalsoziologische Bibliografie« 46/1985

Sturminger, A.: »3000 Jahre politische Propaganda«; Wien/München 1960

Sturminger, A.: »Die Korruption in der Weltgeschichte«; München 1982. (Sehr interessant und kurzweilig)

Such, M.: »Bürger statt ›Bullen‹. Streitschrift für eine andere Polizei«; Essen 1988

Tiedemann, K.: »Wirtschaftkriminalität und Wirtschaftsstrafrecht in den USA und der Bundesrepublik Deutschland«; Tübingen 1978

Waldrich, H.P.: »Von wegen weiße Weste. Das Ende der Moral in der Kommerz-Gesellschaft«; Freiburg i. Br. 1985. (Entrüstung bis zum Umfallen. Aber nett recherchiert und lesbar geschrieben.)

Ward, R.H. und Mc Cormack, R.: »An Anti-Corruption Manual for Administrators in Law Enforcement«; New York 1979

Weissman, S.: »Big Brother and the Holding Company. The World behind Watergate«; Palo Alto, Cal. 1974

Woodin, G.B.: »The Shady Side of America: A Round up of the Scoundrels, Deceivers and Corrupters over 400-odd years before Watergate«; New York 1974

Wickler, W. und Seibt, U.: »Das Prinzip Eigennutz«; München 1977

Worm, A.: »Der Skandal – AKH: Story, Analyse, Dokumente. Europas größter Krankenhausbau«; Wien 1981

Wieser, H.: »Oberwelt als Unterwelt« in Kursbuch 44/1976

So erobern Sie selbst die sprödeste Frau

Eine neuer, sagenhafter Bucherfolg von Thomas Brockmann: *Du bist der Stern in meiner Nudelsuppe.* Ein wahres Feuerwerk an Anregungen. Beispielen und Strategien, wie man charmant und überzeugend seine Liebe gesteht. Hundert konkrete Vorschläge. Jeden kann man variiren, weiterentwickeln und sich zu eigen machen. – So erobern Sie die Herzen, die Sie gewinnen wolle. So fachen Sie das Feuer der Zuneigung an, so halten Sie es am Lodern. **12,80 DM** (01275)